Jahrbuch

für Geschichte und Kultur der Mennoniten in Paraguay

Herausgegeben vom

Verein für Geschichte und Kultur
der Mennoniten in Paraguay

15. Jahrgang 2014

Jahrbuch 2014

für Geschichte und Kultur der Mennoniten in Paraguay

Schriftleitung:

Uwe Friesen	<gekome@chaconet.com.py>
Gundolf Niebuhr MA	<gundolfn@gmailcom>
Dr. Hans Theodor Regier	<theodor@rieder.net.py>
Beate Friesen de Penner	<beate.penner82@gmail.com>

Email: menonitica@gmail.com
Internet: www.menonitica.org

Umschlagfoto: Schule und Frauen in Nueva Durango, Ostparaguay.

Das Jahrbuch der Mennoniten in Paraguay ist eine Publikation mit wissenschaftlichem und kulturellem Charakter, die sich mit dem Leben der Mennoniten Paraguays und ihren wechselseitigen Beziehungen zur Umwelt befasst. Es wird herausgegeben vom Verein für Geschichte und Kultur der Mennoniten in Paraguay. Der Bezugspreis beträgt 45.000 Gs. im Inland, 20 US$ für Leser im Ausland.

Bibliografische Information der Deutschen Nationalbibliothek:

Die Deutsche Nationalbibliothek verzeichnet diese Publikation in der Deutschen Nationalbibliografie; detaillierte bibliografische Daten sind im Internet über

http://dnb.dnb.de abrufbar.

Alle Rechte vorbehalten.

© Verein für Geschichte und Kultur der Mennoniten in Paraguay

Das Werk einschließlich aller seiner Teile ist urheberrechtlich geschützt. Jede Verwertung außerhalb der engen Grenzen des Urheberrechtsgesetzes ist ohne Zustimmung des Autors unzulässig und strafbar. Das gilt insbesondere für Vervielfältigungen, Übersetzungen, Mikroverfilmungen und die Einspeicherung und Verarbeitung in elektronischen Systemen.

Umschlagfoto: Schule und Frauen in Nueva Durango, Ostparaguay.
Umschlaggestaltung: Rendi Klassen, Grafil S.R.L
Satz: Gundolf Niebuhr
Korrektur: Beate Penner
Satz und Layout für BoD: Rudolf Dück Sawatzky
Herausgeber: Verein für Geschichte und Kultur der Mennoniten in Paraguay
Herausgeber: Verlagsagentur JustBestEBooks.de Rudolf Dück Sawatzky.
25451 Quickborn, Deutschland
Herstellung und Verlag:
BoD – Books on Demand, Norderstedt, EAN 9783739212159

Inhaltsverzeichnis

Vorwort 4
Gundolf Niebuhr: Ad fontes: Reflexionen zu Erneuerung
   und Tradition bei den Täufer-Mennoniten 7
Hartwig Eitzen: Von einer missionarischen Bewegung
   (Täufertum) zur mennonitischen Missionsorganisation 19
Beate Penner: Von radiakler Nächstenliebe zu
   institutioneller Hilfeleistung 37
Michael Rudolph; Uwe Friesen: Schule: Bewahrer der
   Tradition oder Förderer von Erneuerungen in der
   Geschichte der Mennoniten? 59
Hans Theodor Regier: Die Entwicklung wirtschaftlicher
   Kooperation im Kontext des mennonitschen
   Sieldungsunternehmens 79
Uwe Friesen: Traditionalismus und Erneuerung als
   Grundlage der gegenwärtigen Geschichte 111
John D. Roth: Mennonitisch-theologische Perspektiven
   über den Gottesdienst 131
Artur Dyck: Gemeindeinstitutionen und ihr Fortbestand
   im postmodernen Kontext 149
Michael Friesen: Herausforderungen im Bereich der
   postmodernen Jugendarbeit 171

KULTURELLE BEITRÄGE 205

Oh wenn der Hunger plagt ...! 207
De Frü seatje 212
Kurzgeschichten von Schülern der Sekundaria 215

BUCHVORSTELLUNGEN 237

Nachrufe 246
Jahresversammlung 2013 253

Vorwort

Institutionen - Traditionen - Erneuerungen im Mennonitentum

Verschiedene Ereignisse haben das Leben der Mennoniten im Laufe der Jahrhunderte geprägt. Die Verfolgungen in den ersten Jahrzehnten nach der Entstehung der Täufergemeinden führten zu Flucht und Vertreibung. Und sie bewirkten die Absonderung von der Welt. Diese Isolierung, die sich immer wieder durch die Umstände in den Gebieten, in denen sie lebten und ein Zuhause fanden, ergab, hat stark dazu beigetragen, eine Inselmentalität zu entwickeln, die das Leben, vor allem das Zusammenleben bzw. das Leben in der Gemeinschaft - sprich Dorf oder auch Kolonie, geprägt haben.

Dadurch haben sich ganz unterschiedliche Institutionen herausgebildet, die oftmals auf einer Basis der Tradition und der Erhaltung des schon Bestehenden aufgebaut wurden.

Zum einen ist da die Gemeinde. Man war sich grundsätzlich darin einig, dass ein Leben in der Nachfolge auf lange Sicht nur im Rahmen der Gemeinde der Gläubigen möglich war. Und Gemeinde ist der freiwillige Zusammenschluss von Menschen, die auf ihren Glauben getauft wurden. Als Grundsatz gilt Markus 16, 16: *„Wer da glaubt und getauft wird, der wird selig werden;..."*

Die strenge Trennung von Glaube und weltlicher Macht war dazu Voraussetzung, denn man war immer der Meinung, dass der Staat nicht in Glaubenssachen reinreden dürfe. Man wollte eine Gemeinde aufbauen, die nicht von Hierarchien geprägt war, und in der alle gleich seien, wie die erste Gemeinde nach Apostelgeschichte 3,44: *„... sie hatten alle Dinge gemeinsam."* Dazu gehörte das allgemeine Priestertum, d. h., jeder Gläubige soll ein Verkünder der Gnade Gottes sein. Die Gemeinde wird bis heute als freiwilliger Zusammenschluss von Gläubigen gesehen, die als erwachsene, reife Menschen aufgrund eigener Entscheidung auf ihren Glauben getauft wurden.

Das Leben der Mennoniten, das auf dem gemeinsamen Glauben baut, ist nun nicht so einheitlich verlaufen. Vielmehr haben sich im Laufe der Jahrhunderte sehr viele unterschiedliche Konzepte von Gemeinde und Glaubensgemeinschaft herausgebildet. Eine Gemeinde „ohne Flecken und Runzeln", nach Menno Simons, ist dabei bis heute kaum zustande gekommen. Mittelpunkt sollte immer die Bibel bleiben, im Blick auf Jesu Leiden, Sterben und Auferstehen, das in der Versammlung der Gläubigen in der Abendmahlsfeier seinen höchsten Ausdruck erhält. Die Folge: Ein Leben in Friedfertigkeit, aufgrund dessen die Verweigerung von Militärdienst und Verzicht auf Waffengewalt zum Lebensinhalt werden sollte.

Ein einheitliches Glaubenskonzept hat es kaum gegeben, auf jeden Fall nicht, was die praktische Umsetzung im Leben in der Gemeinschaft und im Staat betrifft. Der geschichtliche, kulturelle, wirtschaftliche und umweltbedingte Kontext hat immer seine Spuren hinterlassen. Mit verbunden darin war außerdem das unterschiedliche und traditionelle Umfeld, das sich im Laufe der Jahre gebildet hatte und an verschiedenen Orten unter ganz unterschiedlichen Umständen und Einflüssen zum Ausdruck gebracht wurde.

Dieses Jahrbuch will durch die Aufsätze einen Einblick gewähren in diesen inneren und äußeren Kampf bzw. der Auseinandersetzung zwischen Tradition und Erneuerung, zwischen der Freiheit des einzelnen Menschen und den Institutionen, die einen Großteil der Mennonitengeschichte geprägt haben, allen voran die Gemeinde und die Schule.

Wir hoffen, mit diesem Jahrbuch dazu beitragen zu können, dass wir uns in der heutigen Situation im Lichte der Vergangenheit prüfen, um festzustellen, ob wir den rechten Kurs einschlagen, ob wir uns von den richti- gen Motiven für unser Handeln leiten lassen, und ob sowohl die Institu- tionen als auch die Traditionen, die uns prägen und unseren Wandel beeinflussen, den Blick nach vorne so lenken, dass die Erneuerungen Positives zur Folge haben.

Die Aufsätze sind in dem Sinn keine endgültigen Betrachtungen und Lösungsvorschläge, sondern sollen zum Nachdenken und Prüfen anregen.

Im literarisch-kulturellen Teil finden wir wieder unterschiedliche Abhandlungen zu Themen unserer Geschichte, die die Begegnung mit Traditionellem, Althergebrachtem, aber auch die Begegnung mit Neuem, Unbekanntem und deshalb Ungewohntem im Blickpunkt haben. Besonders erwähnenswert ist hier, dass durch Zusammenarbeit mit der Schule auch junge Leser zum Schreiben motiviert werden und sie ihre Gedanken schriftlich zum Ausdruck bringen. Auch hier wird Tradition und Wandel in den Mittelpunkt gestellt.

Abschließend muss hervorgehoben werden, dass unser Mitglied in der Jahrbuchkommission, Lehrer Michael Rudolph, durch einen Verkehrsunfall unerwartet sein Leben gelassen hat.

Ein herzliches DANKESCHÖN gilt allen Mitarbeitern, die dieses Jahrbuch ermöglichen!

Als Jahrbuchkommission wünschen wir, dass jede/r Leser/in durch die Lektüre Einblicke in neue Bereiche der mennonitischen Welt bekommt, und dadurch auch Erkenntnisse für das eigene Leben gewinnen kann.

Uwe Friesen, Vorsitzender

Ad fontes: Reflexionen zu Erneuerung und Tradition bei den Täufer - Mennoniten

Gundolf Niebuhr

Einleitend

Geschichtsschreibung lebt davon, dass sie die Geschichte immer wieder neu befragt, um daraus je eine neue Botschaft für die sich verändernden Zeitepochen und Generationen zu erhalten. Mit den sich ändernden Fragen an die Geschichte, kann es auch legitimerweise neue und andere Antworten geben. Jede Erneuerung in der Geschichte der Kirche hat Inspiration aus der Vergangenheit geschöpft, und unsere Täufergeschichte wurde in diesem Prozess unterschiedlich gelesen und beurteilt. So sah man zum Beispiel, als im 19. Jh. in Russland die Kleine Gemeinde oder auch die Brüdergemeinde entstanden, in Menno Simons und seinem Wirkungskreis eher eine disziplinarisch strikte, biblisch orientierte evangelikale (oder pietistische) Reformbewegung. Als Harold S. Bender während des zweiten Weltkrieges (als die Frage des Pazifismus, der Wehrdienstverweigerung besonders akut war) nach einer neuen Identität für amerikanische Mennoniten suchte, war sein ausgewählter Forschungsbereich mehr das schweizerisch-süddeutsche Täufertum. Er hob dessen Nachfolge- und Pazifismusgedanken hervor. Die gewählten Ausschnitte aus der Geschichte ändern sich, je nach Interessenlage. Die Begriffe, welche man dieser Geschichte zuordnet, ändern sich auch. So spricht man vom „linken Flügel der Reformation" (Roland Bainton – Heinold Fast) oder von der „radikalen Reformation" (George H. Williams), im Gegensatz zur landeskirchlichen Erneuerung der bekannten Reformatoren. Bezeichnenderweise zählt Williams auch die Spiritualisten zu dieser Gruppe, eine Bewegung, die alle Strukturen grundsätzlich in Frage stellte, ähnlich wie später die Quäker. Luther selbst braucht am liebsten den Begriff „Schwärmer", um die Gruppen zu bezeichnen, die sich seinem Modell nicht fügen wollten.

Auch die Zeit der marxistisch geprägten Geschichtsschreibung hat ihre Spuren in der Erforschung unserer Geschichte hinterlassen. Wo man früher Menno Simons eher als einen friedlich plädierenden evangelikalen Reformator gesehen hatte, wurde die Täuferbewegung von der Mitte des 20. Jh. an, zusammen mit den Bauernaufständen, mehr als sozialrevolutionäre Bewegung gesehen, die auch auffallende Züge des marxistischen Klassenkampfes trug. Begriffe beeinflussen eben auch die Sichtweise einer Geschichtsepoche. Wir können zwar Tendenzen feststellen, Fragen anmelden, Korrekturvorschläge anbringen, wir können solche Sichtweisen jedoch nicht vom Tisch wischen, in der Meinung, dass man die objektive Geschichte allein finden und „richtig" darstellen kann.

Sichtweisen der Geschichte unter Mennoniten

Wir Mennoniten haben charakteristische Methoden, um über den Wert der Geschichte zu reflektieren wie auch über die Art und Weise sie darzustellen. Peter Erb (mennonitischer Historiker in Kanada) beobachtet, dass unter Mennoniten fast so viel von Tradition gesprochen wird wie über die Bibel[1]. Allerdings bemerkt er, dass das Verhältnis zur Tradition zutiefst zwiespältig ist, dass man sie einerseits schätzt, zum anderen aber immer bemisstraut. Vor allem sieht er einen Dualismus zwischen Bibel und Tradition, den zu überbrücken uns das theologische Vokabular fehlt. Sucht man nach möglichen Wurzeln für diese Eigenart, muss man sicher nach der Art und Weise des geschichtlichen Diskurses schauen, der schon im 16. Jh. typischerweise zur Begründung des Bruches mit den offiziellen Kirchen herangezogen wurde und der nicht zuletzt damit zu tun hat, dass das Mittelalter weitgehend ausgeklammert wurde. Das hat unser Verständnis für die Kirchengeschichte geprägt, aber auch die historische

---

[1] Journal of Mennonite Studies, Winnipeg, 1983, S. 179ff.

Vorgehensweise allgemein. Man ging von dem Postulat aus, dass mit Konstantin die Kirche gefallen war, indem sie zur Staatskirche wurde, und erst mit Luther fing sie wieder an. Die 1200 Jahre dazwischen wurden sehr effektiv ausgeklammert, wofür es keine vernünftige Begründung gibt. Mindestens zwei nachteilige Faktoren, welche dies bei uns gehabt hat, sind, dass wir zu optimistisch meinten, einfach über diese Epoche hinweg zur Urkirche zurück springen zu können. Zum anderen hat es uns das Verständnis für die Landeskirchen sehr erschwert, weil wir die ganzen Fragenkomplexe der Entwicklung von Lehrgebäuden, Sakramente, Tradition und Liturgie nicht als natürliche Wachstumsprozesse ansehen konnten. Auch die politische Wahrnehmung der Kirche als eine weltweite Entität, die nach Verständigung, nach Solidarität verlangt – die auch mit einer vereinten Stimme eine Botschaft an diese Welt zu entrichten hat, ist bei vielen Mennoniten wie auch bei anderen evangelikalen Kirchen, nur dürftig vertreten. Kurz gesagt, eine Perspektive, welche die Kontinuität der Kirchengeschichte, die nie ganz unterbrochen wurde, neu beherzt, täte unserer theologischen Aufgabe gut.

Die Renaissance in Europa und die Erneuerungsbestrebungen

Die Renaissance (die etwa ab 1400 in Italien einsetzte) war eine Zeit der Begeisterung. Frances Yates[1] sagt, dass die ganzen nach vorwärts gerichteten Impulse der Renaissance ihre emotionale Energie aus dem rückwärts gerichteten Blick erhielten. Wenn es ohnehin schon ein menschlicher Wesenszug ist, zu meinen, dass die Vergangenheit besser war als die Gegenwart, dann war dieser Zug damals besonders stark geprägt. Der Verlauf der Geschichte wurde als in großen Zyklen ablaufend aufgefasst. Und zwar beginnt sie mit einem goldenen Zeitalter, wo alles reiner, wahrer und besser ist, nur um danach langsam zu degenerieren in bronzene und eiserne Zustände, wo das ursprüngliche Gold nicht mehr zu finden ist. Künstler, Philosophen und Schriftsteller wandten sich zur erneut zugänglichen klassischen Antike für ihre Inspiration. Religiöse Reformatoren wandten sich zur Bibel und zur Urkirche, um den Weg zurück zur

Wahrheit zu finden, den spätere Generationen verdunkelt hätten. In diesen Kontext fallen die allgemeine Reformation in Europa und auch der Beginn der Täuferbewegung als Abspaltung der von Ulrich Zwingli in Zürich geleiteten Reformbewegung.

Entstehung des Täufertums

Das Täufertum war in mancher Hinsicht eine soziale Massenbewegung, wo sich durch vielerlei Faktoren auch Radikalisierungserscheinungen bemerkbar machten. Die Resignation hatte sich lange angestaut. Seit gut 200 Jahren hatte es Versuche der Kirchenreform gegeben, die allesamt kaum etwas erbracht hatten. Die Gemüter, wie auch die Sprache, waren allseitig polemisch angeheizt. In solchen Situationen setzt die Reflexion über die Handlungsweisen meist erst lange nach dem Bruch ein, und dann zögert man meistens, Fehler zuzugeben, weil man bereits zu viel investiert hat. Deshalb werden Kirchenspaltungen fast nie rückgängig gemacht, weil man nach gewisser Zeit bereits zu viel am Aufbau eines eigenen Images, und folglich auch an Schutzmauern um sich gezogen hat.

Im süddeutschen Raum war das anfängliche Echo, welches die Täuferbewegung fand, verknüpft mit den Bauernaufständen. Diese waren bedingt durch das feudale System, sowie dessen Missbrauch durch die herrschende Schicht. Die Sehnsucht nach Reformen war nicht nur religiös, sondern für viele auch sozial-politisch geprägt. Jedenfalls erwarteten die Bauern mehr Gerechtigkeit von den Fürsten, auch wenn sie die bestehenden Strukturen noch nicht grundsätzlich in Frage stellten.

Im Norden war das niederdeutsche Täufertum durch den Wanderprediger Melchior Hoffmann von Anfang an apokalyptisch geprägt. Menno Simons, nachdem er sich zu dieser Bewegung gesellte, verstand in seinen Schriften die Gemeinde mit ähnlich stark zur Apokalyptik neigenden Tendenzen. Die münsterische Episode war eine logische Entwicklung dessen was den Inhalt der Predigt, vor allem bei Hoffmann ausmachte. Auf diesen Wesenszug haben u. a. Walter Klaassen (MQR Oct. 1986)

---

[1] Frances Yates, *Giordano Bruno and the Hermetic Tradition*, London 2010, S. 1.

und Helmut Isaak (Menno Simons and the New Jerusalem) hingewiesen. Menno neigte dazu, die Kirche nicht als eine Rekapitulation der Schöpfung zu verstehen, wie es die traditionelle Theologie seit Augustin getan hatte, sondern als eine schlicht neue Schöpfung. Damit vertrat er zwar ein hohes Ideal der Gemeinde, aber er wie auch seine Mitarbeiter, waren nicht genügend vorbereitet, als innerhalb dieser Gemeinde nun die Sünde doch wieder das Haupt erhob. Die Entzweiung, auch innerhalb der von ihm angeleiteten Bewegung, rührte meist von der Weigerung her, die Präsenz von Unzulänglichkeiten in dieser neuen Schöpfung anzuerkennen, bzw. pastoral damit umzugehen.

Geist, Erneuerung, Institutionalisierung

„Was hat Jerusalem mit Athen zu tun?" - hatte schon Tertullian gefragt, um den qualitativen Unterschied zwischen Evangelium und der griechischen Philosophie hervorzuheben. Die Täufer griffen diese Aussage auf und sagten: „Was hat Jerusalem mit Rom zu tun?" Wobei Rom am Ende des Mittelalters zum Symbol für die Institutionalisierung geworden war. „Eine Kirche, die derart festgefahren ist in Strukturen, die kann sich gar nicht mehr erneuern." - So empfanden es die Täufer. „Der Geist, der in Freiheit weht und wirkt, wo er will, kann innerhalb solch festgefahrener Strukturen nichts mehr anfangen."

Erneuerungsbewegungen aller Zeiten haben mit der Institutionalisierung ihre liebe Not gehabt. Man fühlte sich eingeengt. Man fühlte sich übersehen, in den eigenen Wünschen und Bedürfnissen nicht ernst genommen. Wenn man eine erhebende Erfahrung gemacht hatte, wenn man eine neue Erkenntnis gewonnen hatte, wenn man glaubte, dass der Heilige Geist anfangen will zu wehen, dann ist da dieser Klotz der traditionellen Institution. An welcher Seite und mit welchen Methoden man auch versucht daran zu rütteln, er bewegt sich nicht. Wenn überhaupt eine Reaktion da ist, dann ist es meistens eine Verärgerte, und die welche die Veränderung suchen, müssen sich eventuell ziemlich starke Sanktionen einstecken.

Die mittelalterliche Kirche war tatsächlich stark durch institutionalisiert.

Mehr noch, die Vermittlung der Gnade war an Kirche und Sakrament gebunden worden. Im Laufe des Investiturenkonfliktes, wo es um die Vorherrschaft von der Kirche über den Staat ging, hatte sich die Kirche immer mehr hervorgetan, und hatte die stark religiös geprägte mittelalterliche Mentalität davon überzeugt, dass außerhalb der Kirche kein Heil zu finden ist. Das IV. Lateranische Konzil (1215) bestätigte es schwarz auf weiß: „Extra ecclesiam nulla salus". Wer also Gottes Gnade empfangen wollte, der musste die Mittlerrolle der Kirche anerkennen, der musste in guter Beziehung zu ihr stehen.

Gegen solche Institutionalisierung der Kirche lehnte sich die Reformation natürlich auf. „Keine Kirche kann von sich behaupten, allein die Schlüssel zum Himmelreich zu haben. Kirche ist da wo das Wort Gottes gepredigt wird, wo Menschen sich ändern, wo der Heilige Geist wirkt." – So die Überzeugung der Reformatoren. Die Täufer, stärker noch als die Reformatoren, entwickelten eine ziemlich ausgrenzende Polemik gegen das Phänomen der Institutionalisierung.

Die Geschichtsinterpretation, die sich im Laufe der ersten beiden Täufergenerationen bildete, suchte im Edikt von Milan den Schlüssel zum „Fall" der Kirche. Von dem Punkt an, wo sie offiziell anerkannt und respektiert wurde, - von dem Punkt an wo sie nicht mehr die verfolgte Minderheit bildete, ging es bergab, wo sie nicht mehr die Leidende war, sondern die Herrschende wurde, stand sie nicht mehr in der Nachfolge ihres Herrn.

Diese Geschichtsinterpretation hat sich tief ins mennonitische Bewusstsein abgelagert. Wir haben die Echtheit unseres Christseins - die Echtheit allen Christseins danach beurteilt, inwiefern wir uns von der Welt differenziert halten konnten. - Inwiefern wir eine Minderheit am Rande bleiben konnten, wenn möglich eine verfolgte Minderheit. Wo keine wirkliche Verfolgung da war, da versuchte man nicht selten, sich eine solche einzureden. Wir nahmen eine defensive Haltung gegenüber der Welt an, immer mit der festen Überzeugung, dass das Leben des Jüngers so und nicht anders sein kann. Das Wort „Märtyrerkomplex" ist heute ein etwas abwertender Ausdruck, aber es ist nicht fehl am Platz, wenn wir uns fragen, inwiefern ein solcher bei uns zu finden ist.

Zurück zur Geschichtsauffassung der Täufer muss noch gesagt werden, dass das kritische Unter-die-Lupe-nehmen der mittelalterlichen Kirchengeschichte natürlich durchaus berechtigt war. Es waren unerfreuliche Entwicklungen da, die der Reform bedurften, was auch schon wiederholt versucht worden war. Aber - und das sei hier betont - es war Kontinuität da. Es war Kontinuität da, zwischen der vor- und der nach-konstantinischen Kirche. Es war Kontinuität da, zwischen der Mittelalterlichen- und der Reformationskirche. Es ist ein fragwürdiges Unternehmen, wenn wir versuchen einen historischen Punkt zu fixieren und dann behaupten, dass die Kirche davor „biblisch" gewesen sei, und danach „unbiblisch". Die Geschichte, jedenfalls die Geschichte der christlichen Kirche, ist wie ein Wachstumsprozess, der zwar durch Höhen und Tiefen geht, bei dem man auch oft Untreue statt Treue der Botschaft des Evangeliums gegenüber feststellen kann, der aber doch einer natürlichen, kontinuierlichen Gesetzmäßigkeit unterworfen ist.

Nun ist es seit langem eine geläufige Erkenntnis der Sozialwissenschaften, dass eine Gruppe von Menschen, die sich mit gemeinsamen Überzeugungen und Zielen vereinigt, sehr bald Formen und Strukturen für die Sicherung ihres Zusammenlebens aufbaut. Solche Strukturierung von gemeinsamen Werten, Anschauungen, Verhaltensweisen und auch Gottesdienstformen, nennt man „Institutionalisierung". Es scheint auch oft so, dass je länger solche Strukturen bleiben, desto fester werden sie. Umso schwieriger wird es, sie zu beeinflussen, zu ändern oder daraus auszubrechen. Und, wie gut sie auch ursprünglich waren, mit der Zeit scheint es bei solch festgefahrenen Strukturen meistens so, dass sie dem freien Wirken des Heiligen Geistes entgegengesetzt sind. Also haben Gruppen von Menschen, die überzeugt sind, dass sie ihr Christsein neu anfangen müssen, neu revidieren, es andere Formen geben müssen, meistens ihre Schwierigkeiten mit der Institution, zu der sie gehören. Die Unzufriedenheit wächst, das Verhältnis wird gespannt und die Frage nach einem Ausbruch aus der Institution legt sich nahe. Wenn ein solcher erfolgt, dann entwickelt die austretende Gruppe ein defensives Repertoire von polemischen Argumenten, vielleicht eine ganz eigene Geschichtsinterpretation, um ihren Austritt oder ihren Ausstoß aus der Institution zu erklären und zu rechtfertigen. Solche Rechtfertigung muss stattfinden, weil die eigene Psychologie, das eigene Gewissen normalerweise weit tiefer von den Werten der Institution beeinflusst ist, als wir es uns bewusst sind, und deshalb braucht man starke „theologische" Argumente, um diese innere Gebundenheit an die Institution zu übertönen.

Weiter ist es unumgänglich, dass die austretende Gruppe, egal wie gut, wie authentisch, wie gesund ihre Überzeugungen sind, wiederum ihr soziales Gebilde aufbauen wird, das auf Selbsterhaltung hin angelegt ist. Ein Gebilde, das ein ganz eigenes religiöses Vokabular entwickelt, und das sich mit gewissen Schlagworten oder -ideen von der Außenwelt abgrenzt. Ein Gebilde, das dann einige Generationen weiter wieder als oppressiv, als ungeistlich angesehen wird, von solchen die empfinden, dass das „geistliche" Leben wieder erneuert werden müsste.

Nicht selten ist es der Fall, dass die eigene Realität einer etablierten Gruppe dann ziemlich unkritisch mit dem, was die Bibel sagt, gleichgestellt wird. Und die Fähigkeit, alternative Handlungsweisen, Auffassungen, Wertvorstellungen sachlich und mit Sympathie zu betrachten, vermindert sich in demselben Grade, in dem wir die eigene Identität mit den Lehren der Bibel gleichstellen.

Ja, oft ist es bei uns zu beobachten, dass das sture Festhalten an der eigenen Identität mit Glaubensreife verwechselt wird. Gemeindearbeiter, die ein starkes Anliegen zeigen, die eigene Identität zu „wahren" und diese gegen alle „schädlichen Einflüsse" von außen her zu beschützen, tun sich hervor.

Unsere eigene Mennonitengeschichte ist ein anschauliches Beispiel für eine solche sozialpsychologische Dynamik. Die Frage drängt sich auf: Muss es so sein? Bedeutet Institutionalisierung automatisch ein Bergabgehen des geistlichen Lebens? Und bedeutet Bruch mit der Institution zum Zweck der Erneuerung automatisch einen Aufschwung des geistlichen Lebens? Ist Institutionalisierung von vornherein dem geistlichen Leben des Reiches Gottes entgegengesetzt? Ohne darauf eine unmittelbare Antwort zu suchen, wollen wir zumindest festhalten, dass Einsicht in diese sozialen Vorgänge wahrscheinlich der erste und beste Schritt zu ihrer Lösung ist. Außerdem wäre es durchaus am Platz, dass wir uns neu und ernsthaft auf die eigene Geschichte und auf unsere Stellung in der Kirchengeschichte überhaupt, besinnen. Viele Spaltungen der Geschichte sind nicht nur, auch nicht in erster Linie, der Inflexibilität der Institution zuzuschreiben, sondern auch der Kurzsichtigkeit, bzw. der vermeintlichen „geistlichen Erkenntnis" der Leute, die durchaus einen anderen Weg einschlagen wollten. Kirchen, die ein gespaltenes Verhältnis zu ihrer eigenen Tradition haben, zeichnen sich meist auch als in gewissem Grade weltabgewandt aus.

Geoffrey Wainwright[1] bemerkt, dass solch weltflüchtige Kirchen meist ein zwiefältiges Problem haben:

a) Sie unterschätzen die Zähigkeit der Welt, d. h. sie merken nicht, wie stark die Welt mit ihren Strukturen auch in der eigenen Mitte da ist.

b) Sie unterschätzen die Welt als Objekt der Liebe Gottes.

Innerhalb der Oxford Bewegung in der englischen Kirche im 19. Jh. wurden Kriterien definiert, mit welchen man die gesunde Entwicklung christlicher Tradition beurteilte. Sie wird:

- den originalen Typus (Wesen, Gestalt) der Lehre bewahren.
- eine Kontinuität der Prinzipien anstreben.
- die Kraft haben, Neues zu assimilieren, nicht statisch zu bleiben.
- eine logische Sequenz in ihrer Entwicklung befolgen.
- die Zukunft antizipieren.
- eine konservative Wirkung in Bezug auf die Vergangenheit haben.
- dauernd lebendig bleiben.

Theologische Überlegungen

Obwohl es oft so hingestellt wurde, dass das wirkliche geistliche Leben nicht innerhalb der traditionellen Institution stattfinden könne, ist auch der Hinweis angebracht, dass die Klassiker der christlichen Spiritualität es immer wieder nahe legen, dass die Institution nicht notwendigerweise ein Hindernis fürs geistliche Leben sein muss. Im Gegenteil, sie kann eine Hilfe sein.

---

[1] Jones/Wainwright/Yarnold eds.: *The Study of Spirituality*, Oxford 1986, S. 596.

Der Gedanke der Vermittlung ist für die theologische Aufgabe der Kirche zutiefst konstitutiv. Es beginnt mit dem Gedanken der Selbstmitteilung Gottes durch die Geschichte seines Volkes, die mit der Menschwerdung des Logos ihren Höhepunkt findet. Von Beginn der Kirche an, ging man davon aus, dass Jesus Christus der Vermittler zwischen Gott und Mensch ist. Diese zentrale Einsicht legitimierte wie von selbst den Gedanken an untergeordneten Vermittlerrollen, durch welche Gott dem Menschen nahetreten kann. Das geschieht durch Personen und Begegnungen (z. B. die Rolle des Philippus bei der Taufe des Kämmerers oder des Ananias bei der Bekehrung des Paulus), oder es geschieht durch das gepredigte Wort und die Rituale des Gottesdienstes (daher die Bedeutung der Sakramente), oder es geschieht durch irgend eine einzigartige Erfahrung, die wir im Leben hin und wieder machen. Etwas wird bei all diesem vermittelt, wir können es „Segen, Gnade, Wohlwollen, Entgegenkommen" nennen – es ist nicht leicht begrifflich auf einen Nenner zu bringen, aber es ist für den glaubenden Menschen Wirklichkeit. Eltern wollen ihren Kindern einen Segen übermitteln. In einer christlichen Familie ist der Wunsch da, dass alle ihre Mitglieder auch zum Glauben kommen. In einer christlichen Gemeinschaft strebt man danach, etwas zu vermitteln, das die ganze Gesellschaft zumindest ermutigt, nach christlichen Prinzipien zu streben. Im Gottesdienst geht unser Verlangen dahin, dass Gott uns möglichst nahe und spürbar gegenwärtig sein möchte. Die Kindertaufe als Vermittlung der Gnade Gottes, wie auch zur Bildung christlicher Familien, wurde schon sehr früh in der Kirche (neben der Erwachsenentaufe) üblich. Diesem lag auch die Idee der korporativen Persönlichkeit zugrunde, d. h. dass der Mensch nicht zuerst ein Individuum ist, sondern Mitglied einer Gemeinschaft, die auch stellvertretend für ihn handeln kann. Die reale, physisch verstandene Präsenz Christi in den Elementen des Abendmahls war in der patristischen Kirche selbstverständlich. In Brot und Wein teilte Jesus Christus sich selbst den gläubigen Teilnehmern mit. Das Abendmahl wurde somit zum höchsten Ausdruck des Vermittlungsgedankens in der christlichen Theologie.

Was in der theologischen Entwicklung des Mittelalters passierte, ist, dass das Vermittelte mehr und mehr als die Gnade definiert wurde und dass diese substantialisiert wurde, d. h. als eine Substanz verstanden wurde, von welcher man mehr oder weniger haben kann, und natürlich, je mehr man hat, umso besser. Zum anderen wurde der Vermittlungsprozess zunehmend als durch die Sakramente geschehend festgelegt, und damit in gewissem Sinne mechanisiert und auch monopolisiert. Solche und ähnliche Entwicklungen führten im späten Mittelalter vor allem zu solchen Exzessen wie dem Reliquienkult oder der übermäßigen Verehrung der Heiligen, denn man meinte, dass durch diese Praktiken jeweils etwas mehr an Gnade vermittelt würde. Auch der skandalöse Ablasshandel, der zu den Auslösern der Reformation zählt, hatte seine Gründe in dieser fehlgeleiteten Gedankenwelt.

Mit dem aufkommenden Humanismus der Renaissance wurde auch das Denken über den Menschen in andere Bahnen geleitet, die korporative Idee der Person trat zurück, um dem autonomen Individuum Platz zu machen. Da die Täuferbewegung viel vom Humanismus borgte, verlor die Idee der Vermittlung an Popularität; an ihre Stelle trat das autonome Individuum, das sich nur aufgrund eigener Entscheidung verwirklichte. Wie stark dieser Gedanke im 16. Jh. schon war, mag dahingestellt sein, aber er wurde in den evangelikalen Bewegungen der kommenden Jahrhunderte sehr prägnant, wodurch der uns so geläufige Diskurs der „persönlichen Entscheidung", die allein in Glaubenssachen gültig sei, gemünzt wurde.

Dass ein zu einseitig betonter Individualismus jedoch nicht allseits befriedigend wirkt, ist auch in evangelikalen Kreisen festzustellen. Wir brauchen den Eindruck, dass der Mensch nicht allein auf sich selbst gestellt ist. Besonders Eltern möchten etwas für die Kinder tun, was sich in unseren Kreisen zunehmend in der Praxis der Kindereinsegnung zeigt. Ein Besucher von auswärts erzählte mir, dass er beim ersten Abendmahl, bei dem er in unseren Gemeinden teilnahm, festgestellt habe, dass dies nicht weniger Sakrament sei als in seiner Landeskirche. Die Andacht, die Ehrfurcht der Teilnehmer habe ihm klar gemacht, dass es für sie mehr als nur ein Zeichen sei, obwohl man bei der Einsetzung immer beteuere, dass es nur Zeichen ist. Nun ist in der traditionellen Theologie ein Sakrament ein Zeichen, das zugleich das bewirkt, was es symbolisiert. Vor allem seit Augustin wurde diese Erkenntnis begrifflich klar formuliert.

Wir Mennoniten haben eine theologische Sprache entwickelt, die bestehende Strukturen gezielt kritisieren kann. Wir können kulturkritisch sein, wir betonen Bekehrung, Erneuerung, das Wehen des Heiligen Geistes, wirksamen Wandel etc. Aber die Begriffswelt, die uns theologisch helfen würde, mit der Struktur, der Institution, der Vermittlung, den Sakramenten umzugehen, ist eher schwach vertreten. Das erschwert den Umgang mit den Institutionalisierungsprozessen in der eigenen Mitte, wie auch den Umgang mit „traditionellen" Gruppen unserer eigenen Konfession, die wir meist pauschal ablehnen, weil sie sich vermeintlich nur nach der Tradition richten.

Eine gut durchdachte Theologie der Schöpfung in unserer mennonitischen Tradition hätte möglicherweise das Potential, effektiver zwischen Gemeinde und Welt, zwischen Glauben und den Umgang mit der Natur, zwischen Gottesdienst und Leben, zwischen Erneuerung und Tradition zu vermitteln.

Von einer missionarischen Bewegung (Täufertum) zur mennonitischen Missionsorganisation

Hartwig Eitzen

Als die Täuferbewegung 1525 in Europa entstand, war die sogenannte Reform unter Martin Luther noch keine zehn Jahre alt, steckte also noch in den Kinderschuhen. Die neue Reformbewegung brauchte alle geistlichen und intellektuellen Kräfte, um sich gegen die alles dominierende katholische Kirche zu verteidigen, bzw. durchzusetzen. Die „Mission" als solche war kein großes Thema für die Reformatoren. Für Luther galt der Missionsbefehl Jesu aus Matthäus 28 nur den Jüngern und Aposteln der damaligen Zeit. Diese hatten den Befehl erhalten und ihn im Laufe des ersten Jahrhunderts ausgeführt. Das Thema „Mission" hatte sich damit für ihn eigentlich erledigt. Worum man sich jetzt kümmern sollte, war eine Rückkehr zur Schrift, zum echten Glauben und zur Gnade unter denen, die sich Christen nannten.

Für Calvinus und Zwingli hatte die Mission zwar noch etwas Relevanz, aber sie machten den Staat dafür verantwortlich, das Christentum weiter auszubreiten. Diese Haltung erinnert an die Mission der katholischen Spanier und Portugiesen im vor kurzem entdeckten Amerika, wo die Eroberer mit dem Schwert vorangingen und die Priester mit dem Kreuz hinterher kamen.

Kann man die Täuferbewegung als missionarisch bezeichnen? Wenn ja, hat sie diese Charakteristik beibehalten? Wie kommt es dazu, dass aus einer spontanen Bewegung Institutionen und Organisationen entstehen, in der „Profis" heute das machen, was damals jeder, oder zumindest viele machten? Diesen und ähnlichen Fragen soll in diesem Artikel nachgegangen werden.

I. Spontane Mission unter „Christen"

Wenn wir an den sozialen Kontext denken, in dem die Täuferbewegung entstand und sich entfaltete, dann muss erwähnt werden, dass die Bewohner Mitteleuropas sich alle als Christen ansahen, da sie als Kinder in der katholischen Kirche getauft waren. Heiden, also Ungläubige, waren die Türken - so wurden im Prinzip alle Moslems genannt. Bei den Ureinwohnern Afrikas und des neuen Kontinents Amerika war man sich noch gar nicht sicher, ob sie eine Seele hätten oder ob sie doch mehr Tier als Mensch seien.

Wenn wir also von einem Missionsbewusstsein der Täufer sprechen wollen, dann muss uns klar sein, dass ihre Bestrebungen, anderen Menschen das Evangelium zu predigen, auf Leute gerichtet war, die sich selber als Christen ansahen. Die „echten" Heiden waren weit weg und tauchten auf dem Radarschirm der damaligen Täufer kaum auf.

In den ersten drei Jahrzehnten (1525-1555) waren die Wiedertäufer intensiv evangelistisch. (Jacobs, 1983: 91)

Man geht oft davon aus, dass die Täufer, auf Grund der Verfolgung, nach den Anfangsjahren der Bewegung nicht mehr missionarisch waren. Eine Glaubensgruppe, die verfolgt wird, versucht vor allem, sich selbst am Leben zu halten. Das Lebenszeugnis und der fromme Wandel der Täufer waren zwar eine Einladung für andere Menschen, aber eine konkrete und verbale Evangelisation war nicht in ihrem Programm.

Hanspeter Jecker ist dieser These nachgegangen und hat festgestellt, dass dieselbe zu folgenden Annahmen geführt hat:

Annahme 1: Zum Glauben kamen durch das Zeugnis der Täufer kaum noch irgendwelche Menschen.

Annahme 2: Das Täufertum hatte es längst aufgegeben, andere Menschen zum Glauben einzuladen.

Jecker verweist auf das bereits 1966 erschienene Buch *Das missionarische Bewusstsein und Wirken der Täufer*, das von Wolfgang Schäufele geschrieben wurde. „Darin wird das Täufertum - zumal dasjenige der Anfangszeit - geradezu als DIE Missionsbewegung des 16. Jahrhunderts gesehen. Aber leider fand das Buch lange Zeit nicht die Beachtung, die es verdient hätte." (Jecker, 2013)

Jecker identifiziert auf Grund alter Dokumente drei Haltungen der alten Täufer, die Bibelworten entsprechen und in denen er ein Missionsbewusstsein sieht:

1. „Tut Buße und glaubt an das Evangelium." (Mk 1,15)

Die Täufer lehrten die Bekehrung, ein relativ neues Konzept für viele Menschen. Bekehrung bedeutet, sich von seinem sündigen Weg abzukehren, und sich Gott hinzuwenden. Eine Bekehrung muss einen radikalen Lebenswandel nach sich ziehen, wie es im folgenden Zeugnis geschildert wird:

"Er habe zuvor leÿder lang und vil gehert [von Gott], seÿ aber davon gar nit gebessert worden. Wie bald er aber zu disen frommen Leütten [den Täufern] kommen und sÿ gehoret, sÿe er ein rechter Rewer worden, kenne dernhalben nit mer von inen lassen und welle sich des Kirchgangs zu Waldenburg nit mer annemmen. Obwol er [früher] in die [reformierte] Kirchen kummen, seye er doch etwann daruss ins Spilhauss und anderswohin übels thun, oder heim sein Frouwn zeschlagen gangen, das er jetzt alles underlosse und über selbige seine Sünd reüw und Leid trage, also dz er verhoff, Gott hab ihn zu solchen Leüthen gefüehrt, dem er alles heimsetzen wölle, wie man gleich mit ihm umb gange. Wölle auch so lang es sein will, bÿ diser Meinung verbleiben, auch darüber den Todt wann er denselben verdient, leiden." (Heini Müller & Verena Rohrer, Liedertswil 1596, bei Jecker, 2013)

2. „Suchet der Stadt Bestes." (Jer 29,7)

Unter den Täufern gab es interessanterweise viele Personen, die einen Pflegeberuf ergriffen hatten. Ob sie es bewusst gemacht hatten, um einen sozial-diakonischen Dienst am Nächsten zu verüben, oder ob sie den Beruf schon vor ihrer Bekehrung hatten, kann man heute nicht mehr gut feststellen. Wahrscheinlicher ist die zweite Option, da die Evangelisation durch die Kanäle der natürlichen Bekanntschaften, d. h. Familie, Freunde, Bekannte und Berufskollegen lief. (Seebaß, 1997: 200) Die Notwendigkeit der Pflegeberufe erlaubte es einigen Täufern, auf Grund ihres Könnens im Lande zu bleiben, während die Glaubensgeschwister ausgewiesen wurden. Jecker zitiert diesbezüglich das Zeugnis eines Arztes:

"Nach dem aber sÿn weib zum anderen mahl verwirrt worden und er gar vil mit ihren verartzet, hette er darbeÿ die artzneÿ angefangen ergreÿfen und von demselben an dieselbe practicieret, mit deren er dann soweÿt kommen, das er mit der hülff Gotteß, [...] den Schlaffenden Ungenampten, die Frantzosensucht [Syphilis], alte schäden, wunden und beinbrüch ohne Zal, glücklich curieret. Zur Teüffereÿ sige er kommen vor [un]gefahr 20 Jahren, und aber vom Predicanten zu Schöfftlen [Schöftland/Aargau] schon darvor darumb angefochten worden, H. Landvogt Kilchberger hab ihne ÿhnzogen und deß lands, äben von der teüffereÿ wegen verwÿsen söllen, umb sÿneß glücklichen artzens willen, aber seige er von der Oberkeit erbäten und im Land gelaßen worden." (Rudolf Küentzli, Muhen/AG 1645, bei Jecker, 2013)

Es ist wohl etwas schwierig, in so einem Falle das Missionsbewusstsein des betroffenen Täufers zu sehen. Es hat eher den Anschein, dass es dem glücklichen Umstand - falls es den bei gläubigen Christen gibt - zuzuschreiben ist, dass er ausgerechnet einen Beruf hatte, der von der Gesellschaft so dringend gebraucht wurde, dass er ihnen unentbehrlich schien.

Andererseits ist es interessant, dass Jecker „der Stadt Bestes zu suchen" dem Missionsbewusstsein zuschiebt. Ob besagter Arzt - und andere in seiner Situation - bewusst der Stadt Bestes gesucht haben, um ihr zu dienen, oder eher ihr eigenes Wohl gesucht haben, indem sie sich für die Stadt unentbehrlich machten, oder ob das Zusammentreffen der Not und der Lösung ein glücklicher Zufall war, bleibt wohl eine offene Frage. Relevant ist es insofern, dass die Mennoniten später immer wieder behauptet haben, dass ihre Kolonisationsarbeit das Beste für das jeweilige Land sei (ob nun Preußen, Russland oder Paraguay) und daher eigentlich als Mission gewertet werden müsste. Dass das Beste für das Land zufällig auch für sie das Beste war, kann man ihnen nicht übelnehmen, denn das ist ja genau was Jeremia auch versprochen hatte: „Denn wenn's ihr wohl geht, so geht's auch euch wohl." (Jer. 29,7)

3. *„Bei Gott im Himmel ist mehr Freude über einen Sünder, der ein neues Leben anfängt, als über neunundneunzig andere, die das nicht nötig haben." (Lk.15,7)*

Wer diese Aussage Jesu ernst nimmt, wird darum bemüht sein, Gott im Himmel mehr Freude zu bescheren. Mehr Menschen mit der befreienden Botschaft zu erreichen war durchaus ein Bestreben der Täufer. Dass sie es immer wieder auf Risiko des eigenen Lebens taten, ist auch weithin belegt. Beachtenswert ist allerdings, dass sie nicht immer gleich die Gelegenheit wahrnahmen, um sich selber in Sicherheit zu bringen, sondern bewusst das Risiko der Verfolgung und des Leidens auf sich nahmen, um anderen Mitmenschen die Möglichkeit der Errettung zu bieten. Folgendes Zeugnis erreicht uns aus dem 17. Jahrhundert:

„[Aufgrund der schweren Verfolgung in der Schweiz ist den dortigen Täufern von uns niederländischen Mennoniten] schon früher geraten worden, sie sollten ihre Heimat lieber verlassen und anderswo eine Bleibe suchen. Das ist ihnen allerdings sehr schwer gefallen, unter anderem haben sie auch das als Grund angegeben, dass inmitten eines Lebens unter dem Kreuz ihre Gemeinden täglich zugenommen haben und dass sie darum gezögert haben, aus der Ernte des Herrn davon zu laufen." (Amsterdamer Mennonitengemeinde an die Mennonitengemeinde Hoorn, 1672, bei Jecker, 2013)

Auch ein altes Gebet, das dem Täuferältesten Hans Reist (um 1700) zugeschrieben wird, zeugt von der Sorge um die Menschen, die nicht zu den Täufergemeinden zählten:

„Wir bätten dich für alle die [die nicht zu unseren Gemeinden zählenden] Menschen, so gern wölten deinen Willen thun, Herr Gott gib ihnen die Gnad, dass sie dich von Hertzen lieben können, dich förchten und deine Gebott halten, und bitten dich, lieber Vatter, für alle Menschen, die uns vil Guts anthun mit Speiss und Tranck, mit Hauss und Herberg, uns große Lieb und Trew erzeigen und beweisen, Herr Gott biss [sei] ihren reichen Belohner hier zeitlich und im ewigen Leben." (bei Jecker, 2013)

Jecker kommt dann zu folgenden Schlussfolgerungen:

„Abschließend kann demnach folgende Bilanz gezogen werden:

- Fazit 1: Zum Glauben kamen durch das Zeugnis der Täufer auch nach der Anfangszeit noch viele Generationen lang zahlreiche Menschen.

- Fazit 2: Das Täufertum war auch nach der Anfangszeit noch lange Zeit aktiv, andere Menschen zum Glauben einzuladen und sie auf diesem Weg zu begleiten." (Jecker, 2013)

Obwohl an der Bilanz Jecker's nichts auszusetzen ist, bleibt die Frage doch, ob die Täufer bewusst und gezielt eine Missionsstrategie verfolgten, wie wir es beispielsweise bei Paulus sehen, oder ob sie einfach von ihrem neugefundenen Glauben so voll waren, dass sie einfach nicht schweigen konnten, wie bei Petrus und Johannes. (Apg. 4,20) Für einige Leser mag diese Frage an Haarspalterei grenzen, für den Missiologen ist es aber von Bedeutung, ob jemand bewusst Gottes Reich und seine Mission vorantreibt oder eher „unbewusst" mit anderen Menschen die Freude teilen will, von der man selber erfasst worden ist.

Wenn man die Täuferbewegung etwas studiert, hat man den Eindruck, dass die Evangelisation eher spontan als geplant verlief. Man fühlt sich an die erste Gemeinde in der Apostelgeschichte erinnert, in der sich die Menschen auf Grund des veränderten Lebens der ersten Christen zu der Gemeinde hingezogen fühlten, da die neu-bekehrten Christen so voll Freude waren, dass sie keine Gefahr scheuten, um diese mit anderen zu teilen. Als aber auch Verfolgung ausbrach, führte diese dazu, dass Christen zerstreut wurden; und diese verstreuten Christen entfachten überall, wo sie hinkamen, ein neues Feuer.

Ernst Bichsel spricht von dieser Art der Ausbreitung des Täufertums, wo *„persönliche Beziehungen von Bekannten und Verwandten eine große Rolle spielten. In den Städten bildeten sich vorerst kleine Kreise, die durch Unterdrückung oft gesprengt wurden."* (eingesehen 2014)

Gottfried Seebaß behauptet, dass die Mission der Täufer sehr begrenzt war. Sie umfasste hauptsächlich Familienangehörige, berufliche Bekanntschaften und Freunde. Ein Beweis dafür liegt darin, dass in mehreren Ortschaften um Königsberg nur einige Personen dazugewonnen wurden. (1997: 200)

Niemand kann verleugnen, dass die Täuferbewegung schnell wuchs, einen relativ großen Zulauf hatte - zumindest in den Anfangsjahren - und dass die Täufer der ersten Generation eine brennende Retterliebe besonders für ihre vermeintlich verlorenen Familienangehörige, Freunde und Bekannte hatten. Trotzdem, oder gerade deshalb, kommen wir zu demselben Schluss wie Seebaß: *„Ihre Mission trug weniger systematischen als vielmehr zufälligen Charakter."* (1997:191)

II. Stille Mission durch Zeugnis

Nachdem der ehemalige katholische Priester Menno Simons die von der Verfolgung zerstreuten Täufer sammelte und betreute, wurden diese von ihren Widersachern verächtlich „Mennisten" oder „Mennoniten" genannt. Im Europa der damaligen Zeit wurde die Staatsreligion vom jeweiligen Fürsten bestimmt und galt als exklusiv. Das heißt, sogenannte Protestanten wurden in katholischen Ländern nicht geduldet und umgekehrt. Die Täufer wurden sowohl von den Katholiken als auch von den Protestanten nicht gern gesehen, und erlitten Verfolgung wo immer sie hinkamen. Erst in den Niederlanden wurden sie zeitweise geduldet. Als sich dann die Möglichkeit ergab, in das etwas tolerantere Preußen umzusiedeln, nahmen viele Täufer diese Gelegenheit wahr. Es war nun nicht so, dass die preußische Regierung gerne Täufer bei sich gehabt hätte, aber sie wollten tüchtige Landwirte, die es verstanden, die ausgedehnten Sumpfgebiete trocken zu legen und urbar zu machen. Viele Täufer aus den Niederlanden gehörten zu diesen benötigten Fachkräften und konnten sich in Preußen niederlassen.

Eine Gruppe Menschen, die auf Grund ihres Glaubens (wie die Mennoniten), ihrer ethnischen oder kulturellen Zugehörigkeit (wie die Juden) oder aus irgendeinem anderen Grund in einem sozialen Umfeld nicht gewünscht ist, sondern nur geduldet wird, entwickelt in den meisten Fällen ein typisches Verhaltensmuster: Ihre Mitglieder werden zu den „Stillen im Lande". Man versucht, so wenig Aufmerksamkeit wie möglich auf sich zu lenken, da diese meist negative Konsequenzen hat. Man handelt nach dem Motto: *"So lange die Obrigkeit nicht merkt, dass wir hier sind, wird sie auch nichts gegen uns unternehmen."* Da diese Passivität aber keine Garantie für die Zukunft darstellt, geht man einen Schritt weiter: Man versucht sich nicht nur nützlich, sondern möglichst unentbehrlich für den Staat zu machen. Nützliche Menschen werden gern gesehen, besonders wenn die Regierenden von ihrer Gegenwart einen Nutzen haben. Durch ihre Fähigkeiten oder Errungenschaften unentbehrlich gewordene Menschen müssen geduldet werden, denn ihre Abwesenheit würde dem Staat nicht nur den bis jetzt erhaltenen Nutzen nehmen, sondern sogar großen Schaden zufügen. Wenn immer die Obrigkeit zu Besuch kommt, werden in (vermeintlicher) Demut keine Forderungen gestellt, wie es normale Staatsbürger - die ihren Status nicht gefährdet sehen - üblicherweise machen, sondern man versucht seinen Nutzen für den Staat hervorzuheben. Wenn dann noch ein Lokalpolitiker oder eine andere Persönlichkeit die Arbeit dieser Volksgruppe als unentbehrlich für den Staat darstellt, ist das Ziel zu voller Zufriedenheit erreicht.

Was hat diese soziale Entwicklung mit der Mission zu tun? Um in einem feindlich gesinnten Umfeld nicht aufzufallen, verhält man sich so still wie möglich. Die Mennoniten in Preußen, und später auch in Russland, wussten, dass die Regierung es nicht gerne sah, wenn sich Menschen von ihrem katholischen, protestantischen oder orthodoxen Glauben abwandten, um sich dem mennonitischen Glauben zuzuwenden. Das würde aber in einer offenen und aktiven Missionstätigkeit geschehen. Daher suchte man nach Formen dem Missionsbefehl nachzukommen, ohne den Unmut der Landesbevölkerung zu wecken. Der radikale neue Lebensstil, den die Mennoniten auf Grund ihres Schriftverständnisses schon von Holland mitbrachten, sollte sich zur neuen Missionsstrategie entwickeln. Das vorbildliche Leben, das in der Bibel gelehrt und von den mennonitischen Gemeinden gefördert und gefordert wurde, sollte Zeugnis von ihrem Glauben geben. Die Landesbevölkerung sollte, so wie bei der Urgemeinde in Jerusalem (Apg. 2,42-47), von dem frommen Wandel dieser Menschen so berührt werden, dass sie den Wunsch verspürte, selber dazu zu gehören; bzw. diesen Lebenswandel auch in den eigenen Glaubensgemeinschaften zu praktizieren.

Natürlich unterstellen wir den Mennoniten nicht, dass sie den Weg des stillen Zeugnisses bewusst gewählt haben, noch dass der vorbildliche Lebenswandel nur ein Mittel zum Zweck war. Wie schon erwähnt, ist ihr Lebenswandel auf einen radikalen Gehorsam der Schrift gegenüber zurückzuführen und diente ursprünglich nicht als Überlebensstrategie. Trotzdem darf man sich fragen, in welchem Moment und auf Grund welcher Ursachen die Flamme der verbalen Verkündigung, die in den Anfangsjahren so lichterloh brannte, ihre Kraft verlor. Die Vermutung liegt nahe, dass der Selbsterhaltungstrieb der Mennoniten zu einem unbewussten Nichtangriffspakt mit der Welt führte. Der Überlebensinstinkt der Mennoniten dämpfte somit ihren Missionsinstinkt.

Als Beweis für den unbedingten Gehorsam der Mennoniten der Schrift gegenüber, sei hier der Missiologe Andrew F. Walls zitiert. Er vergleicht die neuen, unabhängigen Gemeinden, die in Afrika wie Pilze aus dem Boden schießen, mit den Täufern und Mennoniten in der westlichen Kirchengeschichte, denen er Folgendes bescheinigt: *„Die selbe wilde Verschiedenheit, die selbe starke Zusammengehörigkeit als `Volk Gottes`, das selbe Beharren dem Wort [Gottes] zu folgen wenn man es hört."* (2000: 116)

N. van der Zijpp bestätigt den ursprünglichen Missionseifer der Täufer und ihre Radikalität im Befolgen des Wortes Gottes. Dafür, dass dieser Eifer spätestens ab 1570 ziemlich abflaute, sieht er folgende Gründe:

1. Die ersten Täufer hatten eine starke eschatologische Tendenz, d. h. sie erwarteten ein baldiges Wiederkommen Christi. Als dies ausblieb, sank auch ihre Begeisterung für Jesus und sein Reich.

2. Nach dem Desaster von Münster versuchten viele Täufer sich von diesen revolutionären Ideen zu distanzieren, indem sie der Welt zeigten, dass sie nicht „wie jene" waren, und ihre Evangelisationsbemühungen stark reduzierten.

3. Ab 1540 kann man schon einen Wechsel in der Betonung weg von der Evangelisation und Mission und hin zu der Organisation der Gemeinden beobachten.

4. Als die weltliche Obrigkeit erst willig war, die Mennoniten zu dulden,

versuchten diese, Brücken zur Welt zu schlagen. Statt die Andersartigkeit der Gemeinde im Gegensatz zur Welt zu betonen, versuchte man Gemeinsamkeiten zu finden.

5. Traditionell hatten die Mennoniten kleine Gemeinden, in denen sie unter sich waren und jeder jeden kannte. Dieses traute Zusammensein würde durch eine aktive Missionstätigkeit gefährdet werden. Irgendwann war man zufrieden mit der Anzahl der Glieder in einer Gemeinde, die nur durch die Taufe der eigenen Kinder ein leichtes Wachstum verzeichnete.

6. Unter den Mennoniten wurde dem persönlichen Glauben viel Gewicht gegeben. Jede Person muss eine persönliche Entscheidung treffen, ob sie Jesus nachfolgen will oder nicht. Die Gegenwart der mennonitischen Gemeinde gab den Leuten der Umgebung die Gelegenheit, den „richtigen" Glauben zu erlangen. Wenn sie diese Gelegenheit aber nicht wahrnahmen, dann war es ihre eigene Entscheidung, dann „wollten sie halt nicht".

7. Die Protestanten im Allgemeinen hatten im 17. und 18. Jahrhundert kein offenes Ohr für die Weltmission, und die Mennoniten waren da keine Ausnahme. (van der Zijpp, 1984: 127-132)

Die „Stillen im Lande" zu sein, möglichst nicht anzuecken, und möglichst unter sich zu bleiben führte dazu, dass die Mennoniten das Angebot der russischen Zarin Katharina II. die Ukraine zu besiedeln, gerne annahmen, obwohl sie sich dabei auch verpflichten mussten, nicht unter der russischen Bevölkerung zu missionieren. Aus heutiger Sicht stellt man sich die Frage, wie eine mennonitische Gemeinde auf diese Bedingung eingehen konnte, da die Mission ja eine elementare Charakteristik der Gemeinde Jesu darstellt. Aus Sicht des Theologen Alfred Neufeld ist diese Klausel im Manifest der Katharina von den Mennoniten Preußens wohl kaum wahrgenommen worden. Ganz zu schweigen davon, dass sie zu theologischen oder missiologischen Diskussionen geführt haben könnte. (Neufeld, 2014) Die Kaiserin bot an, geschlossen zu siedeln, „mennonitische Kolonien" zu gründen, in denen man endlich unter sich sein könnte. Sie gewährte die Befreiung vom Wehrdienst und andere Privilegien auf „ewige Zeiten". Was wollte man mehr? Dass man die andersgläubige Bevölkerung nicht evangelisieren sollte, diente eher als Ruhekissen denn als Störfaktor, da man das sowieso nicht im Sinn hatte.

III. Aufflammende Mission unter Heiden

Und doch regte sich hier und da unter den Mennoniten eine kleine Flamme der Liebe den Verlorenen gegenüber. Die „Verlorenen" waren zu diesem Zeitpunkt nicht mehr alle Andersgläubigen, seien es dem Namen nach Christen oder nicht, sondern eher alle Anderslebenden. Das heißt, fromme Baptisten wurden auch als Christen angesehen; fromme Lutheraner und Katholiken konnte man auch getrost ihrem Glauben überlassen. Zwar war man mit ihrer Theologie nicht einverstanden, aber damit würden sie vor Gott zurechtkommen müssen. Die wirklich Verlorenen waren diejenigen, die auf Grund ihres Glaubens ein sündiges Leben führten. Darunter zählten zwar auch Namenschristen, besonders Katholiken, Lutheraner und Orthodoxe, aber vor allem die sogenannten „Heiden"; Leute, die nicht an den Gott der Bibel glaubten, weil sie noch nie von ihm gehört hatten.

Hans Kasdorf (1991) beschreibt anschaulich die vielen kleinen, oft von einzelnen Personen, ohne die Unterstützung ihrer Gemeinden, durchgeführten Missionsbestrebungen in 200 Jahren mennonitischer Geschichte in Russland.

Woher kamen diese Missionsimpulse? Auch die mennonitischen Gemeinden wurden vom Pietismus im 18. Jahrhundert erfasst. Obwohl diese und andere Erneuerungsbewegungen von den traditionsbewussten Gemeindeleitern abgelehnt wurden, da sie drohten, die alten Formen und Strukturen zu sprengen, hat laut Cornelius Krahn keine andere Bewegung einen größeren Einfluss auf die mennonitischen Gemeinden gehabt. (Krahn, in Shenk, 2000: 35)

Shenk zitiert drei Beispiele, wie sich Mennoniten in der Vergangenheit mit Evangelikalen zusammen taten, um deren Missionsbestrebungen zu fördern:

1. Unterstützung der russischen Bibelgesellschaft: Sich finanziell am Druck und an der Verteilung der Heiligen Schrift zu beteiligen, erlaubte

es den Mennoniten, in der Evangelisation der Russen aktiv zu sein, da es ihnen verboten war, dies direkt zu machen.

2. Unterstützung der Baptisten-Missionen: Auf Drängen von William Carey hatten die britischen Baptisten im Jahre 1792 eine Missionsgesellschaft gegründet. Die Berichte Carey's aus Serampore, Indien, wurden in vielen Ländern gelesen und brachten ihm viele finanzielle Unterstützung, unter anderem auch von holländischen Mennoniten.

3. Ausbildung für Missionare: Der Mennonit Samuel S. Haury, geboren in Deutschland, studierte in den USA, wo er von der Missionsidee erfasst wurde. Zurück in Europa studierte er weitere vier Jahre an der Rheinischen Missionarsausbildungsstätte und unterrichtete später selber die Missionskandidaten, die sich für die Arbeit unter den Heiden vorbereiteten. (Shenk, 2000: 35-38)

Die Mennoniten, die aus der Schweiz und Holland nach Nordamerika ausgewandert waren, wurden langsam auch von der neuen Missionswelle, die ab Ende des 18. Jahrhunderts durch Europa und Nordamerika ging, erfasst. 1865 wurde im mennonitischen Blatt *Herald of Truth*, ein Artikel von Philip Moseman aus Pennsylvanien veröffentlicht, in dem zum ersten Mal Mut gemacht wurde, für die „Arbeit unter den Heiden" zu geben. Diese Arbeit wurde, laut Moseman, von den „lieben Gemeindeältesten" unterstützt. Nach einer längeren Funkstille auf diesen Aufruf, nahm Schriftführer Funk das Thema wieder auf und schlug vor, das „*lehret sie halten alles was ich euch befohlen habe*" ernst zu nehmen. (Jacobs, 1983: 93-95)

Trotzdem dass auf einigen Stellen ein zartes Missionsbewusstsein aufglühte, blieb die große Mehrheit der mennonitischen Kolonisten in Russland davon unberührt. Die Mentalität der russischen Mennoniten - die sich selber nicht als russisch ansahen - zeigt folgende Notiz nach der Volkszählung 1897, in der die Zahl der Mennoniten mit 66.564 angegeben wird.

„*Unter den Mennoniten waren 99,03% deutschstämmige, die die deutsche Sprache als ihre Muttersprache angegeben hatten. Die restlichen 0,97% stellten sich aus 486 Personen mit russischer, 38 mit polnischer, 24 mit finnischer, 19 mit litauischer-lettischer und 80 Personen mit son-*

stigen Muttersprachen zusammen. Diese 0,97% waren in den entlegensten Streusiedlungen durch Mischehen eingeschmuggelt worden." (Hildebrand, 2004: 270)

Diese sogenannten Mischehen waren schon immer, zumindest seit Beginn der mennonitischen Enklaven - oder Kolonien - ein Dorn im Auge der um Reinheit und Makellosigkeit bemühten Mennoniten. Jacobs sieht in dem Bestreben eine reine Gemeinde zu haben, das ja auch bei Menno Simons ganz stark war, ein Hindernis für die Mission, denn letztere ist auf Sünder ausgerichtet und diese sind schmutzig. In der Mission werden schmutzige, unwürdige Sünder eingeladen, Teil einer reinen, geheiligten Gemeinde zu werden. Das war für einige Brüder unvereinbar. Entweder macht man Mission oder man hat eine reine Gemeinde, aber beides kann man nicht haben. (Jacobs, 1983: 90ff.)

Obwohl die polnischen Familiennamen (wie Sawatzky, Schapansky, Harder, Ratzlaff; siehe Rudolph, 2011) unter den Mennoniten für einige Amateurforscher Zeichen der missionarischen Aktivität der Mennoniten in Preußen sind, kann man wohl davon ausgehen, dass die maßgebliche Attraktion für die Männer hinter diesen Namen nicht die evangelistische Tätigkeit der Mennoniten, sondern wohl eher die Schönheit und Schlichtheit ihrer Mädchen war, die dann ihre Frauen wurden. Dass diese Eingliederungen in die mennonitische Gemeinschaft nicht als Erfolg der Mission gefeiert wurden, sieht man an der oben zitierten Bemerkung.

IV. Institutionalisierte Mission durch Organisationen

Seit im Jahre 1792 die erste Missionsgesellschaft in England gegründet wurde, entstanden in den nächsten Jahren in vielen Ländern Europas und später auch in Nordamerika, ähnliche Organisationen mit dem gleichen Ziel. Auch die Mennoniten kopierten diese Art und Weise, dem Missionsbefehl Jesu unter den Heiden nachzukommen.

In 1847 wurde die Holländische Mennonitische Missions-Gesellschaft nach dem Vorbild der britischen Baptisten gegründet, um Missionare in die holländischen Kolonien Ost-Indiens zu senden. Der erste mennonitische Missionar war Pieter Jansz (1820-1904), der 1851 im Auftrag der oben genannten Holländischen Mennonitischen Missions- Gesellschaft in die holländische Ost-Indien Kolonie gesandt wurde. (Shenk, 2000: 37-39)

Mennoniten wurden von der weiten Missionsbewegung stark beeinflusst und waren von ihr abhängig. Laut Wilbert Shenk zeigt sich das an folgenden Facetten:

Erstens: Von den ersten Jahren der modernen Missionsbewegung an wurde ein keimender Ökumenismus offensichtlich, der später in formelle Muster und Strukturen reifte. Ein Beispiel davon ist die „Höflichkeitsformel" (comity) in der Mission, die auch von den Mennoniten akzeptiert und respektiert wurde. (*Die „Höflichkeitsformel", auf English „comity", bezieht sich auf die Praxis, ganze Gebiete - vor allem in Afrika und Asien - unter den interessierten Missionsgesellschaften aufzuteilen, damit man sich gegenseitig nicht in die Quere kam. So bekam jede Missionsorganisation ihr geographisch definiertes Gebiet, in dem sie frei von jeder Konkurrenz ihre Missionsbestrebungen durchführen konnte.*)

Zweitens: Mennoniten waren Spätkommer in praktisch allen Ländern, in welche sie Missionare entsandten. Katholische und protestantische Missionen waren meist schon dort. Mennoniten waren dort die Junioren, und ihre kleine Zahl im Vergleich mit den anderen Missionen bestärkte diesen Status.

Drittens: Mennoniten waren abhängig von der modernen Missionsbewegung für die missiologischen Rahmenbedingungen unter denen sie arbeiteten. Sie hatten keine eigene Missionsphilosophie entworfen.

Viertens: Mennoniten waren - gemäß ihrer Tradition der ungebildeten Laien als Gemeindemitarbeiter - unwillig, theologische Ausbildungsstätten zu gründen. Mennonitische Missionen bevorzugten Bibelschulen, die Evangelisten, Katechisten und Laien ausbildeten, aber keine Theologen. Die wenigen Auserwählten für ein Theologiestudium mussten meistens an Ausbildungsstätten anderer Denominationen gehen. (Shenk, 2000: 40-42)

In Bezug auf die „Höflichkeitsformel" und dem Verdacht eines frühen Ökumenismus, behauptet Donald Jacobs allerdings, dass es für die mennonitische Mission schwer war, sich in die zugeteilten geographischen Zonen zu fügen (z. B. in Afrika), da es beinhaltete, die anderen Missionen als gleichwertig anzusehen. (Jacobs, 1983: 96)

Mennoniten haben sich dann mit Eifer in die Mission gestürzt. Pro Kopf haben sie mehr für die Mission gespendet als viele andere Denominationen. Laut Jacobs hat sich die Missionsarbeit der Mennoniten aber kaum von den anderen Denominationen unterschieden, sondern sie haben diese nur nachgemacht. Das ist ihm schade, denn die Mennoniten haben eine unterschiedliche Theologie. Jacobs beklagt, dass die Mennoniten dabei versagt haben, eine evangelistische Methodologie zu entwickeln, die mit ihrer Reich-Gottes Theologie im Einklang war. (Jacobs, 1983: 97)

Die Zusammenarbeit mit anderen Denominationen in der Mission in der Anfangszeit und die Übernahme fremder Modelle später zeigt sich an den folgenden Beispielen. Die ersten Missionare der Mennoniten Brüder Gemeinden (MBG) von Nordamerika nach Indien wurden unter Aufsicht der Amerikanischen Baptisten Mission gesandt. Als Familie H.C. Bartel im Jahr 1901 nach China ging, konnte sie es schon unter der China Mennoniten Mission machen. (Ens, 2010: 53) Wie es dazu kam, dass die MBG in Nordamerika ihre eigene Missionsgesellschaft bekamen, zeigt folgender Ausschnitt aus einem alten Protokoll:

„Im Laufe der Jahre, als die Konferenz größer wurde und sich Kräfte fanden, tat sich auch das Bedürfnis kund, innere und äußere Mission zu treiben. Schritte wurden getan und Arbeiter auf dem inneren Missionsfelde angestellt, auch in die Heidenmission wurden Geschwister hinausgesandt, zu den Indianern und nach Indien. Solches machte es notwendig, dass anno 1900 am 24. Oktober die Konferenz Statuten verfaßte und sich unter dem Namen „Mennoniten Brüder Missions-Vereinigung" unter den Gesetzen des Staates Kansas inkorporierte." (Konferenzberichte 1920, 507)

Eine eigene Konferenz, oder Vereinigung wie man es auf Deutsch nennen würde, ist zwar noch keine Missionsgesellschaft, aber es ist der erste Schritt dazu. Nachdem die Konferenz gegründet war, gab es gleich ein Missionskomitee, das „Missions Board", das für alle Bereiche der Mission zuständig war. Es hat den Anschein, dass die MBG Konferenzgründung in Nordamerika kein Selbstzweck war, sondern vor allem dazu dienen sollte, die bestehenden Kräfte und Ressourcen zu bündeln, um effektiv an die Missionsarbeit gehen zu können.

Da es in Nordamerika verschiedene mennonitische Konferenzen gab, hat jeder Vorstand durch das jeweilige Missionskomitee das eigene Missionsfeld in Indien, China, im Kongo und sonst wo gegründet. Das hat dazu geführt, dass es auch in diesen Ländern verschiedene mennonitische Konferenzen gab. (Ens, 2010: 53) Oft verstanden die neuen, einheimischen „Mennoniten" die Unterschiede gar nicht, die sie vermeintlich von anderen Glaubensgeschwistern, die auch „Mennoniten" waren, trennen sollten.

Fazit

Obwohl wir den Optimismus Jecker´s etwas in Frage gestellt haben, finden wir sein Fazit doch angebracht: *„Wer heute über 'missionale Gemeinde' nachdenkt, der findet in täuferischer Geschichte und Theologie hochaktuelle Anhaltspunkte für ein Glaubenszeugnis, das Mission und Evangelisation mit Freiwilligkeit, Friede und Gerechtigkeit verbindet und das sich weder aus der Welt zurückzieht, noch sich ihr aufdrängt und sie bevormunden will."* (Jecker, 2013)

Bibliographie

- Bichsel, Ernst (ohne Zeitangabe)
http://www.ebiahnen.ch/Taufertum.htm

- Ens, Harold (2010) *Mennonite Brethren in Global Mission: Observations and Reflections, 1966-2006.* Goessel, Kansas - Winnipeg, Manitoba, Kindred Productions.

- Hildebrand, J.Jakob (2004) *Hildebrand's Zeittafel.* (2. Aufl.) Steinbach, Verlag von Crossway Publications.

- Jacobs, Donald R. (1983) *Pilgrimage in Mission.* Scottdale, Pennsylvania - Kitchener, Ontario, Herald Press.

- Jecker, Hanspeter (2013) „Jenseits von Rückzug und Vereinnahmung: Mission und Evangelisation in der Täufergeschichte". Vortrag publiziert am 3. Mai 2013 http://mennonitica.ch/jenseits-von-ruckzug-und-vereinnahmung-mission-evangelisation-und-taufergeschichte/

- Kasdorf, Hans (1991) *Flammen unauslöschlich: Mission der Mennoniten unter Zaren und Sowjets 1789-1989.* Bielefeld, Logos Verlag.

- *Konferenzberichte nebst Konstitution der Mennoniten Brüdergemeinde von Nord Amerika 1883-1919* (1920). Hillsboro, Kansas, Mennonite Brethren Publishing House.

- Neufeld, Alfred (2014) Informelle Gesprächsrunde in der MBG Concordia am 18. September 2014.

- Rudolph, Michael (2011) „Familiennamen" im *Lexikon der Mennoniten in Paraguay.* http://www.menonitica.org/lexikon/?F:Familiennamen

- Seebaß, Gottfried (1997) *Die Reformation und ihre Außenseiter: Gesammelte Aufsätze und Vorträge.* Göttingen, Vandenhoeck & Ruprecht.

- Shenk, Wilbert R. (2000) *By Faith They Went Out: Mennonite Missions 1850-1999.* Elkhard, Indiana, Institute of Mennonite Studies.

- Shenk, Wilbert R. (ed., 1984) *Anabaptism and Mission.* Scottdale, Pennsylvania - Kitchener, Ontario, Herald Press.

- Van der Zijpp, N. (1984) "From Anabaptist Congregation to Mennonite Seclusion" in Wilbert R. Shenk (ed., 1984) *Anabaptism and Mission.* Scottdale, Pennsylvania - Kitchener, Ontario, Herald Press: 119-136.

- Walls, Andrew F. (2000) *The Missionary Movement in Christian History: Studies in the Transmission of Faith.* (4. Aufl.) Maryknoll, New York, Orbis Books.

Von radikaler Nächstenliebe zu institutioneller Hilfeleistung

Beate Penner

1. Nächstenliebe bei den Täufern

Die Täufer wollten zurück zu der apostolischen Gemeinde – die Urgemeinde wieder herstellen. Deshalb spricht man von den radikalen Wiedertäufern, denn für sie hieß es, vieles in der ganzen Kirchen- und Gemeindestruktur radikal zu verändern. Damit stießen sie auf Seiten der Kirche und eines großen Teils des Volkes auf Widerstand. Sie wurden verfolgt, gefoltert und hingerichtet. Ihre Versammlungen hielten sie im Geheimen ab. Des Öfteren kam es vor, dass Leute sofort nach ihrer Bekehrung getauft wurden, da man nicht wusste, wo und ob man sich überhaupt wieder treffen würde.

Die brüderliche Nächstenliebe unter den Täufern ist also zum Teil auf die Ausrichtung der Urgemeinde und zum Teil auf den Druck der Verfolgungen zurückzuführen. Anderen zu helfen war eine Selbstverständlichkeit! Oft bewirtete man andere Täufer und riskierte dafür, dass man selber verhaftet oder gar hingerichtet wurde. Das Beispiel von Dirk Willems ist wohl das bekannteste Beispiel täuferischer Nächstenliebe. Willems war verhaftet worden, weil er bekennender Täufer war. Über dem zugefrorenen Schlossgraben gelang ihm die Flucht von dem Schloss, in dem er festgehalten wurde. Ein Wächter beobachtete seine Flucht und nahm die Verfolgung auf. Dirk Willems kam heil über das Eis, sein Körpergewicht hatte durch die magere Gefängniskost gelitten. Doch sein Verfolger, der stämmiger war, brach auf dem Eis ein. Willems hörte die Hilferufe seines Verfolgers, kehrte zurück und rettete diesem Mann das

Leben. Doch anstatt eines Dankes, erhielt Willems erneut die Fesseln. Wieder wurde er festgehalten, dieses Mal in einem noch sichererem Verließ. Kurze Zeit darauf wurde er auf dem Scheiterhaufen verbrannt. Für dieses Werk der Nächstenliebe wird Willems bis heute Respekt und Andenken gezollt.

Dies ist eines von vielen Beispielen, wo die Täufer ihren Glauben und ihre Überzeugung praktisch auslebten. Trotz Verfolgungen und Diskriminierung verbreitete sich das Täufertum rapide. Das zeugt davon, dass sie nicht nur die Bibel studierten, sondern sich bis zum Letzten beigestanden haben und praktisch auslebten, was sie lehrten: „Ich aber sage euch, liebt eure Feinde und betet für die, die euch verfolgen." Matthäus 5, 44

2. Menno Simons und seine radikale Nächstenliebe

Die Täufer, und allen voran Menno Simons, nahmen Christi Gebot, die Gemeinschaft mit Gott und untereinander zu pflegen, sehr ernst. Die Gemeinde des Neuen Testamentes sollte bei ihnen Gestalt annehmen. Sie stellten nicht nur ihr geistliches Bemühen in den Dienst der Gemeinde, sondern auch ihre Zeit, ihr Geld und ihre Arbeitskraft. Der Gemeinde halber nahmen sie Mangel, Gefangenschaft, Verfolgung und Tod in Kauf. Menno nennt einige Kennzeichen, in denen sich eine wahre Gemeinde von der falschen Kirche unterscheiden sollte. Neben fünf weiteren Kriterien nennt er die aufrichtige Bruderliebe, die herzliche und aufrichtige Liebe zum Nächsten. Die Nackten sollten gekleidet, die Hungrigen gespeist, die Betrübten getröstet, die Elenden beherbergt und Kranke geheilt werden.

Menno selber hat gesagt: *„Wer reich ist, der hat den Reichtum bekommen, damit er ihn mit den Armen teilt – das ist ein Vorrecht."* Weiter hat er von den Mennoniten gesagt: *„Wir teilen alles miteinander, nicht nur das Materielle, sondern auch das Geistliche, Soziale. Unter uns gibt es niemanden, der Hunger leidet, keine Witwe, die in Not ist, keine Waise,* *die nicht zur Schule gehen kann."*[1] Ich zitiere dazu Helmut Isaak: *„Wenn man bedenkt, dass es Zehntausende waren, die alle im Untergrund lebten, im Versteck – wie haben sie das gemacht? Sie müssen schon ein gutes Netz der Kommunikation aufgebaut haben, anders ist es nicht denkbar. Es gab schon reiche Täufer. Sie müssen miteinander geteilt haben, denn viele waren arbeitslose Weber."*[2]

Menno war also der Ansicht, dass niemand Not leiden solle, jeder solle genügend zum Leben haben. Dies sollte jedoch nicht unter Zwang passieren, wie beispielsweise in der Gütergemeinschaft bei den Hutterern. Teilen sollte aus Liebe, Mitleid und Barmherzigkeit geschehen. Freiwillig und aus Liebe zu geben, sollte für einen Christen selbstverständlich sein, so Menno Simons. Heinz Dieter Giesbrecht hat sich im Jahrbuch 2008 mit dem Thema „Diakonische Nächstenliebe" beschäftigt. Er fasst das Konzept der diakonischen Nächstenliebe bei den Täufern wie folgt zusammen: *„Diakonische Nächstenliebe kann nach täuferischem Verständnis weder gesetzlich aufgefasst noch dem geheimnisvollen Wirken Gottes alleine überlassen werden. Diakonische Nächstenliebe ist die Folge davon, dass Menschen sich unter der Wirkung des Heiligen Geistes von Gott in den Dienst am Menschen einbinden lassen."*[3]

Und diese praktische Nächstenliebe hat Menno nicht nur weitergegeben, sondern in sehr vielen Fällen auch selber am eigenen Leib erfahren. Ständig war er auf Reisen, er hatte kein Zuhause, niemand, der ihn beschützte. Er wurde verfolgt, lebte im Untergrund und benutzte selten seinen eigenen Namen. Er war abhängig von der Nächstenliebe seiner Glaubensgeschwister.

Als Teil der Nächstenliebe unter den Glaubensgeschwistern wurde auch der Bann praktiziert. Menno betonte immer, dass nach Matthäus 18 ein Bruder bei Fehlverhalten Schritt für Schritt aufgefordert werden sollte,

---

[1] Zitiert wurde Menno von Helmut Isaak in seinem Beitrag im Jahrbuch des Mennonitischen Geschichtsvereins, 2008. "Die politische Theologie Menno Simons". S.58.
[2] Siehe ebd. S. 58
[3] Giesbrecht, Heinz Dieter: Diakonische Nächstenliebe im theologischen und geschichtlichen Kontext des Kolonie Mennonitentums Paraguay. Jahrbuch des Geschichtsvereins 2008, S. 98.

Menschliches abzulegen. Das sollte aus reiner Nächstenliebe geschehen. Der Bruder sollte so geliebt werden, dass man ihn mit seiner Sünde konfrontieren sollte. Die biblische Art dieser Disziplin ist es, den Sünder vor Gott zu bringen, und nicht ihn vor Menschen bloßzustellen. Doch leider ist es in der Geschichte oft so gewesen, dass der Bann nicht aus Liebe zum Nächsten ausgeübt wurde, sondern aus autoritärem Verhalten heraus. Dann hat er nicht Buße und Versöhnung bewirkt, sondern Bitterkeit, Enttäuschung und Zwiespalt in der Gemeinde.[1]

Aber nicht nur auf die Nächstenliebe unter Glaubensgeschwistern wurde Wert gelegt, sondern auch Nichtgläubige wurden im Kreis miteingeschlossen. Von Menno Simons wird uns folgendes Ereignis übermittelt: 1553 kam eine Gruppe reformierter Flüchtlinge auf den Kontinent. Da Dänemark lutherisch war, wollte es diese Leute nicht aufnehmen. Doch als endlich die Erlaubnis zur Landung kam, fror das Schiff auf der Ostsee ein. Obwohl die Flüchtlinge Anhänger eines Gegners von Menno waren, ließen die Täufer sich nicht davon abhalten, die in Notgeratenen ans Land zu holen und sie mit Decken, Lebensmitteln und Arbeit zu versorgen.[2] Die Folge von dieser Liebestat war, dass man Menno verriet und er wieder fliehen und untertauchen musste.

Ein Lied, das wir im Gesangbuch der Mennoniten finden, ist nach einem Text von Menno Simons geschrieben worden. Meines Erachtens fasst das Lied gut zusammen, was Menno Simons über die Nächstenliebe dachte und vermittelte:

Wahrer christlicher Glaube wird nicht schlafen, denn er kleidet die Nackten und tröstet die Traurigen. Er gibt den Hungrigen Brot und beherbergt Verwundete.

1. Er sorgt für die Blinden und Lahmen, die Witwen und Waisen zumal. So handelt der christliche Glaube.

---

[1] Vgl. a. a. O. Isaak, Helmut: Die politische Theologie Menno Simons. S. 62-63.
[2] Ratzlaff, Gerhard: Ein Leib viele Glieder. Die mennonitischen Gemeinden in Paraguay. 2001. S. 248.

2. *Im Überfluss ward uns gegeben, voll Dankbarkeit geben wir ab. So handelt der christliche Glaube.*[1]

3. Praktische Nächstenliebe wird institutionalisiert

Die Täufer verließen die Niederlande, weil sie so stark verfolgt wurden. In Preußen hörten die Verfolgungen auf, aber die ersten Jahre waren so hart, dass die gegenseitige Hilfe nicht weniger gefördert wurde. Die Täufer halfen sich gegenseitig, wo sie nur konnten. So erlitten sie weniger Missgeschicke und Fehlschläge, als wenn jeder im Alleingang gearbeitet hätte.

Gegenseitige Hilfe war bei den Täufer-Mennoniten so hoch geschrieben, dass sie sich im Laufe der Geschichte institutionalisierte und zur kulturellen Tradition der Gemeinschaft wurde. Von der Kirche, bzw. Gemeinde, wurde diese Hilfe stets stark gefördert, sodass das Verantwortungsgefühl des gegenseitigen Helfens immer auch mit dem Glauben in Verbindung gebracht wurde.

In den ersten Jahren des Institutionalisierungsprozesses konzentrierte sich die Hilfe auf Gegenseitigkeit in den Mennonitensiedlungen in Preußen auf die Glaubensgenossen. Es wurde zur Tradition, dass neben der Kirche ein Armenhaus gebaut wurde. In der Gemeinde durfte es keine Obdachlosen geben. Niemand sollte zum Bettler werden. Um dieser Aufgabe als Gemeinde besser nachzukommen, führte man das Amt des Diakons und des Armenpflegers ein.

a. Die Feuerversicherung[2]

Eine der ersten Einrichtungen war die Feuerversicherung auf Gegenseitigkeit. Sie wurde im Weichselgebiet bereits im Jahre 1622 eingeführt. Grund dafür war, dass die Bauweise der Häuser eine große Gefahr der Feuersnot mit sich brachte. Wohnhaus, Stallungen und

---

[1] Gesangbuch der Mennoniten. Lied Nummer 470.
[2] Klassen, Peter: Die Mennoniten in Paraguay. Reich Gottes und Reich dieser Welt. Band 1. 2. Erweiterte Auflage. S. 257-259.

Scheune wurden unter einem Dach gebaut, und wenn irgendwo Feuer ausbrach, so brannte in der Regel alles ab. Von der Feuerversicherung wurde eine Brandordnung festgelegt, wo klar beschrieben war, wie man sich vor Feuer schützen konnte, wie man sich bei Ausbruch des Feuers verhalten musste und wie man nachträglich zu helfen hatte. Das Versicherungssystem bestand nicht nur in Geldzahlungen, sondern auch in der gegenseitigen Hilfe bei Aufräumarbeiten, beim Heranfahren des Baumaterials und beim Bau selbst.

Als die Mennoniten nach Russland auswanderten, nahmen sie nicht nur die Bauweise der Höfe mit, sondern auch die Feuerversicherung. Es gab viele Brände in den Dörfern. Klassen zitiert beispielsweise den Brand, der 1863 im Dorf Osterwick von einem Sturm ausgelöst wurde. Es brannten 67 Höfe ab. In einem weiteren Brand 1874 wurde beinahe das ganze Dorf Neuhorst zum Raub der Flammen. Solche Beispiele zeigen klar, dass die Feuerversicherung auf Gegenseitigkeit zur Lebensnotwendigkeit wurde! Die Versicherung wurde sogar maßgebend und mustergültig für andere Siedlungen in Russland.

Die Mennoniten, die ab 1874 nach Kanada auswanderten, nahmen die Feuerversicherung als wichtigen Bestandteil in ihren neuen Siedlungen auf. Nach einiger Zeit wurde sogar noch die Hagelversicherung hinzugefügt.

Auch in Paraguay war die Einführung der Feuerversicherung eines der ersten Punkte auf der Tagesordnung. Es wurden sowohl ein Brandältester als auch Brandschulen gewählt und Brandordnungen aufgestellt. Doch in Paraguay verlor diese soziale Einrichtung, die in Preußen und Russland so lebensnotwendig war, immer mehr an Bedeutung. Es brannte selten auf den Höfen der Mennoniten: Stallungen und Häuser wurden separat gebaut und die Strohdächer bald durch Wellblech und Dachziegeln ersetzt. Die meisten Kolonien führen die Versicherung zwar noch, aber sie tritt nur noch gelegentlich in Kraft.

Das Prinzip der Versicherung auf Gegenseitigkeit wurde in Paraguay aber auch in anderen Gebieten eingesetzt. So gab es z. B. anfangs Vieh- oder Pferdeversicherungen und später auch die Autoversicherung auf Gegenseitigkeit, die auch in den meisten Kolonien eingeführt wurde.

b. Das Waisenamt[1]

Die Täufer lebten vielfach unter großem Druck der Regierung und konnten in vielen Aspekten, wie beispielsweise in Fragen des Erbrechtes, keine Hilfe von der Obrigkeit erwarten. So waren sie gezwungen, sich selber um dieses Thema zu kümmern.

In Preußen wurden Waisenkinder gewöhnlich bei den nächsten Verwandten untergebracht. Diese Hilfe wurde erst in Russland institutionalisiert. Die russische Regierung erlaubte es den Siedlern nämlich, Vormünder über die Unmündigen und über die Nachlassenschaften der Verstorbenen selber einzusetzen. So entstanden schon bald nach der Ansiedlung in Russland das Waisenamt und die Waisenkasse. Diese Waisenkasse funktionierte auch als Bank. Kapital von Witwen und Waisen, aber auch von Personen über 65 Jahren konnte hier eingezahlt werden. Dieses Geld wurde dann an zuverlässige Leute gegen 6% Zinsen ausgeliehen. 5% davon kamen dem Kapital zu gute und 1% floss in einen Reservefond.

Neben dem Waisenamt gab es auch noch die Armenkasse. Das Geld dafür kam von einer Wirtschaftssteuer und von freiwilligen Spenden nach der Ernte zusammen. Dieses Geld wurde von den Diakonen an Hilfsbedürftige und Arme verteilt.

Die Waisenkasse erhielt für die Gruppe, die 1874 nach Kanada und 1927 weiter nach Paraguay wanderte, sogar die Funktion der Reisekasse. So wurden Zahlungsschwache getragen und erhielten die Möglichkeit zur Auswanderung.

Sowohl das Waisenamt als auch die Feuerversicherung waren so wesentliche Bestandteile der Gemeinschaft geworden, dass sie bei der ersten Einwanderung der Mennoniten in Paraguay (1927) sogar im Privilegium, dem Gesetz 514, verankert wurden.

Sowohl für die Mennos als auch für die Fernheimer wurde das Waisenamt schneller als erwartet zur Notwendigkeit. Beide Gruppen wurden in ihrer Ansiedlungszeit Opfer von Epidemien, die eine große Zahl an Todesopfern forderten. Es gab viele Witwen und Waisen, die unmittelbar

---

[1] Siehe ebd. S. 259-262.

Hilfe beansprucht.

Noch wichtiger aber wurde die Einrichtung des Waisenamtes für die Siedler von den Kolonien Neuland und Volendam. Durch die vielen Deportationen und den Auswirkungen der Flucht und des Krieges gab es in Neuland von 636 Familien 264, wo der Vater oder Ehemann nicht mehr lebte oder vermisst wurde. In Volendam sah die Situation ähnlich aus.

Heutzutage gibt es das Waisenamt in den meisten mennonitischen Kolonien Paraguays. Doch die Bedeutung ist, verglichen mit der Situation in Russland, Kanada und den Anfangsjahren in Paraguay, nur noch gering. Andere Lebensversicherungen, das Kreditangebot der Genossenschaften und die Funktion der Bank nehmen mittlerweile den Platz des Waisenamtes ein.

c. Die Krankenfürsorge[1]

Die Initiative der Krankenfürsorge unter den Mennoniten hat nicht so eine lange Geschichte wie die der Feuerversicherung und des Waisenamtes. Erst kurz vor der Jahrhundertwende zum 20. Jahrhundert wurden in den Mennoniten-Kolonien Russlands Krankenhäuser gebaut und ausgebildete Ärzte angestellt.

In Paraguay war das Problem der Krankenpflege in den Ansiedlungsjahren groß. Es gab weder Krankenhäuser (da das Geld für den Bau nicht reichte) noch ausgebildete Ärzte. Die Entwicklung war in den einzelnen Kolonien verschieden, aber mittlerweile verfügen die allermeisten über gut ausgestatte Krankenhäuser und ausgebildetes Personal. Alle Krankenhäuser stellen nicht nur den mennonitischen Bewohnern ihre Dienste zur Verfügung, sondern sind in vielen Fällen auch schon zum Segen geworden für umliegende Indianer- oder Paraguayerbewohner.

Sogar in der Kolonie Río Verde, die erste Kolonie mexikanischer Mennoniten in Paraguay, gibt es seit einigen Jahren ein Krankenhaus. Es war dies eine Privatinitiative einer kleinen Gruppe, die der Ansicht war, dass die Siedler der Kolonie eine gute Krankenpflege brauchen. Ein

Krankenhaus war in dieser Siedlung bisher als nicht für notwendig empfunden. Doch dieses Projekt zeigt, dass auch heute noch Menschen den Mut haben, Traditionen zu brechen und über gesetzte soziale Grenzen zu gehen. Der Betrieb des Krankenhauses steckt noch in den Kinderschuhen und die Aktionäre, von denen das Krankenhaus verwaltet und finanziert wird, stehen oft unter gesellschaftlichem Druck. Aber sie sind guten Mutes, dass dies der Anfang ist – dass dieser Initiative irgendwann auch eine gegenseitige Krankenversicherung folgen wird, denn diese gibt es bisher noch nicht. Es gibt aber eine Krankenkasse in der Gemeinde, an die man sich in Notfällen wenden kann.

Eine Einrichtung von großer Wichtigkeit ist ohne Zweifel auch das Sanatorium Eirene, wo Behinderte und chronisch Kranke gepflegt und trainiert werden. Neben der Pflege konzentriert sich die Arbeit auch auf die Lösung von Konflikten, Beratung von Schulen und Institutionen für Behinderte und auf öffentliche Erziehungsarbeit.

Doch die Versorgung in den Krankenhäusern ist nur ein Teil der Krankenfürsorge. Die meisten Kolonien haben Krankenversicherungen, die sich durch monatliche Beiträge der Mitglieder tragen. In Krankheitsfällen deckt die Krankenversicherung einen großen Teil der Krankenrechnung.

Zu erwähnen ist in diesem Zusammenhang auch die Altersrente, die die meisten Mennonitenkolonien eingeführt haben. Dies ist eine gute Absicherung für das Lebensalter der Personen.

Aber nicht nur durch die Rente sind die älteren Bewohner einer Mennonitenkolonie versorgt. In den meisten Fällen gibt es Alten- und Pflegeheime, die den Senioren Unterkunft, Verpflegung und sowohl geistliche als auch medizinische Pflege anbieten. (Auch in der Kolonie Rio Verde gibt es seit einigen Jahren ein Altenheim. Der Entwicklungsprozess ist zu vergleichen mit dem des Krankenhauses.)

d. Brüderliche Nächstenliebe und ihre Grenzen

Aber so sehr die Nächstenliebe und die Bruderhilfe der Mennoniten nun

---

[1] Siehe ebd. 263-268

auch hervorgehoben wurden, so wäre es falsch, die Leser nicht darüber zu informieren, dass es in allen Etappen der Geschichte der Mennoniten auch immer wieder Situationen der Spannungen und Auseinandersetzungen gab, wo von Nächstenliebe nicht viel zu sehen war.

Als Beispiel möchte ich die Zeit in Russland anführen, wo das Landproblem zum brennenden Thema wurde. 1860 war etwas mehr als die Hälfte der Mennoniten in Russland landlos. Die Landlosen hatten die gleichen Pflichten wie die Großgrundbesitzer, aber keine Rechte. So mussten Landlose die gleiche Summe an Steuern zahlen wie ein reicher Gutsbesitzer, hatten im Dorf aber kein Mitsprache- und Stimmrecht. Gier, Parteilichkeit und Falschheit standen an der Tagesordnung. Von brüderlichen Nächstenliebe und sozialer Gerechtigkeit war in dieser Zeit wenig zu sehen.

Ein weiteres Beispiel wäre die Revolutionszeit in Russland, wo eine Gruppe Mennoniten einen Selbstschutz formte, um sich gegen die Machnowskys zu wehren. Sie verletzten nicht nur ihr Prinzip der Wehrlosigkeit, sondern auch das der brüderlichen Nächstenliebe.

So gäbe es noch mehr Beispiele zu erzählen, nicht nur aus Russland, sondern auch aus Paraguay. Weiter auf diesen Punkt einzugehen ist aber nicht Ziel meines Schreibens. Ich erachte es jedoch für wichtig, zu erwähnen, dass es bei den Mennoniten, wo Nächstenliebe Teil der Gemeinschaft ist – wie eben beschrieben – auch Momente und Zeiten gab, wo sie ihrem Prinzip nicht treu geblieben sind.

3. Praktische Nächstenliebe über die eigene Gemeinschaft hinaus

Den Mennoniten in Russland wird oft vorgeworfen, sich nicht um diejenigen gekümmert zu haben, die in ihrer nächsten Umgebung wohnten. Gegenseitige Hilfe beschränkte sich auf die Glaubensbrüder innerhalb der Kolonien. Besonders auch ihrem Umgang mit den russischen Arbeitskräften gilt die Kritik. Klassen zitiert Wilhelm Hamm:

„Was immer von uns wirtschaftlich und kulturell erreicht und geleistet sein mag – und das ist meist gebührlich anerkannt worden -, in der sozialen Sparte weist unser Konto ein nicht ausradierbares Defizit auf, das dann auf eine nahezu tragische Weise durch die Revolution beglichen worden ist oder – seine Vergeltung erfahren hat."[1] Weiter zitiert Klassen den Kommunist Bernhard Bartels, wo es um den Umgang mit Knechten ging: „...sie nie an den Familientisch ließen, für sie eine schlechtere Kost bereiteten und sie im Stall schlafen ließen."

In Paraguay wurden, wie oben beschrieben, viele Systeme und Einrichtungen weitergeführt. Aber im Thema der Hilfe auch über die eigene Gemeinschaft hinaus, haben die Mennoniten aus der Situation in Russland gelernt. Im Folgenden möchte ich auf diesen Bereich etwas näher eingehen. Wollte man alle Initiativen und Projekte näher beschreiben, würde man ein ganzes Buch füllen. Da hier nicht der Rahmen für weitere Ausführungen liegt, werde ich einen Teil nennen und auf einige von ihnen etwas näher eingehen.

Ich teile die Projekte ein in zwei Bereiche: Einerseits der christlich motivierte Dienst der Barmherzigkeit und andererseits wirtschaftliche und soziale Projekte der Nächstenliebe.

a. Christlich motivierte Dienste der Barmherzigkeit

Angeregt vom MCC entstand 1951 auf Km 81 das mennonitische Krankenhaus für Leprakranke. Die fünf Mennonitenkolonien Menno, Fernheim, Friesland, Neuland und Volendam unterstützten dieses neue Werk aus folgenden Gründen:[1]

- Man sah die Not der Leprakranken in Paraguay.

- Man wollte Gott für seine Führung danken.

- Man wollte der paraguayischen Regierung danken, die alle (auch Arme, Kranke, Alte und Schwache) aufgenommen und ihnen Sonderrechte eingeräumt hatte.

In den Gemeinden wurde zu einem freiwilligen Dienst aufgerufen, um dieses Hospital aufzubauen. Somit wurde die Leprastation auf Km 81 zum ersten Arbeitsfeld des Christlichen Dienstes, wie die Mennoniten

---

[1] Siehe ebd. S. 370.

diese Initiative nannten. Schon 1951 wurde beschlossen, dass jede Gemeinde in diesen genannten Kolonien jährlich im Mai eine Kollekte heben sollte, speziell für das Werk auf Km 81. Dies wird bis heute gemacht.

Der Christliche Dienst nahm in den Jahren darauf Form und Gestalt an und weitete sich immer mehr aus. Heute wird in den verschiedensten Projekten und Einrichtungen ein Dienst an psychisch Kranke, verlassene Senioren, Straßenkinder, Katastrophenopfer, Aidserkrankte und Bewohner armer, neuentstehender Wohngebiete geleistet.

Es gibt neben der Kindertagesstätte Emanuel und dem Kinderheim „El Abrigo" auch noch die PROED-Schule. Kindern, deren Mütter berufstätig sind, kann so integral geholfen werden. Jedes Kind erhält ein nahrhaftes Mittagessen. Im Speisesaal erhalten etwa 420 Kinder täglich wohl die einzige warme Mahlzeit am Tag. Da die Verhältnisse in den meisten Fällen der Kinder sehr unsicher, gewalttätig und arm sind, werden die Kinder von morgens bis um 17 Uhr betreut. So erledigen die Schüler am Nachmittag unter Aufsicht der Lehrer ihre Hausaufgaben. Durch die ganze Arbeit zieht sich der rote Faden vom barmherzigen Samariter. Einmal geht es darum, vorbeugend zu helfen, dann aber auch in der „Ist-Situation" mit Medikamenten und Wäsche sowie die Begleitung bei neuen Vorstellungsgesprächen, Trost und sonstiges. Zu dieser Arbeit gehört viel Ermutigung, um vorwärts zu gehen, eine positive Lebenserfahrung zu machen und nach Möglichkeit auch noch Jesu Angebot der Vergebung und Liebe anzunehmen. Viele der von dieser Hilfe betroffenen Elternteile, Schüler und Kinder haben ein geistliches Zuhause in der Emanuel Gemeinde in Asunción gefunden.

In diesem Bereich verlassen die Mennoniten also bewusst die Grenzen ihrer Kolonien und leisten als Gemeinschaft ihren Beitrag zur Linderung der Not im nationalen Kontext.

Auch einige Privatinitiativen gibt es bereits. Erwähnen möchte ich zwei Beispiele:

1999 wurde vom mennonitischen Augenarzt Dr. Rainald Dürksen und ei-

---

[1] Vgl. a. a. O.: Ratzlaff, Gerhard: Ein Leib viele Glieder... S. 249.

nigen weiteren Privatpersonen die „Fundación Vision" gegründet. Es ist dies eine Hilfsorganisation, die erblindeten und fast erblindeten Menschen in Paraguay hilft. Es wird ihnen eine Augenuntersuchung bzw. Augenoperation ermöglicht, unabhängig von ihrem sozialen Status und ihrem wirtschaftlichem Einkommen. Zwei weitere Tätigkeitsfelder wurden in diesem Rahmen eröffnet: „Programa Sonrisas", wodurch Menschen mit Missbildungen im Mund-Rachen-Raum geholfen wird und „Oír Paraguay", wo hörgeschädigte Menschen Hilfe finden.[1]

In Friesland entstand im Jahre 2009 das Programm „Manos extendidas". Frau Marlene Ibarra arbeitete in den Schulen der COVESAP-Zone und begegnete vielen Menschen mit Gesundheitsproblemen und physischen Begrenzungen, so dass ihr das Herz schwer wurde. Den meisten hätte man helfen können, wenn sie das Geld für eine Behandlung gehabt hätten. Zusammen mit ihrem Mann, Dr. Rubén Ibarra (der zu der Zeit leitender Arzt im Hospital Tabea von Friesland war) und einigen Mennoniten wurde diese Privatinitiative „Ausgestreckte Hände" gegründet. Dadurch erhalten jetzt auch wenig bemittelte Personen die Möglichkeit einer ärztlichen Behandlung und notfalls auch eine Operation im Hospital Tabea von Friesland. Finanziell getragen wird das Projekt von freiwilligen Spendern und Spendenaktionen, wie beispielsweise sportliche Events wie „correcaminatas".

b. Wirtschaftshilfe als Nächstenliebe

Besonders in den letzten Jahrzehnten hielt der Begriff „Integrale Hilfe" unter den Mennoniten immer mehr Einzug. In den ersten Jahrzehnten in Paraguay haben sich die Mennoniten im Kontext mit ihrem Umfeld hauptsächlich auf die Evangeliumsverkündigung konzentriert. Doch mit der Zeit legte man immer mehr Wert auf wirtschaftliche und soziale Projekte im paraguayischen Volk. Schon oft wurde in diesem Zusammenhang diskutiert, ob man Wirtschaftshilfe von der Evangeliumsverkündigung trennen kann oder ob diese Bereiche immer

---

[1] Lexikon der Mennoniten in Paraguay. Herausgegeben vom Geschichtsverein, 2009. Stichwort: Programa Visión. S. 344.

Hand in Hand gehen. Auf diese Diskussion will ich jedoch in meinen Ausführungen nicht eingehen.

Im Mai 2003 wurde in Asunción ein Gemeinschaftsseminar zum Thema „Dienstauftrag und Dienstalternativen" durchgeführt. Dieter Franz hielt hier einen Vortrag zum Thema „Wirtschaftshilfe als Evangeliumsverkündigung". Ich zitiere ihn an dieser Stelle: „Integral leben, das ist die Devise. Wir sind mit anderen Menschen gemeinsam unterwegs. Diesen Menschen begegnen wir überall: Auf der Straße, in der ‚Campaña', im Dorf, in der Stadt und...?! Das sind die Leute, die unsere Hilfe auf dem wirtschaftlichen Gebiet brauchen. Es sind junge Menschen, die wir durch unsere Schulbildung etwas weiter bringen können. Das können die indianischen Mitbürger unserer Umgebung sein, oder die Lateinparaguayer in anderen Gegenden.

Diese Hilfe wird je nachdem, wie die Situation es erfordert, aussehen. Aber immer wird sie nach dem Prinzip laufen: Wir geben ihnen nicht nur ‚den Fisch zu essen', sondern wir lehren sie, ‚wie man fischt'. Das Prinzip anzuwenden ist nicht immer einfach, aber letztendlich doch effektiv."[1] Und um dieses Prinzip geht es bei all den Projekten, die jetzt beschrieben werden.

Anfangs sprach man von Nachbarschaftshilfe, später wurde der Begriff umbenannt in Nachbarschaftskooperation. Das Ziel eines Kooperationsprojektes ist es, den Familien der betroffenen Ortschaft ein würdiges Lebensniveau zu ermöglichen und eine nachhaltige Existenzgrundlage zu schaffen. Sie sollen angespornt werden, selber Initiative zu ergreifen und es lernen, sich selbst zu verwalten. In dieser Begleitungsarbeit sollen neben wirtschaftlichen Vorgehensweisen auch Werte vermittelt werden. Klar ist, dass man nicht alle Projekte in diesem Rahmen beschreiben kann. Ich habe hier selektiv gearbeitet, d. h., ich gehe auf einige der ins Leben gerufenen Projekte ein. Es gibt noch viele mehr, die aber im Prinzip nach einer mehr oder weniger gleichen Struktur aufgebaut wurden.

---

[1] Franz, Dieter: Wirtschaftshilfe als Evangeliumsverkündigung. Gemeinschaftsseminar am 15. und 16. Mai 2003 in Asunción.

b.1. ASCIM[1]

Die ASCIM wurde im Jahre 1962 ins Leben gerufen. Es geht bei diesem Hilfswerk um die Vereinigung für Dienste der Indianisch-Mennonitischen Zusammenarbeit im Chaco. Bei der Entstehung war das MCC in Beratung und Finanzierung behilflich. ASCIM soll die interethnische Entwicklungsarbeit im zentralen Chaco fördern und überwachen. Arbeitsbereiche sind Folgende: Ansiedlung der Indigenen (Sesshaftmachung in der ersten Phase), Wirtschaftliche und soziale Entwicklung, Landsicherung, Beratungsdienst, Förderung der Bildung und Gesundheitsbereich. Die ASCIM umfasst mittlerweile 15 landwirtschaftliche Siedlungen, zu denen mehr als 3.000 indianische Familien gehören. Diese werden in der sozialen und wirtschaftlichen Entwicklung beraten und begleitet. Betont wird immer wieder, dass es sich bei diesem Projekt um eine Partnerschaft zwischen Indianern und Mennoniten handelt.

b.2. COVESAP[2]

Das COVESAP- Projekt wurde im Jahre 2002 von der Kolonie Friesland aus gestartet. In vier Etappen dieses Projektes ist in der Umgebung von Friesland bereits viel erreicht worden. Das Familieneinkommen der Beteiligten ist deutlich gestiegen. Ein großer Erfolg, der auf die Arbeit von COVESAP zurückzuführen ist, ist die Gründung der „Cooperativa Carolina S.A." Die Beteiligten des Projektes wurden in Selbstverwaltung und Genossenschaftsdenken geschult, es wurde eine „Pre-Kooperative" gegründet, die dann letztendlich im Februar 2009 zur Gründung der Kooperative in Carolina führte. In folgenden Bereichen findet Begleitung und Beratung statt: Selbstverwaltung, landwirtschaftliche Produktion, Unterhalt der Wege, Bildung und Gesundheitswesen.

---

[1] Stahl, Wilmar: Culturas en Interacción: Una Antropología vivida en el Chaco Paraguay. Asunción: El Lector, 2007. S. 197.
[2] Lexikon der Mennoniten in Paraguay. Stichwort: Cooperación Vecinal para pequeños Agricultores en San Pedro. S. 98-99.

b.3. COVEPA[1]

Das Projekt COVEPA wurde von der Kolonie Volendam ins Leben gerufen und entstand in einer ähnlichen Situation wie COVESAP. Diebstahl, Misstrauen und Hunger prägten das Gebiet in der Umgebung von Volendam. Als bei einer Gelegenheit einem Landwirt ca. 400 Rinder gestohlen wurden, sah dieser sich verpflichtet, den Nachbarn in Form einer Nachbarschaftskooperation zu helfen. Ebenso wie COVESAP kümmert sich COVEPA um die theoretische und praktische Begleitung in der Landwirtschaft, Vermarktung, Bildung, medizinische Verpflegung und Unterstützung durch Mikrokredite.

Zum Abschluss möchte ich noch auf einige Projekte eingehen, die aus privater Initiative entstanden sind:

b.4. MEDA-PARAGUAY[2]

Die Initiative von MEDA-Paraguay ging von einigen Unternehmern, Führungskräften und Fachleuten aus, und zwar im Jahre 1996, nach nordamerikanischem Vorbild, wo MEDA bereits 1953 gegründet worden war. Von MEDA-Paraguay wurden in diesen fast 20 Jahren verschiedene Projekte der Entwicklungshilfe gestartet. In diesen Projekten geht es beispielsweise um die Verarbeitung und Vermarktung von Stärke, Holzkohle und Alkohol. Es geht darum, verarmte und kapitalschwache Kleinunternehmen zu fördern. Das passiert durch die Vermittlung von finanziellem Kapital, wertvollem Fachwissen, bewährte Strategien im Aufbau von Unternehmen und sonstige Erfahrungswerte. Es geht in der ganzen Begleitung immer nach dem Prinzip, anderen zu helfen, sich selber zu helfen.

Einige Projekte, die von Meda gestartet wurden:

CODIPSA: In vier Fabriken wird Mandiokastärke hergestellt. Somit erhalten sehr viele Familien eine Einnahmequelle für ihren

---

[1] Siehe ebd. Stichwort: Cooperación Vecinal con Productores Agricultores. S. 98.
[2] www.medapy.org.py

Lebensunterhalt. CODIPSA ist der größte Mandiokaexporteur Amerikas. Man exportiert mittlerweile in alle Länder Südamerikas, einige Länder Mittelamerikas, in die USA, Mexiko, nach Kanada, Spanien und in einige Länder Afrikas.

APICSA: In diesem Projekt geht es um die Produktion von Honig im paraguayischen Chaco. Indigenen Honigproduzenten wird die Möglichkeit geboten, mehr Geld zu verdienen. Man sorgt für einheitliche und stabile Preise und für Absatzmöglichkeiten.

Weitere Projekte von MEDA konzentrieren sich auf Bauernberatung, Begleitung in Gründung einer Genossenschaft, Keramikproduktion usw. Mehr Informationen zu beiden Projekten findet man auf der offiziellen Webseite von Meda (www.medapy.org.py).

b.5. Schule in Rancho Ocho[1]

Im Jahre 1989 entstand in einer kleinen Gruppe Personen aus Paratodo (Südmenno), angeleitet von Herrn Jakob S. Klassen die Idee, in der Zone von Rancho Ocho, etwa 15 Km westlich von Paratodo, eine Schule zu bauen. Die Kinder in der Zone blieben ohne jegliche Schulbildung, weil es keine Schule gab und der Weg bis Campo Aceval, dem nächsten größeren Ort, zu weit weg war. 1990 begann man bereits den Unterricht. Anfangs wurde dieses Projekt von dieser Freundesgruppe getragen, sowohl organisatorisch als auch finanziell.

Später hat dann die Gemeinde von Paratodo die Schule übernommen. Die Schule erhielt den Namen „Luz y Vida" und hat heute neben den Schulräumen ein Internat, in dem etwa 70 Schüler beherbergt werden können. Neben dem regulären Unterricht erhalten die Kinder biblische Erziehung, Gitarren-, Informatik- und Handarbeitsunterricht. Von zwei Hektar wurde das Landstück auf 100 erweitert, und es wird ein Viehbestand von etwa 100 Rindern geführt, der als finanzielle Reserve des Projektes dient

---

[1] Informationsbroschüre von der Schule in Rancho Ocho.

und ein Milchbetrieb, der den ganzen Schulbetrieb mit Milch versorgt.

b.6. Nachbarschaftshilfe in Campo Aceval[1]

In der Nähe von Paratodo entstand im Jahre 1992 ein weiteres Projekt, aber in einem anderen Bereich, nämlich die Gründung einer Kooperative, die für die Zone von großer Wichtigkeit wurde. Auf Bitten einiger Lateinparaguayer aus Campo Aceval half Herr Peter A. Toews aus Paratodo bei der Gründung einer Kooperative, deren Hauptaufgabe der Milchaufkauf der Kleinbauern und die Vermarktung der Milch an die Milchverarbeitungsanlage Trebol war. Den Bauern wurde aber auch technische Beratung und Finanzierung durch Kredite angeboten.

Bis 1998 war Töws in der Verwaltung der Kooperative dabei, dann gab er sie ab, und die Mitglieder verwalten die Kooperative ab dann selber. Es war dies wohl eine der ersten Initiativen der Nachbarschaftskooperation im Chaco, die von einigen wenigen Privatpersonen ins Leben gerufen wurde.

b.7. Capellanía Evangélica[2]

Eine weitere Initiative, die in erster Linie missionarische Tätigkeit ausübt, ist die „Capellanía Evangélica". Es ist dies die Gefängnismission der Mennoniten Brüdergemeinde in Asunción. Neben Gottesdiensten, Bibelunterricht usw. erhalten die Gefangenen des Tacumbú, dem größten Gefängnis Paraguays, auch Gelegenheit zu Sport und Spielen und zu schulischer Erziehung, Berufsschulung und handwerklicher Ausbildung. Seit 1994 sind schon mehr als 600 Personen getauft worden und in einer Gemeinde zusammengeschlossen, die sich „Iglesia Libertad" nennt.

b.8. APREDIN-Schule in Loma Plata

Da der Arbeitsmarkt im Chaco vor allem in den letzten 20 Jahren sehr stark angestiegen ist, und somit der Zustrom von Bewohnern aus anderen

---

[1] Jubiläumsschrift Paratodo, 1948-1998. Nachbarschaftshilfe in Campo Aceval: Kooperative und Milchaufkauf. S. 61-64.
[2] Lexikon der Mennoniten in Paraguay. Stichwort: Capellanía Evangélica. S. 65.

Teilen des Landes überdurchschnittlich hoch liegt, entstehen manche Fragen, die nicht direkt mit dem Berufsleben der Zuwanderer zu tun haben. Es kommen nämlich nicht nur Arbeiter, sondern ganze Familien. Im Laufe vieler Jahre wurde immer wieder von einzelnen Personen die Herausforderung im erzieherischen Bereich gesehen und auch laut ausgesprochen, aber eine konkrete Reaktion darauf war noch nicht gekommen. Denn durch die vielen Zuwanderer ist eine Herausforderung unter vielen anderen ein besonderes Anliegen von Erziehern gewesen: Die Schulbildung der Kinder dieser Hinzugezogenen.

Aufgrund dessen gründete eine Gruppe Menno-Bürger Ende 2012 eine Arbeitsgruppe, die sich konkret mit der Gründung und mit dem Bau einer „Interkulturellen" Schule befasste. Unterstützung erhielt man sowohl von den Konferenzgemeinden als auch von der Asociación Civil Chortitzer Komitee. 28 Gründermitglieder machten dann den Start, um die Schule in Loma Plata zu bauen. Die Spatenstichfeier fand am 19. Oktober 2013 statt. In der ersten Phase wurden Verwaltungsräume, Toiletten und vier Klassenzimmer gebaut. Das Gelände von vier Hektar Land wurde geschenkt.

„Dieses Projekt ist ein Glaubensprojekt und ein Glaubensauftrag. Wir wollen den Bau mit Spenden aufführen und vertrauen fest auf Gottes Führung und darauf, dass es Personen mit offenen Händen und Herzen geben wird, die dieses Projekt unterstützen und bauen helfen werden." So heißt es in Menno informiert vom Oktober 2013, Seite 17. Auf diesen Glauben fing man an zu bauen.

Der Unterricht fing pünktlich zu Schulbeginn 2014 am 24. Februar an, jedoch noch nicht im eigenen Gebäude, sondern zuerst in gemieteten Räumen. Im 2. Halbjahr 2014 konnte der Unterricht dann in den neuen Räumen fortgeführt werden. Insgesamt werden im ersten Jahr 89 Schüler unterrichtet, von der Vorschule bis zur 3.Klasse. Es wird eine integrale Erziehung angestrebt, der ganze Mensch soll nach Körper, Seele und Geist berücksichtigt werden, und Wertevermittlung und christlicher Glaube sollen eine wichtige Rolle spielen. Finanziert wird die Schule (Bau und Unterhalt) durch Spenden und die Eltern der Schüler zahlen einen festen Beitrag, aber auch Privatunternehmer, Gemeinden und einzelne Personen leisten Unterstützung, um die Schule zu bauen und zu führen.

Die Schüler kommen aus verschiedenen kulturellen Hintergründen aus und um Loma Plata. Unterrichtet werden sie von fünf Fachkräften (drei deutschsprachige und zwei spanischsprachige). Man beabsichtigt, die Schule jährlich um eine Klasse zu erweitern, um so im Laufe der Jahre eine komplette Grundschulausbildung anbieten zu können, und somit zur Bildung der jungen Generation in Loma Plata und zum gegenseitigen interkulturellen Verständnis beitragen zu können.

5. Nächstenliebe im Kontext der Mennonitischen Weltkonferenz

Ganz kurz möchte ich noch auf praktische Nächstenliebe im Kontext der Vereinigung der Mennonitischen Weltkonferenz eingeben. In der Zeitschrift, die im April 2014 von der MWK herausgegeben wurde, ging es um das Thema der sozialen Ungleichheit in der Gesellschaft. Es wird berichtet, wie Mennoniten weltweit praktische Nächstenliebe leisten. In Portugal sammeln Mennoniten in ihrer Gemeinde Gebrauchtwaren und verkaufen sie zu einem geringen symbolischen Preis an arme Menschen aus ihrer Umgebung. In den USA verteilen Mennoniten Lebensmittelpackungen an Arme und Hilfsbedürftige. Aus Indien lesen wir von einem Projekt, das Mennoniten gestartet haben, das ähnlich nach dem Prinzip der Nachbarschaftskooperation in Paraguay läuft: Verbesserung der Erziehung, Gesundheitswesen, Beratung in Landwirtschaft usw. Sogar von Mennoniten in Afrika, die selber nur sehr arm sind, lesen wir, dass sie ihren Teil zur praktischen Nächstenliebe in ihrer Umgebung beitragen - nicht nur praktisch, sondern auch finanziell!

6. Fazit

Ich habe aufgeführt, wie sich das Prinzip der praktischen Nächstenliebe im Laufe der Geschichte bei den Mennoniten verändert hat - von radikaler Nächstenliebe, oft unter starkem Druck der Verfolgung, zu Nächstenliebe, die von Institutionen organisiert und angeführt wird. Und diese

Entwicklung ist, meiner Meinung nach auch sehr gut - solange wir unsere individuelle Nächstenliebe nicht nur von diesen Institutionen abhängig machen. Die Gefahr besteht meines Erachtens, dass wir die Hilfeleistung dieser Einrichtungen leicht als Ruhekissen nehmen könnten, uns zurücklehnen und die anderen arbeiten lassen. Auch wenn wir als Gemeinschaften diese Projekte finanziell unterstützen (was sehr wichtig ist!), sollten wir die praktische Nächstenliebe nicht nur als Arbeit der Institutionen ansehen, sondern es uns zur Lebenshaltung machen, mit offenen Augen und Herzen durchs Leben zu gehen und zu helfen, wo wir nur können.

Vom Christlichen Dienst und anderen Institutionen liest man immer wieder mal, wie das Leben von Menschen verändert wurde. Wunderbar! Aber ich bin fest davon überzeugt, dass auch einzelne Personen unter uns Hilfeleistungen geben, die oft unerkannt bleiben, die aber ihre Wirkungen in unbekannte Welten haben. So gibt es Personen, die ihren Arbeitern nicht nur das gesetzliche Gehalt zahlen, sondern ihnen auch helfen, ein Grundstück zu kaufen, ein Haus zu bauen und wirtschaftlich weiter zu kommen. Das ist meiner Meinung nach die Nächstenliebe, die wir heute noch mehr praktizieren sollten. Die Institutionen haben wir, sowohl in den Kolonien als auch im nationalen Kontext. Sie sind nicht mehr wegzudenken. Sie leisten großartige Arbeit! Was uns meiner Ansicht nach noch mehr fehlt, ist diese Selbstverständlichkeit, unseren Mitmenschen im Alltag zu helfen, so wie es bei den Täufern war.

Mein Apell ist: Unterstützen und genießen wir unsere Einrichtungen und Projekte, die wir bereits haben! Aber vergessen wir nicht, dass trotzdem jeder individuell aufgefordert ist, Nächstenliebe zu praktizieren!

Bibliografie

- Franz, Dieter: Wirtschaftshilfe als Evangeliumsverkündigung. Gemeinschaftseminar am 15. und 16. Mai 2003 in Asunción.

- Gesangbuch der Mennoniten. Lied Nummer 470.

- Giesbrecht, Heinz Dieter: Diakonische Nächstenliebe im theologischen und geschichtlichen Kontext des Kolonie Mennonitentums Paraguay. Jahrbuch des Geschichtsvereins 2008.

- Informationsbroschüre von der Schule in Rancho Ocho.

- Isaak, Helmut: Die politische Theologie Menno Simons. Jahrbuch des Mennonitischen Geschichtsvereins, 2008. S

- Jubiläumsschrift Paratodo, 1948-1998. Nachbarschaftshilfe in Campo Aceval: Kooperative und Milchaufkauf.

- Klassen, Peter: Die Mennoniten in Paraguay. Reich Gottes und Reich dieser Welt. Band 1. 2. Erweiterte Auflage.

- Lexikon der Mennoniten in Paraguay. Herausgegeben vom Verein für Geschichte und Kultur der Mennoniten in Paraguay, 2009.

- Ratzlaff, Gerhard: Ein Leib viele Glieder. Die mennonitischen Gemeinden in Paraguay

- Stahl, Wilmar: Culturas en Interacción: Una Antropología vivida en el Chaco Paraguay. Asunción: El Lector, 2007.

- Wir Mennoniten. Stationen unserer Geschichte. Allgemeine Schulbehörde. 2012. S. 30.

- www.medapy.org.py

Schule: Bewahrer der Tradition oder Förderer von Erneuerungen in der Geschichte der Mennoniten?

Michael Rudolph – Uwe Friesen[1]

Die Schule ist keine Erfindung der Neuzeit. Schulen gab es bereits in der Antike. Doch welche Aufgaben und Funktionen Schulen bzw. die Schule in einer Gesellschaft hat, ist in den verschiedenen Jahrhunderten und in den verschiedenen Gesellschaften sehr unterschiedlich gewesen.

Seit das Schulwesen als Aufgabe des Staates gesehen wird, kann man sicher auch eine Tendenz zur Vereinheitlichung und Verallgemeinerung des Schulwesens erkennen, obwohl auch heute noch bedeutende Unterschiede in der Qualität verschiedener Schulsysteme zu erkennen sind.

Seit dem 18. Jahrhundert setzt sich nach und nach in den verschiedenen Ländern die allgemeine Schulpflicht durch, praktisch alle Menschen werden von ihr erfasst. Der Staat bzw. die im Staat organisierte Gesellschaft braucht Bürger, die zumindest des Lesens, Schreibens und Rechnens kundig sind, um selbstständig wirtschaften und ihren staatsbürgerlichen Pflichten nachkommen zu können.

---

[1] Michael Rudolph (siehe Nachruf) übernahm die Verantwortung, diesen Artikel zu verfassen. Als er am 27. Juli unerwartet starb, hatte er seinen Aufsatz in den Grundrissen zusammengebaut, wie er einige Tage vorher behauptete, aber er hatte noch nur einen Teil ausgeschrieben. Deshalb habe ich die Aufgabe übernommen, den Aufsatz anhand der von Michael aufgelisteten Stichworte und -sätze abzuschließen, in dem Bewusstsein, dass er manche Erläuterungen anders ausgeführt hätte. In den Gesprächen über das Thema war es ihm ein Anliegen, aufzuzeigen, dass Schule eine bedeutende Rolle im Bau einer Gesellschaft spielt, und auch vor allem Erneuerungen bewirkt, die sich weit über Raum und Zeit einer Schule hinweg bemerkbar machen. (Uwe Friesen)

Die Schule ist die Institution geworden, die die Mitglieder der Gesellschaft in ihre Rolle als Mitglieder einführt. So hängt es auch von der Vorstellung der Mitglieder einer Gesellschaft ab, wie sich ein nützliches Mitglied der Gesellschaft verhalten soll und welche Qualifikationen es braucht, um dieser Gesellschaft nützlich zu sein.

Diese oben gestellte Frage ist eng mit der Vorstellung davon verbunden, wie denn die Gesellschaft sinnvollerweise überhaupt funktionieren soll. Individuelle Lebensanforderungen sind sehr unterschiedlich, je nach Zusammensetzung einer Gesellschaft, und die Aufgaben bzw. Ziele, die die Leute einer mehr oder weniger eng zusammengehörigen Gemeinschaft anstreben.

Wenn wir nun auf die Mennonitengeschichte zurückschauen, reicht unser Horizont meistens nicht viel weiter als bis nach Russland oder vielleicht noch nach Preußen, also in eine Zeit, als die Mennoniten gewissermaßen eine eigene (u. a. durch enge Heiratsregeln fast geschlossene) Gesellschaft gebildet haben, was in Russland durch das staatlich verordnete System der Selbstverwaltung in Kolonien noch gefördert wurde. Preußen führte durch Friedrich Wilhelm I. am 28. September 1717 die allgemeine Schulpflicht ein. Das waren 71 Jahre vor der Auswanderung nach Russland. Vorher jedoch schon hatten vor allem einige protestantische Fürstentümer eine Schulpflicht festgelegt, getrieben vom Geist der Aufklärung in der Zeit. Horst Penner schreibt in „Die ost- und westpreußischen Mennoniten", Seite 166: „Auf diese Weise wurden die mennonitischen Niederungsdörfer etwas Besonderes in diesem Staate. Sie wollten es auch sein." Diese Besonderheit sind sie bis heute im Erziehungsbereich in vielen Ländern der Welt geblieben.

Wie sehen sich die Mennoniten der damaligen Zeit?

Wesentlich ist sicher, dass man sich als die auserwählte Gemeinde betrachtet, die sich ohne Flecken und Runzeln rein halten will von den Einflüssen der Welt. Das Bild wurde stark von den Täuferführern geprägt, und was Mennoniten konkret betrifft, von Menno Simons oder auch Dirk Phillips, dem ersten Ältesten der Mennonitengemeinde im Danziger Gebiet schon vor 1550. Was das zukünftige Mitglied dieser Gesellschaft lernen muss, sind also einmal die Grundfähigkeiten des Lesens und Schreibens, um in der Lage zu sein, den Katechismus, die Bibel und / oder den Märtyrerspiegel zu lesen. Lesen dient also von vornherein ausschließlich der Glaubensvermittlung im Sinne der mennonitischen Tradition und weniger der Weltorientierung oder gar literarischer Bildung oder Kommunikation nach außen. Das äußert sich auch im Lehrmaterial, das neben der Fibel hauptsächlich aus dem Katechismus sowie dem Alten und dem Neuen Testament besteht. Beim Rechnen geht es um die Grundrechenarten, um wirtschaftlich einigermaßen bestehen zu können. Aus dieser Perspektive heraus gehören die Mennoniten Preußens zu den ersten Volksgruppen bzw. Glaubensgemeinschaften, die die Schulpflicht einführten, denn sie meinten, dass die jungen Leute alle des Lesens und Rechnens kundig sein müssten.

Darüber hinaus ist sicher wichtig, dass die Schule durch das Memorieren des Katechismus, das Auswendiglernen von Liedtexten und das Aufsagen von Bibelsprüchen auf das Gemeindeleben vorbereitet. Genauere Fachkenntnisse in den Sachfächern wie Erd- und Naturkunde werden nicht vermittelt. Es geht auch nicht darum, sich kritisch mit dem zu lernenden Inhalt auseinanderzusetzen, sondern auch von der Art und Weise der Vermittlung her die Inhalte wie eine bestimmte Weltsicht, die sehr stark bibel- bzw. glaubensorientiert ist, als gegeben hinzunehmen. Werte wie Gehorsam, Unterordnung bzw. Einordnung in ein hierarchisch geordnetes System, in dem jeder seinen vorgegebenen Platz hat, werden implizit mitvermittelt, indem von den Schülern ein durchritualisiertes Verhalten erwartet wird, wie z. B. die Sitzordnung nach Alter, Geschlecht und Leistung, das Aufsagen der Schulordnung, die Art und Weise des Sich-Meldens, aber auch eventuelle Strafandrohungen bzw. Strafen, die durchaus körperlich sein konnten.

Dieses System hat sich bis heute in den stark traditionsorientierten Kolonien, wie wir sie auch in Paraguay finden, erhalten. Das Schulsystem der Kolonie Menno hat sich seit Ende der vierziger Jahre schrittweise von diesem System weiterentwickelt bzw. wegentwickelt und entspricht heute dem des Erziehungsministeriums, so wie auch die der Nachbarkolonien Fernheim und Neuland.

en Fernheim und Neuland.

Zunächst wäre die Frage zu beantworten, wie weit diese „Alt-Kolonier Schule", wie sie oft genannt wird, „Bewahrer der Tradition" ist bzw. war. Dass sie in den vergangenen hundert Jahren kaum zur Erneuerung beigetragen hat, muss vermutlich nicht diskutiert werden.

Welche Tradition konnte diese Schule bewahren? Zunächst muss sicher noch einmal festgehalten werden, dass diese Schule bei der Bildung mennonitischer Gemeinschaften in Preußen im Vergleich zu den damaligen Verhältnissen durchaus fortschrittlich war. Dass alle Mitglieder der Gemeinschaft lesen, schreiben und rechnen lernten, dass alle lernten, die Bibel zu lesen, dass auf diese Weise so manche für die damalige Zeit brauchbare Lebensweisheit mitvermittelt wurde, führte sicher dazu, dass viele Menschen relativ selbstständig im Rahmen ihrer Gemeinschaft ihr Leben gestalten und es als selbstständige Bauern zu einigem Wohlstand bringen konnten.

Doch andererseits lassen sich bereits nicht viel später in Russland die Spuren der Beschränkung dieses Systems deutlich erkennen. Die berühmte Szene, die Gerhard Wiebe in seinem Buch erwähnt, als Baron von Korff, ein russischer Schulaufseher deutscher Herkunft, der die Mennonitenschule in Bergthal besucht und den Schülern anbietet, ihnen Bücher mit Erzählungen zu schicken, kann Gerhard Wiebe darin nur die Machenschaften des Teufels sehen, die es abzuwehren gilt. Sein Kommentar: *„Da sahe ich, dass das Gift schon ihre Herzen berührt hatte, und gerade war der Oberschulz Peters bei mir zu Gaste und als sie geendigt hatten, sagte der Oberschulz zu mir: Du schweigst ja so stille, ich verlange eine Antwort von dir!..."* (Gerhard Wiebe: Ursachen und Geschichte der Auswanderung der Mennoniten von Russland nach Amerika)

Die Verantwortlichen, der Lehrdienst der Gemeinde, unter dessen Kontrolle die Schule steht, haben ein Weltbild entwickelt, das Einflüsse von außen nicht nach ihrem Realitätsgehalt einschätzt, sondern in jeder Veränderung Gefahren für den Glauben und das Seelenheil des Einzelnen wittert. Eine Schule also, die ursprünglich hilfreiche Grundfertigkeiten für die Gesellschaft lieferte, muss vor diesem Hintergrund immer weiter versteinern und ist immer weniger in der Lage, auf die sich ständig ändernden Umstände der Gesellschaft produktiv antworten zu können.

Die Tatsache, dass zudem häufig diejenigen im Dorf als Lehrer angestellt wurden, die wirtschaftlich die größten Schwierigkeiten hatten, mit der Überlegung, dass das Dorf sie ohnehin durchfüttern müsse und sie auf diese Weise wenigstens eine Gegenleistung dafür erbringen könnten, hat sicher auch nicht zu einer Fortentwicklung der Schule beigetragen. Würde man der Geschichte des Traditions-Systems genauer nachgehen, würde man vermutlich feststellen, dass es einen großen Teil völlig hilf- und orientierungsloser „Pädagogen" gegeben hat, die sich nur mit strengen bis sadistischen körperlichen Strafen zu helfen wussten. Auf der anderen Seite gab es aber bestimmt auch immer wieder Lehrer, die aus dieser Situation das Beste gemacht haben, da sie von ihrer Persönlichkeit her selber sowohl wissbegierig als auch den Schülern gegenüber einfühlsam und wohlwollend waren.

Welche Tradition konnte diese Schule, konnten diese Lehrer weitergeben?

Diese Tradition lenkt die gesamte Aufmerksamkeit auf die meist recht kleine und überschaubare Koloniegemeinschaft. Werte wie Fleiß, gegenseitige Fürsorge und eine patriarchale Ordnung in Familie, Gemeinde und Kolonie, die von Unterordnung und Gehorsam in Ehe, Familie, Gemeinde und Kolonie bestimmt wird, führen zu Lebensverhältnissen, die den meisten Mitgliedern der Gemeinschaft ein Gefühl der Sicherheit und Einordnung in das Gefüge der Welt vermitteln, solange vor allem wirtschaftliche Gleichheit innerhalb der Gemeinschaft und politische Stabilität von außen gewährleistet sind.

Technologische Erneuerungen, die das Leben des Einzelnen erleichtern könnten, wie Elektrizität, Radio, Telefon, das Auto etc. werden abgelehnt, da sie den Kontakt zur Welt erleichtern würden - also den Bruch mit der Tradition vorantreiben - und das Seelenheil des Einzelnen wie auch den Zusammenhalt der Gemeinschaft bedrohen.

Interessant ist in diesem Zusammenhang, dass unter diesen Bedingungen die Bewohner traditioneller Kolonien wie Sommerfeld zu gewaltiger wirtschaftlicher Blüte gelangen, wie es sich in vielen großbäuerlichen Betrieben und großen Privatunternehmen sowie der genossenschaftlichen Milchverarbeitungsanlage Lactolanda zeigt. Es wäre genauer zu untersuchen, welchen Anteil daran die traditionelle Schulbildung hat. Vermutlich aber ermöglichen die hohe Arbeitsmoral, Ehrlichkeit, Fleiß und ein sehr pragmatisches Reagieren auf die Anforderungen des jeweils eigenen Betriebs bzw. der eigenen Lebensverhältnisse intensive Lernprozesse, die zu solch hohen wirtschaftlichen Leistungen befähigen. Für viele dieser Kolonie-Bewohner ist das Leben, d. h. die vielfältige Arbeit und das Zusammenleben auf dem Bauernhof, ganz offensichtlich die eigentliche Schule. Es scheint so, dass diese Entwicklung stark von den Persönlichkeiten innerhalb einer solchen Gemeinschaft abhängt, von ihrer Weitsicht, Güte und Menschenfreundlichkeit wie auch ihrer handwerklichen Geschicklichkeit und ihrer Sensibilität für die natürliche, soziale und politische Umwelt. Vielleicht verstellt mitunter eine so einfache Schule den Menschen den Blick für das Leben weniger als eine vermeintlich deutlich weiterentwickelte.

Allerdings ist diese Entwicklung nicht zwangsläufig so positiv, wie schwerwiegende Probleme in vielen dieser Kolonien wie Alkoholmissbrauch, sexuelle Gewalt, Gemeindeausschlüsse (Bann), wirtschaftliche Ausbeutung der Schwächeren innerhalb der Kolonie etc. zeigen, die für manchen diese scheinbar heile Welt der Kolonie zur Hölle machen können.

Schauen wir zurück nach Russland. Dort unternahm Johann Cornies im Auftrage und mit Unterstützung der Regierung Versuche, die Schule den Bedürfnissen der Zeit anzupassen, und in manchen Fällen mit gutem Erfolg. Cornies war sehr initiativ, machte von jung an viele Geschäftsreisen in die russischen Orte um Molotschna, und fing an, angetrieben von seinen landwirtschaftlichen Kenntnissen, einen eigenen Musterbetrieb aufzubauen und gleichzeitig auch, mennonitischen Bauern Beratung zukommen zu lassen, um ihre Wirtschaftslage zu verbessern. Modell für die Experimente mit Bewässerung, Schafzucht, Seidenraupen und Tabak war das Gut Juschanlee, das ihm später vom Zaren geschenkt wurde. Probleme der Rückständigkeit bei vielen mennonitischen Mitbewohnern bremsten die Verbreitung seiner fortschrittlichen Ideen, und er musste immer wieder, mit Unterstützung der russischen Regierung, konsequent vorgehen, um ihnen zur Anwendung seiner Vorschläge zu „verhelfen".

Von großer Bedeutung ist Cornies Schulreform. 1820 entstand durch seine Initiative ein „Christlicher Schulverein". Er bemühte sich um die allgemeine Einführung der Schulpflicht, und erreichte sogar, dass eine Lehrerbildungsanstalt gegründet wurde, um die Lehrer der mennonitischen Schulen möglichst auf ein Niveau zu bringen. 1843 übergab man Cornies und seinem Landwirtschaftlichen Verein die Aufsicht über das mennonitische Dorfschulwesen. Cornies suchte Wege, gegen große Widerstände Reformen in dem traditionellen Schulwesen durchzuführen. Zuerst verschaffte er sich ein Bild, wie es mit den Schulen stand, indem er viele davon inspizierte. Und er appellierte an die Gemeinden, da die Schulen Gemeindeschulen waren.

Cornies' Konflikte mit den reformunwilligen Mennoniten - Gemeindeältesten und Dorfschulzen - hielten ihn nicht auf, weiter die Verbesserung des Lebens in vielen Bereichen anzustreben, wozu er die volle Unterstützung der russischen Behörden erhielt.

Einen wegweisenden Beitrag zur Entwicklung der Schule in dem traditionsumwobenen Feld waren die von ihm verfassten 86 allgemeinen Regeln über Unterricht und Behandlung der Schulkinder. Zwei Beispiele aus diesen revolutionären Regeln:

- Wenn Kinder von selbst an etwas ihre Kräfte versuchen, so störe man sie nicht durch Tadeln und Kritisieren. Selbst versuchen gibt Körper und Geisteskraft...

- Will der Lehrer, dass das Lernen den Schülern zur Freude werde, so zeige er durch sein ganzes Betragen, dass das Lehren ihm Freude macht ...

Weit über Cornies Lebzeit hinaus wurden viele mennonitischen Volksschulen in Russland - etwa 400 - von diesem Erziehungsgeist geprägt. Cornies Vorteil war, dass er ein breites Wissen hatte, aufgebaut auf Lebenserfahrungen, sodass er sich weitgestreckte Ziele setzte, die weit über seine Zeit hinaus sichtbar waren. Das von ihm breit angelegte Ausbildungssystem in Russland hat seine Fangarme durch die Stalin- und Weltkriegsflüchtlinge bis nach Paraguay ausgestreckt und hier wirksam werden lassen.

Sogar der Zar Alexander wurde auf diese Werke aufmerksam, sodass er Cornies 1825 besuchte, und sein Nachfolger Nikolaus I. ernannte ihn zum Mitglied des Gelehrtenkomitees des Reichsministeriums. Sein Einfluss ging also weit über die Mennonitensiedlungen in Russland hinaus und gilt bis heute als beispielhaft.

Ein weiteres Beispiel des Ausbruchs aus der traditionellen Schule ist die Taubstummenschule in Tiege, Molotschna, „Marien-Taubstummenschule" genannt. Diese Schule entstand 1890, weil es unter den Mennoniten mehrere Taubstumme gab, und für diese wollte man eine Institution errichten, um ihnen zu helfen. Interessant ist, dass der Initiator der evangelische Armenier A.G. Ambarzumow war. Er hatte in der Schweiz studiert und hielt sich wiederholt unter den Mennoniten auf. Dort besuchte er Taubstumme und beeinflusste bedeutende Personen der Gesellschaft, um eine Taubstummenschule zu errichten. Gehör fand er vor allem beim „Schulrat" Gerhard Klassen und dem Oberschulzen von Halbstadt, Abraham Wiebe. Nach der Zusage der moralischen Unterstützung vonseiten der Kirche baute man sie als ein Denkmal für die 25-jährige Regierung von Zar Alexander II. Der Name wurde vom Namen der Kaiserin „Maria" abgeleitet. Nach der Einweihung 1885 begann der Unterricht, und das ganze Lehrprogramm umfasste eine Dauer von sechs Jahren. 1890 fand dann die Einweihung der Taubstummenschule statt, die in fast drei Jahren Arbeit aufgebaut worden war. Kosten wurden durch Kollekten und Privatbeiträge gedeckt.

Diese Schule ist eine Besonderheit in der Geschichte der Mennoniten, und sie zeigt, dass schon in Russland in Zusammenarbeit der mennonitischen Institutionen, aber auch unter ideologischer und praktischer Mithilfe von außen Großes geleistet wurde. Sie wurde auch unter Beteiligung aller Mennoniten Russlands von freiwilligen Beiträgen unterhalten. Zum Resultat der Schule heißt es:

> *„Die Absolventen lesen und schreiben mit vollem Verständnis, rechnen, wissen viel aus der bibl. Geschichte, der Geografie und*

Korbflechten für die Knaben und weibl. Handarbeiten für die Mädchen. Viele sprechen sehr ordentlich. Manche früheren Zöglinge nehmen eine unabhängige ökonomische Stellung im Leben ein, alle sind dem Menschen- und Christentum um ein Unendliches näher gebracht; der Weg zu einer klaren Gotteserkenntnis ist ihnen geebnet. - Dieses erste Wohltätigkeitsinstitut aller Mennoniten Russlands ist für sie ein kostbarer Schmuck und aller Liebe und allen Miteiferns wert." (siehe: P.M. Friesen; F.F. Isaak)

Als die Russlandmennoniten 1930 (Fernheim) und 1947 (Neuland und Volendam) nach Paraguay kamen, brachten sie ein viel fortschrittlicheres Schulsystem mit, als das was die kanadischen Mennoniten 1927 mitgebracht hatten, als sie die Kolonie Menno gründeten. Viele dieser Leute sahen im Schulsystem der Nachbarn eher eine Bestätigung ihres Grundsatzes: „Je gelernter, um so verkehrter", das sie auch davon abhielt, Schule zu sehr zu modernisieren.

Fernheim führte fast gleich zu Anfang der Siedlung im Chaco eine nach russischem Vorbild geführte Zentralschule. Und um die Schulbildung zu verbessern, pflegte man auch Kontakte zu Deutschland. Lehrer Fritz Kliewer wurde 1934 nach Deutschland geschickt, um eine formale Lehrerausbildung zu absolvieren, und nach seiner Rückkehr begann er mit seiner Frau Margarete mit der Lehrerausbildung im Chaco, indem er den „Pädagogischen Kursus" in Filadelfia eröffnete.

Jakob Warkentin schreibt zur Schule in Fernheim, dass es „...von Anfang an ein Beispiel für das fortgeschrittene und nach neuzeitlichen pädagogischen Maßstäben aufgebaute Bildungswesen der Mennoniten in der Ukraine war, so wie es sich seit der Schulreform durch Johann Cornies bis zum Ausbruch des Ersten Weltkrieges entwickelt hatte. Sobald die Siedler von Fernheim im Chaco angekommen waren, gingen sie daran, wieder ein Schulwesen aufzubauen, so wie es die älteren Einwanderer von früher her kannten, als die mennonitischen Schulen noch nicht verstaatlicht worden waren." (Warkentin: Die deutschsprachigen Siedlerschulen in Paraguay, S. 170)

Man führte so gut wie möglich das aus Russland bekannte Schulsystem ein, um die „Schule auf eine höhere Stufe zu bringen, als sie es in letzter Zeit gewesen, und um die Kinder in sittlich-religiöser und wissenschaftlicher Hinsicht mit Erfolg unterrichten zu können" (Warkentin: Siedlerschulen, Seite 175). Es war schwierig, aber die mitgebrachten Schulmaterialien ermöglichten es, gewisse Erfolge zu erzielen und die Schulen nach dem Vorbild der Ukraine modern und differenziert aufzubauen. Und es lag ihnen auch besonders am Herzen, eine Verbindung zum deutschen Mutterland herzustellen.

In Menno wurde der Wandel im Schulwesen wohl durch die Einsicht einiger Siedlungsführer als eine Notwendigkeit gesehen, aber bis es zu einer wirklichen Erneuerung kam, dauerte es bis 1951, als mit einer „Knabenschule" begonnen wurde. Ziel war es, die eigene Grundschulbildung in den Gemeindeschulen zu verbessern. Schon in Kanada behauptete ein führender Prediger: „Wenn die Erziehung in Haus und Schule nicht verbessert werden wird, wird das Auswandern nichts helfen." Der Kampf um die Schulverbesserung, unterstützt vom Ältesten der Gemeinde, der Kolonieleitung und einigen Lehrern, wurde dann nach und nach vertieft und führte zu einer allgemeinen Verbesserung, und auch zu einer Angleichung an die Schulen der Nachbarkolonien und an das paraguayische Schulsystem. An dieser „Revolution von oben" beteiligte sich eine kleine Gruppe der Siedler, angeleitet vom Ältesten Martin C. Friesen, dem Oberschulzen Jacob B. Reimer und Lehrer Martin W. Friesen. Dieser Erneuerungsprozess im Schulwesen verlief teilweise stürmisch, da die traditionelle Gemeindeschule infrage gestellt wurde, oder zumindest ihre Form der Führung, und neue Inhalte und Methoden fanden Einzug, um jungen Menschen, die diese Schulen besuchten, einen Blick über die eigene Siedlung hinaus zu ermöglichen. (Warkentin: Siedlerschulen, S. 307 - 319; Glaube und Schule unserer Väter)

Als erst die lange Zeit vermiedene Zusammenarbeit im schulischen Bereich mit den anderen Mennonitenkolonien begann, war der Austausch befruchtend, wie Martin W. Friesen es beschreibt, und man konnte voneinander lernen. Für Menno begann diese Zusammenarbeit etwa 1954, als vier Lehrer aus eigener Initiative an einer Lehrerkonferenz in Neuland teilnahmen, die von Lehrern anderer Mennonitenkolonien organisiert worden war. Das bedeutet, man war gewillt, voneinander zu lernen, auch, wie man zusammen Schulbildung verbessern könnte. Gemeinsam arbeitete man deshalb, um die Schulen von der nationalen Regierung anerkannt zu bekommen, und somit Anschluss an das offizielle Bildungssystem des Erziehungsministeriums zu erhalten. Ziel war es anfänglich, eigene mehr befähigte Lehrer zu bekommen, aber dann auch, um kontinuierlich Fachleute auf den verschiedenen Gebieten heranzubilden, die eine kompetente Führung forderten. Ein paar Bereiche, die immer wieder betont wurden, waren: die Ausbildung als Arzt, als Agronom oder Veterinär.

Jakob Warkentin schlussfolgert zur Schulgeschichte der Siedlerschulen, und bezieht sich damit auch auf die Mennoniten in Paraguay: „... so fällt auf, dass die Zielsetzungen, Organisationsstrukturen und Finanzierungsmöglichkeiten der einzelnen Schulen aufgrund ihrer unterschiedlichen Trägerschaft erhebliche Unterschiede aufwiesen. Als Privatschulen verfügten sie zwar in Erziehung und Unterricht über beachtliche Handlungsspielräume, wollten oder konnten diese aber nur in sehr begrenztem Maße nutzen." (Warkentin: Siedlerschulen, Seite 179) Da die Siedlungen meistens isoliert dalagen, und die Kontakte sich über viele Jahre nur schwer aufbauen bzw. unterhalten ließen, wurde die Eigeninitiative zum tragenden Faktor der Schulentwicklung.

Interkoloniale Zusammenarbeit - erst zögerlich, dann immer intensiver - hat es vor allem auch im Aufbau weiterführender Schulen gegeben. Nach langem Suchen nach einem gemeinsamen Nenner, wurde 1981 die Landwirtschaftsschule - später Berufsschule - in Zusammenarbeit der Mennonitenkolonien unter der Allgemeinen Schulbehörde eröffnet, um jungen Leuten eine Berufsbildung im Agrarbereich zu ermöglichen. Diese Schule ist in den darauffolgenden Jahren beständig gewachsen, und sie ist ein wahrhaftiges Berufsbildungszentrum (CFP - Centro de Formación Profesional) geworden, an der eine Ausbildung in verschiedenen Fachrichtungen möglich geworden ist, wie z. B. als Schreiner, Elektriker, Buchhalter, Sekretär(in), Betriebsverwaltung oder Mechaniker.

Der Bildungsgedanke als Herausforderung in Vergangenheit und Gegenwart

Gegenwart ist zu verstehen als das, was sich im gegebenen Moment an einem bestimmten Ort, zum Beispiel in einer Siedlung abspielt. So gesehen war Gegenwart schon immer eine Herausforderung: Bei den Mennoniten in Preußen, bei Cornies in Russland, bei Gerhard Wiebe in Kanada, bei den Kolonisten in Lateinamerika, und heute bei uns in Paraguay.

In dem Zusammenhang ist wichtig zu sehen, dass der Gedanke der Bildung schon immer Teil der mennonitischen Gesellschaft gewesen ist. Jedoch wurde er sehr unterschiedlich aufgenommen, weitergegeben und in die Praxis umgesetzt. Das war in den Kolonien in Russland so, und die Siedler haben ihre eigenen Ideen mitgenommen nach Nordamerika, und von da weiter auch nach Mittel- und Südamerika. Außerdem gibt es dann noch ganz unterschiedliche Ansichten zur formellen Bildung innerhalb der Kolonien. Obwohl von den „Fortschrittlichen" bei den Traditionellen ein Rückgang in Sachen Erziehung festgestellt wurde, war es doch auch so, dass sich diese ebenfalls mit dem Fortbestand der eigenen Schule befasst haben - eben auf ihre Art und Weise, anders als die fortschrittliche Welt.

Die Mennoniten haben als Glaubens- und Kulturgemeinschaft immer eigene Schulen aufgebaut, und dadurch auch ihre Tradition weiter erhalten, sowie Erneuerungen eingeführt, wenn und wo es als nützlich und sinnvoll betrachtet wurde. Sie haben vor allem auch in Paraguay durch Selbsthilfe ihr Schulsystem auf- und ausgebaut und geführt, ohne darauf zu warten, dass Hilfe von außen das Siedlerschulwesen vorantrieb. Träger und Triebkraft waren dabei die Gemeinden, aber auch die einzelnen Dorfgemeinschaften oder besonders initiative Lehrer, die eine Schulbildung und -verbesserung vorantrieben. Jakob Warkentin schreibt:

> „Der Lehrer ist in den Mennonitenkolonien weniger an Vorschriften als an die ungeschriebenen Erwartungen der „öffentli-

chen" Meinung gebunden. Da er in der Regel Gemeindeglied ist, dazu vielleicht noch Prediger, Leiter oder Mitglied eines Jugendkomitees, kann es bei ihm leicht zum Rollenkonflikt kommen, wobei dann manchmal die pädagogische Einsicht zugunsten der religiösen „Überzeugung" in den Hintergrund gedrängt wird. Eltern und Lehrer, die davon ausgehen, dass der Lehrer den Schülern nur das „Gute" und das „Beste" bieten will und auch soll, glauben natürlich im Interesse des Kindes zu handeln, wenn sie es zum Gehorsam anhalten. Schüler, denen immer wieder gesagt worden ist, dass die Lehrer ihnen in der Schule nur das vermitteln wollen, was „gut" ist, werden dazu erzogen, alles das, was der Lehrer sagt, unkritisch zu übernehmen. ... Es ist leicht einzusehen, dass Schüler, die die Mennonitenkolonien verlassen, leicht solchen Personen ausgeliefert sind, die den Anschein erwecken, dass sie es mit ihnen ebenfalls „gut" meinen". (Warkentin, Erziehung und Bildung im Raum der Schule, S. 281-282)

Das gilt, wenn man eigene Schulen hat, die auf Traditionen bauen, oder auch solche, die sich Neuem öffnen. Für die Mennoniten in Paraguay kann das Gesetz 514 von 1921 mit Recht als Grundlage der eigenen Schulen gesehen werden, wenn dadurch laut Artikel 1 von der paraguayischen Regierung erlaubt worden ist, „*Schulen und Erziehungsanstalten zu gründen, zu verwalten und zu erhalten sowie ihre Religion zu lehren und zu lernen wie auch ihre Sprache, welche die deutsche ist, ohne jedwede Einschränkung.*"

Diese eigene Schule war schon „immer" ein wichtiger Teil, der zum Selbstverständnis der Mennoniten beitrug. Aber sie trägt auch gleichzeitig dazu bei, dass sich mennonitische Gemeinschaften immer mehr als Teil der paraguayischen Gesellschaft sehen. Vor allem in den Siedlungen, in denen die traditionelle Dorf- bzw. Gemeindeschule sich gewandelt hat, um sich dem Bildungsplan des Landes auf jeden Fall teilweise zu öffnen. D. h., diese Öffnung muss vor allem der Landessprache gegenüber gesehen werden, denn das Beherrschen der spanischen Sprache im Falle Paraguays und in manchen Fällen auch der Guaranisprache als zweite Landessprache öffnet viele Türen auf den unterschiedlichsten Gebieten.

Da stellen sich bei traditionell geführten Siedlungen immer gleich zwei Gleisen ein: Zum einen sucht man ein Verhältnis zu den unmittelbaren Nachbarn, um ihre Arbeitskraft in Anspruch zu nehmen, oder auch weiter hinaus, um Handelsbeziehungen einzugehen. Und dazu bedarf es der Verständigung durch die Landessprache. Auf der anderen Seite befindet sich aber die Tradition als Stütze und als Bremse, vor allem wenn es erst darum geht, persönlichere Beziehungen aufzubauen und kulturelle Werte auszutauschen.

Wenn dann der eigene Lehrplan ganz außerhalb der Forderungen vom Erziehungsministerium liegt und „gleiches Lehrmaterial" ein Fremdwort ist, kann man vielleicht den Handel abwickeln, trotz des statischen Weltbildes, aber weitere Beziehungen werden nicht gefördert. Auf der einen Seite steht das „Wir", und das gerät leicht in einen Zwiespalt, wenn das andere, „die Welt" zu nahe kommt. Der Abstand muss bewahrt bleiben. Die fremde Sprache bleibt ein „notwendiges Übel", um die Wirtschaftsziele zu erreichen, aber der eigene Lebensraum und die Lebensform bleibt weiter in der eigenen Sprache, meistens dem Plattdeutsch, tief verwurzelt, und das bezieht sich auch auf den Glauben.

Von dem Standpunkt her wird dann auch oft eine Gefahr in einer „Erneuerung" gesehen. Schon nur das Wörtchen „neu" flößt Angst ein. Es wird verbunden mit „Welt", mit „Loslassen des Vertrauten", mit „sich aufgeben" bzw. „sich der Welt öffnen". Die Fähigkeit, die Fragen der Gegenwart wahrzunehmen, sich damit produktiv auseinanderzusetzen und in einem Prozess der Diskussion Antworten zu finden, ist gefährlich. Denn das Infrage-Stellen des Traditionellen kann ja auch ein Zugeben der eigenen Fehlerhaftigkeit sein. „Wir haben es noch immer so gehabt" reicht da nicht mehr aus, um Veränderung zu vermeiden.

Wenn wir in die Geschichte der Mennoniten in Preußen zurückblicken, war die fortschrittliche Schule bzw. Bildung unter den Wiedertäufern keineswegs verpönt. Vielmehr gab es Fachleute, die sich bemühten, ihr Wissen zu erweitern, um es dann zum Wohle der Gesellschaft, in der sie lebten, anzuwenden. Beispiele sind da Adam Wiebe, der zwischen 1584 und 1653 lebte, der Baumeister und Ingenieur war und im Ausbau von

Danzig und Umgebung mitwirkte; weiter kann man auch die Künstlerfamilie van den Block nennen, nämlich Willem mit Abraham, Isaak und Jakob, die das Stadtbild im alten Danzig bleibend geprägt haben, sowie auch den Bankier Abraham Dirksen (1714 - 1790), dessen Beziehungen über ganz Nord-, Mittel- und Westeuropa reichten, oder der Entwässerungsexperte Philipp Freesen. Diese Bürgerlichen hatten eine gute Ausbildung erhalten und konnten somit durch ihr Wissen und ihren Einsatz Großes leisten, obwohl sie zu den „Unbürgern" gehörten, wie die Wehrdienstverweigerer genannt wurden.

Während Cornies den Sinn in einer gezielten und tiefgründigen Schulreform erkannte und sich stark für die Verbesserung des mennonitischen Schulbildungssystems in Russland einsetzte, waren andere Gemeinschaften, die nicht in den Einflussbereich Cornies kamen, darauf bedacht, ihr Schulsystem „weltabgewandt" zu erhalten, um somit den „Glauben der Väter" nicht zu verlieren. Die Parallelität zwischen dem sogenannten Altkolonier-System und einem weltoffenerem Schulsystem, das meistens durch einzelne Visionäre vorangetrieben wurde, besteht wohl darin, dass beide Gruppen bestrebt waren, den jungen Menschen ihrer Gemeinschaft das Beste zu geben. Man war fest überzeugt davon: Eine Gruppe, dass in der Verbesserung der Schulbildung die Zukunft läge, um somit Zugang zu mehr Möglichkeiten auf kulturellem, wirtschaftlichem und geistlichem Gebiet zu erhalten. Sie sahen die Bildung eher als ein „Fenster zur Verständigung". Dagegen hat die andere Gruppe, die traditionsbeflissenen, ein ähnliches Ziel, nur aus einer ganz anderen Perspektive gesehen: Nämlich durch eine gezielte Grundschulbildung den jungen Leuten das Notwendigste mitzugeben, damit sie sich im Leben orientieren und den Werten und dem „Glauben der Väter" treu zu bleiben.

Schlussfolgerungen

Viele der Russlandmennoniten wurden von den Reformen Cornies „verschont", und sie setzten viel Energie und Zeit ein, um das Althergebrachte durch den Einsatz eigener Mittel weiterleben zu lassen. Wir finden deshalb das traditionelle Schulsystem des 19. Jahrhunderts aus Russland in vielen plattdeutschredenden mennonitischen Gemeinschaften bis heute wenig verändert wieder. Hier hat sich die Tradition gegen die Erneuerungsbestrebungen von innen und außen behauptet.

Die Schule wirkte weit über den engeren Kreis der mennonitischen Kolonien hinaus in anderen Bevölkerungsgruppen; das war in Russland so, und das lässt sich auch heute in Paraguay beobachten. In diesem Sinne wirkten die Schulen direkt auf die enorme wirtschaftliche Expansion und die technisch- mechanische Entwicklung der Kolonien während des 19. Jahrhunderts ein; und sie bewirken Ähnliches heute im paraguayischen Umfeld.

Man kann weiter feststellen, dass das in Russland erneuerte und angewandte Schulsystem in Paraguay durch Fernheim zuerst, dann aber auch durch Neuland und Volendam weiterlebte und die Grundlage für die mennonitische Schulbildung über viele Jahre geblieben ist. Darauf aufgebaut, und in Verbindung mit dem paraguayischen Bildungsplan hat sich die Ausbildung sehr verzweigt und auch in verschiedene Berufsbereiche Einzug gehalten, angefangen von der Pädagogischen Klasse in Fernheim 1940, und weiter in der Krankenschwesternausbildung sowie in den vielseitigen Ausbildungsangeboten, die durch die Berufsschule der Mennonitenkolonien jungen Menschen Türen für die Zukunft öffnet. Alle diese Bereiche sind Antworten auf die Bedürfnisse in Gesellschaft und Wirtschaft.

Als problematisch gesehen wurde des Öfteren, und es wird heute immer noch so vor allem von den traditionsgebundenen Siedlungen empfunden, dass das Gesellschaftsbild der Mennoniten durch die Schulöffnung leidet, und dass die Rolle der Mennoniten oder des Mitglieds einer mennonitischen Gemeinschaft in der eigenen Gemeinschaft bzw. als Mitglied der paraguayischen Gesellschaft stark verändert wird. Deshalb tauchen Fragen auf wie: Wozu soll Bildung nützlich sein? Wo brauchen wir sie wirklich, und wie viel davon? Die Antworten darauf sind sicherlich abhängig und stark geprägt vom Bildungsideal, von der Bildungsvorstellung, die in einer Gemeinschaft, oder auch im Einzelnen vorhanden ist.

Und es ist entscheidend, wie ich die Dinge sehe, aus welcher Perspektive ich schaue: Ob von der alten Tradition her, ob aus der paraguayischen

Sicht, oder sogar aus der deutschen Bildungstradition heraus. Alle streben den mündigen verantwortlichen Bürger als Leitbild an. Aber was darunter verstanden wird, ist mit Bestimmtheit sehr breit gefächert und zielt in manchen Fällen in ganz entgegengesetzte Richtungen. Vielmals hängt die persönliche Entscheidung des glaubenden Gemeindegliedes von der Richtung der Gesamtheit ab. Denn von da wird die Abschottung gegen „gefährliche liberale Einflüsse" vorgeschrieben.

Die Frage nach den Bildungszielen als Kern der Lehrerbildung hat sich seit der Einführung der eigenen mennonitischen Lehrerausbildung in Russland und später in Paraguay immer wieder neu gestellt. Denn es kam bei der Zielsetzung immer zumindest ein Zwiespalt ins Gespräch: Wie bewahrt man Traditionen? Wie fördert man Erneuerungen? Von welchen Vorstellungen werden sie getragen? Welches sind bewahrende, welches verändernde Kräfte? Welche gesellschaftlichen Akteure spielen überhaupt eine Rolle? Welche Leitbilder herrschen vor? Und darauf eine endgültige Antwort zu geben ist nicht einfach, vielleicht sogar unmöglich.

In allen Fällen stellt sich auch die Frage, wie die Schule in der neuen Umgebung, in der sie in der Isolation oder im kulturell-nicht-mennonitischen Umfeld Fuß fassen konnte, und welche Impulse sie gleichzeitig aus der Gesellschaft erhielt, in der sie aufgebaut wurde. Andere Bereiche haben mit Gewissheit immer einen Einfluss ausgeübt, gezielt oder ungezielt. Auch wenn zum Beispiel in Paraguay die volle Zusage der Führung eigener Schulen gültig war, so haben das neue Umfeld, die Beziehungen zu den Nachbarn, und im Laufe der Jahre sowohl der paraguayische Staat durch das Erziehungsministerium und durch paraguayische Lehrer, wie auch der Kontakt zu Deutschland durch finanzielle Förderung und den Beitrag deutscher Lehrer zur Entwicklung, zur Erneuerung und zum Wachstum der Schulbildung beigetragen.

Die Schule kann also beides sein: Bewahrer der Tradition, wenn sie dazu dient, Menschen zu erziehen, die das tun, was andere vorschreiben, nach dem Motto: „Wer seinen Mund hält, bewahrt seine Seele." Es geht dann darum, Unterwürfigkeit vor Selbstständigkeit weiterzugeben, um Problemen aus dem Wege zu gehen. Schulbildung ist im Grunde deshalb

Glaubensvermittlung im Sinne der mennonitischen Tradition und hat dabei auch einen sehr geringen praktischen Nutzwert.

Wenn sie andererseits Erneuerung zum Ziel hat, werden junge Menschen darin geübt, ihren Weg zu finden, indem sie angeleitet werden zu suchen und zu forschen. Nach Warkentin in Erziehung und Bildung im Raum der Schule (Seite 285) trägt Schule dann dazu bei, Voraussetzungen zu schaffen, um persönliche Denk- und Handlungsweisen anderer kennen zu lernen, um Vorurteile abzubauen und den eigenen Standpunkt kritisch zu überprüfen, sowie auf neue Anforderungen vorbereitet zu werden, denen sie begegnen. Manche „… hätten vielleicht gelernt, den Paraguayern, die unsere Kolonien besuchen, natürlicher zu begegnen und in ihnen mehr den ‚Nächsten' und weniger einen potenziellen Viehdieb oder ein Missionsobjekt zu sehen."

Von daher gesehen bleibt letztendlich die Frage offen stehen: Welche Impulse gibt die Schule - sowohl die traditionelle wie auch die fortschrittliche - an die Gesellschaft weiter? Wie lässt sich das messen bzw. feststellen?

Bibliografie

- Friesen, Peter M: Die Alt-Evangelische Mennonitische Brüderschaft, 1911.
- Geschichtskomitee der Kolonie Menno: Glaube und Schule unserer Väter, 2007.
- Geschichtsverein (Hrsg.): Jahrbuch für Geschichte und Kultur der Mennoniten in Paraguay. Dezember 2006: Bildung als Herausforderung für Gemeinde und Kolonie. Imprenta Litocolor, Asunción, 2006.
- Isaac, Franz: Die Molotschnaer Mennoniten: Ein Beitrag zur Geschichte derselben. Druck von H. J. Braun, Halbstadt, Taurien, [Ukraine], 1908.
- Penner, Horst: Die ost- und westpreußischen Mennoniten. Buchdruckerei Heinrich Schneider, Karlsruhe, Deutschland, 1798.
- Sawatzky, Andreas: 50 Jahre Fortbildung der Kolonie Menno 1951 - 2000. Industria Gráfica, Asunción, 2009.

- Warkentin, Jakob: Die deutschsprachigen Siedlerschulen in Paraguay im Spannungsfeld staatlicher Kultur- und Entwicklungspolitik. Waxmann Verlag Münster, 1998.
- Warkentin, Jakob: Erziehung und Bildung im Raum der Schule. Imprenta Litocolor, Asunción, 2007.
- Wiebe, Gerhard: Ursachen der Auswanderung der Mennoniten aus Russland nach Amerika, 1900.

Die Entwicklung wirtschaftlicher Kooperation im Kontext des mennonitschen Siedlungsunternehmens

Hans Theodor Regier

Einführung

Eine tiefgehende Analyse der wirtschaftlichen Entwicklung der Mennoniten in ihrer gesamten Geschichte und Diversifizierung könnte sehr weit führen. Aus diesem Grund wird folgend die wirtschaftliche Entwicklung der Mennoniten in Paraguay etwas näher betrachtet und um diese besser verstehen zu können, ist die Analyse der wirtschaftlichen Entwicklung der Mennoniten in Russland sehr hilfreich. Es finden sich erstaunlich viele Parallelen. In diesem Beitrag werden die Mennoniten in Paraguay etwas näher unter die Lupe genommen, die in der „Asociación de Colonias Mennonitas del Paraguay"[1] zusammen geschlossen sind. Man könnte die ganze Thematik mit einer tiefergehenden Untersuchung spezifischer Themen wie z. B. Landbesitz der Mennoniten in Paraguay, die Entwicklung der Industrie der Mennoniten in Paraguay, Mennoniten und der Umgang mit der umliegenden Landesbevölkerung, Umgang mit Reichtum in den mennonitischen Kolonien usw. weiterführen.

In diesem Beitrag werden drei größere Themenbereiche erarbeitet. Erstens wird die wirtschaftliche Entwicklung der Mennoniten seit ihren Anfängen und in Russland und ihren Ansätzen der gemeinschaftlichen Zusammenarbeit analysiert. Der zweite Themenbereich bezieht sich auf die wirtschaftliche Entwicklung der Mennoniten in Paraguay und die Formen der Zusammenarbeit. Im dritten Kapitel werden einige Paralle-

---

[1] In der "Asociación de Colonias Mennonitas del Paraguay" sind die Kolonien Menno, Fernheim, Neuland, Friesland und Volendam zusammengeschlossen.

len der wirtschaftlichen Entwicklung der Mennoniten in Russland und Paraguay aufgezeichnet.

Die Geschichte der Wirtschaft der Mennoniten in Russland beginnt mit der Einwanderung und den schweren Anfängen, der Wachstumsperiode, dem Landstreit und der Entwicklung während den neueren Zeiten. Bei der Wirtschaftsgeschichte der Mennoniten in Paraguay wird die Ansiedlungs- und Krisenzeit beschrieben, das wirtschaftliche Wachstum durch die Kooperativen in den Kolonien, die Zusammenarbeit der Kolonien und die wirtschaftliche Entwicklung der Mennoniten in der heutigen Zeit. Im dritten Kapitel werden die Parallelen der Wirtschaft der Mennoniten in Russland und Paraguay aufgezeichnet, wobei es um die Formen der Entwicklung des Wirtschaftswachstum geht, Einfluss der Wirtschaft auf die Gemeinschaft und Gemeinden und die zukünftigen Herausforderungen der wirtschaftlichen Entwicklung.

Es geht in dieser Abhandlung nicht um eine Schönmalerei der wirtschaftlichen Entwicklung und Höhepunkte der Mennoniten in Russland und Paraguay, sondern um eine Aufzeichnung der historischen Ereignisse und Tätigkeiten und Analyse was gut und weniger gut war und welches die Herausforderungen für die Zukunft sind.

1. Die wirtschaftliche Entwicklung der Mennoniten seit ihren Anfängen und in Russland

a. Ursprünge und Preußen

Wenn man die Ursprünge der wirtschaftlichen Kooperation der Mennoniten in Paraguay analysiert, kommt man unwillkürlich auf die wirtschaftlichen Aktivitäten der Mennoniten in Preußen zurück. Ein Großteil der Mennoniten in Russland, Nord- und Südamerika hat ihre Wurzeln in Preußen. Hier wurden die Täufer als Landsiedler wirksam, obwohl sie in ihrem Ursprungsland Holland zum Teil als Handwerker und in geistlichen Berufen tätig waren. Die angebliche wirtschaftliche Tatkraft der Täufer wurde in niedrig gelegenen Teilen in Danzig dafür gebraucht, als

Bauern große Landteile trocken zu legen. Mit Hilfe des Baues von Wassermühlen, Deichen, Gräben und Schleusen wurde neues Ackerland gewonnen. In vielen Teilen lebten die Mennoniten verstreut auf Einzelhöfen auf dem flachen Land unter einem Dach mit Vieh und Vorräten. Die mennonitischen Bauern wurden dadurch bekannt, dass sie ihre Häuser und Äcker in Ordnung hielten, fleißige Landwirte waren und auch viel zur Instandhaltung der Dämme beitrugen. Mit viel Erfolg wurde Getreide angebaut und Weidewirtschaft betrieben. Die Mennoniten in Preußen zeichneten sich aber auch als Kaufleute, Brandweinbrenner (Danziger Goldwasser, Stobbes Machandel und Doornkaat), Leineweber, Bäcker, Handwerker (Schiffbau und Handelsschifffahrt) und in anderen Berufen aus.[1]

Die Entwicklung der Mennoniten in Preußen brachte sehr schnell eine Zusammenarbeit im wirtschaftlichen, sozialen, administrativen und geistlichen Bereich mit sich. Diese Lebensgemeinschaft wurde durch die gleiche Arbeit in der Landwirtschaft, die Gemeinschaftsaufgaben im wirtschaftlichen und sozialen Bereich, die gleiche Glaubensüberzeugung, den Dialekt und die Ansiedlung im gleichen Raum gestärkt, wo man sich gerne von der umgebenden Gesellschaft fernhielt. In Preußen entstand eine mennonitische Welt, die durch die Landwirtschaft verbunden und durch den Glauben geprägt wurde. Inselmentalität, Pioniergeist und Gemeindezucht stärkten die Arbeitsdisziplin und führten durch die schlichte Frömmigkeit zu einer relativ allgemein ausgeglichenen wirtschaftlichen Entwicklung. Einerseits ging es oft darum zu überleben, andererseits versuchte man aber auch den Glauben im Alltag auszuleben.[2]

Trotzdem gab es auch seit den Anfängen der täuferischen Bewegung Spannungen bei bedeutenden Wohlstandsunterschieden zwischen erfolgreichen Unternehmern und Arbeitsnehmern. Es gab immer wieder Konfrontationen über Konsumhaltung und dem idealen Lebensstil eines Täu-

---

[1] Mennonitisches Lexikon. Band IV, Druck und Verlag von Heinrich Schneider, Karlsruhe, 1967. S. 504 - 520

[2] Goertz, Hans-Jürgen. Mennonitisches Lexikon. Begriff: Kapitalismus. Mennonitischer Geschichtsverein. Internet.

fers. Arnold Snyder behauptet, dass die Täufer prinzipiell seit Beginn der Glaubensbewegung misstrauisch gegenüber dem Handel waren, um damit den eigenen Lebensunterhalt zu verdienen. Als Christ sollte man lieber mit ehrlichem Handwerk seinen Unterhalt bestreiten. Auch Menno Simons sah eine große Gefahr darin, dass man von der Geldgier ergriffen werden könnte.

Die Mennoniten hatten sich im Laufe der Zeit immer wieder mit den zurzeit geltenden Spielregeln im Wirtschaftsleben eingebracht. Doch dadurch, dass sie des Öfteren in ländlichen Regionen lebten, wurden kapitalistische Aktivitäten mehr nur in einem kleinen Ausmaß praktiziert.[1]

b. Russland

Einwanderung und Anfänge

Die zunehmende Landnot, politische Verunsicherung, Beengung der Lebensverhältnisse und die Ungewissheit der Wehrpflicht motivierten die Mennoniten in Preußen, das Ansiedlungsangebot der Zarin Katharina in Russland in Anspruch zu nehmen. In Russland wurden den neuen Ansiedlern Freiheit der Glaubensausübung, Freiheit vom Wehrdienst, Selbstverwaltung, eigenes Schulwesen, eine zehnjährige Steuerfreiheit und abgabenfreies Brauen von Bier und Schnaps versprochen. Ab 1789 begann die Abwanderung von mennonitischen Familien aus Preußen nach Russland, von denen viele zu den konservativen „Flaminger" gehörten und die meisten Handwerker und Söhne von Bauern waren. Insgesamt kamen in zwei Generationen etwa 1.800 Familien, das sind rund 9.000 Personen, nach Russland, die in vier Kolonien im südlichen Russland in etwa 20 Dörfern ansiedelten. In Russland wohnte man im Gegensatz zu Preußen in geschlossenen Kolonien. Im Jahre 1870 wohnten in Russland etwa 40.000 – 50.000 Mennoniten und trotz der Abwanderung

---

[1] Lichti, Diether Götz. Die Mennoniten in Geschichte und Gegenwart. Von der Täuferbewegung zur weltweiten Freikirche. Agape Verlag. 2004, S. 123 – 134.

von etwa 18.000 Mennoniten in den siebziger Jahren nach Amerika zählte man um 1920 etwa 120.000 Mennoniten in Russland.[1]

Zu Beginn der Auswanderung mangelte es den Auswanderern an materieller Versorgung und geistlicher Führung. Die Ansiedlungsjahre wurden geprägt von harte Winter, Dürren, Heuschreckenplagen und Tierseuchen. Die russische Regierung versuchte durch das „Amt für Volkswirtschaft" die Mennoniten in der Landwirtschaft, Handwerk und Industrie zu bera- ten und zu helfen. Die Unterstützung der Regierung ging durch Gemeinschaftsprojekte, wobei die einzelnen Höfe trotzdem die Grundeinheit der Unternehmerwirtschaft in den Kolonien blieb. Es gab eine Zusammenarbeit durch verwandtschaftliche Beziehungen und es entwickelte sich auch ein Geist der dörflichen Solidarität und gegenseitiger Hilfe. Aber jeder Hof war ein separates Wirtschaftsunternehmen, wo in den ersten Jahren die wirtschaftliche Produktion für den Eigenbedarf Priorität hatte. Durch die Vermehrung der Viehbestände, die zunehmende Bedeutung der Dienstleistungen und den wachsenden Handel entwickelte sich eine Diversifizierung der Wirtschaft und ein wirtschaftlicher Erfolg zeichnete sich ab.[2]

Wachstum

Mitte des 19. Jahrhunderts wurde die wirtschaftliche Entwicklung der Mennoniten in Russland immer stärker. Auffallend war, dass sich die konservative Lebenshaltung der Mennoniten im gesellschaftlichen und religiösen Leben nicht in der wirtschaftlichen Entwicklung wiederspiegelte. Die marktorientierte Wirtschaftsform der Mennoniten in Preußen fand man sehr schnell in Russland wieder. Die harte Arbeit wurde mit wirtschaftlichen Erneuerungen und Anwendung landwirtschaftlicher Technologien verbunden. Der wirtschaftliche und soziale Wandel der Mennoniten in Russland wurde ab 1820 besonders stark durch Johann

---

[1] Lichti, Diether Götz. Die Mennoniten in Geschichte und Gegenwart. Von der Täuferbewegung zur weltweiten Freikirche. Agape Verlag. 2004, S. 135 – 143.
[2] Urry, James. Nur Heilige. Mennoniten in Russland, 1789 – 1889. Crossway Publications Inc., Manitoba, 1989, S. 101 – 112.

Cornies eingeleitet. Durch die Gründung des „Landwirtschaftlichen Vereines" sollte durch die Anwendung neuer Techniken und Anbaumethoden die Aufforstung, Gartenbau, Seidenraupenzucht und Weinbau gefördert werden. Es wurde das Vierfelderwirtschaftssystem eingeführt, wobei die Felder abwechselnd mit Gersten, Weizen, Roggen oder Hafer besät wurden und dann brachliegen mussten. Der Weinbau erwies sich in kommerzieller Hinsicht nicht als erfolgreich, dafür aber andere Feldfrüchte wie Kartoffeln und Tabak. Besonders gravierend war auch die Verlagerung der Produktion von Wolle auf Weizen. Grundlage für das wirtschaftliche Wachstum und Reichtum der Mennoniten in Russland war die wachsende Produktion und der Export von Weizen. Dieser wirtschaftliche Wohlstand förderte das Niveau des Bildungswesens. Beratung und Förderung wurden zu einer Art Zwangspolitik und die Bildung diesbezüglicher Vereine war ab 1850 für alle Kolonien obligatorisch. 1843 wurde von der russischen Regierung die Überwachung der Schulen aus den Händen der Kirchengemeinden auf den „Landwirtschaftlichen Verein" übertragen.[1]

Die Landwirtschaft wurde aber auch mit dem Handwerk verbunden. Es gab in jeder Kolonie Tischler, Schreiner, Schneider, Schuster und Schmiede und in fast jedem Haus wurde Wolle und Flachs zum Garnspinnen vorbereitet. Neben der Herstellung von Uhren wurden auch Dresch- und Mähmaschinen und sonstige landwirtschaftliche Geräte hergestellt. Trotzdem blieb die Landwirtschaft lange Zeit die wichtigste Beschäftigung für die meisten Familienmitglieder. Wer den Handel als Hauptbeschäftigung hatte, war in der Gesellschaft oft nicht gut angesehen, weil man glaubte, dass er mit Wucher und Gaunerei verbunden war. Gewöhnlich waren Kaufleute auch von geistlichen Ämtern in den Gemeinden ausgeschlossen.[2]

Der wirtschaftliche Erfolg der Mennoniten Mitte des 19. Jahrhunderts war natürlich vom Absatzmarkt bestimmt. Die Eröffnung der Dnjeper-

---

[1] Urry, James. Nur Heilige. Mennoniten in Russland, 1789 – 1889. Crossway Publications Inc., Manitoba, 1989, S. 142.
[2] Urry, James. Nur Heilige. Mennoniten in Russland, 1789 – 1889. Crossway Publications Inc., Manitoba, 1989, S. 164.

schifffahrt, der Krimkrieg usw. ergaben neue Absatzmärkte. Zusätzlich hatten die Kolonien aber auch Einnahmen aus den „Gemeindegütern". Es waren gemeinschaftlich betriebene Unternehmen wie die Gemeindeschäfereien, die Baumschulen, Branntweinbrennereien und die Dnjepr-Fähre in Chortitza.[1]

Die Mennoniten in Russland und insbesondere die Bauern in der Molotschna wurden von der russischen Regierung als Musterwirte, die in einer wirtschaftlich und sozial wohlgeordneten Welt lebten, als nacheifernswertes Beispiel gefördert. Die Mennoniten nahmen diese vom Ministerium für Reichsdomänen für sie gedachte Rolle gerne an und spätere Generationen rechtfertigten damit die Absonderung von der Umwelt und den höheren Lebensstandard im Vergleich mit den Nachbarn. Charakteristisch für diese Zeit war auch die Selbstverständlichkeit der Selbstverwaltung der Mennoniten in Russland, wobei die wirtschaftliche Entwicklung sehr stark gefördert wurde. Der Oberschulze als Hauptverantwortlicher für die zivilen, sozialen und wirtschaftlichen Belange war gleichzeitig auch Mitglied des Kirchenrates. Das Idealmodell der Kolonieverwaltung bestand laut Klassen darin, eine starke wirtschaftliche Entwicklung voranzutreiben und wo „man in Ruhe und Frieden seinen Glauben leben" konnte. Die Gründung und Festigung der Kolonie und Selbstverwaltung hatte Priorität, selbst vor der Organisation der Gemeinden.[2] Dieses Koloniesystem, das von den Mennoniten in Russland als richtige Lebensform erkannt wurde, bezeugte sich für die darauffolgenden Generationen als sehr zählebig.

Landstreit

Doch das wirtschaftliche Wachstum brachte auch Probleme mit sich. Jede Familie hatte ursprünglich etwa 70 ha Land zur Nutzung erhalten, das

---

[1] Epp, George K.. Geschichte der Mennoniten in Russland. Band III. Neues Leben in der Gemeinschaft „Das Commonwealth der Mennoniten". 1871 – 1914. Logos Verlag, 2003, S. 51

[2] Hildebrandt, Gerhard und Julia. 200 Jahre Mennoniten in Russland. Aufsätze zur ihrer Geschichte und Kultur. Verlag des Mennonitischen Geschichtsvereins e.V.. 2000. S. 32

weiter vererbt werden konnte, aber nicht an Außenstehende verkauft werden durfte. Als das gesamte Land in landwirtschaftlicher Bearbeitung stand, kam es 1850 zu einer nicht beabsichtigten Teilung der mennonitischen Gesellschaft in „Wirte" (Landbesitzer) und „Anwohner" (Besitzlose), die am Ende des Dorfes ihr Haus bauen durften. Die Anwohner hatten kein Wahlrecht im Dorf und in der Kolonie, waren aber gleichzeitig Glieder der mennonitischen Gemeinden. Um diese Zeit waren etwa zwei Drittel der Familien in der Molotschna und etwa die Hälfte der Familien in Chortitza ohne eine eigene Siedlungsstelle. Diese Umstände führten zu sozialen Spannungen und tiefgreifenden Konflikten in den mennonitischen Siedlungen. Ersichtlich wird hierbei auch, wie die Mennoniten in Russland ein unauflösbares Geflecht von psychologischen, sozialen, wirtschaftlichen und religiösen Faktoren war.[1] Die gesellschaftliche Stellung der Mennoniten stand während dieser Zeit im direkten Zusammenhang mit Reichtum, Beruf und Landbesitz. Die Landwirte hatten ein durchschnittliches Jahreseinkommen, das doppelt so hoch war wie das der Handwerker und mehrmals so hoch wie das der Landarbeiter. Mitte des 19. Jahrhunderts gab es eine Änderung der Gesellschaftsstruktur in den Kolonien. Immer weniger Personen waren direkt in der Landwirtschaft tätig und die Zahl der Handwerker nahm ständig zu. Johann Cornies glaubte in seinen wirtschaftlichen Reformen an eine Agrarmarktwirtschaft, die durch eine arbeitsintensive Heimindustrie gestützt war. Doch in Europa begann sich die Wirtschaft auf eine kapital- und nicht arbeitsintensive Produktion zu verlagern und dadurch konnten die Mennoniten nicht mit Waren konkurrieren, die in neuen großen Fabrikanlagen hergestellt wurden. Cornies war sich dieser Entwicklung niemals bewusst. Doch viele Mennoniten merkten, dass sie ihre Zukunft nicht auf ein Handwerk aufbauen konnten, sondern sich einen Grundbesitz sichern mussten. Diese Umstände förderten den Landlosenstreit der Mennoniten in Russland. Die soziale Ungleichheit wurde nach 1860 immer deutlicher und ohne Landbesitz sah man für die eigenen Familien keine Zukunft mehr.

---

[1] Lichti, Diether Götz. Die Mennoniten in Geschichte und Gegenwart. Von der Täuferbewegungz zur weltweiten Freikirche. Agape Verlag. 2004, S. 143.

Die sozialen Spannungen der Mennoniten in Russland um die Mitte des 19. Jahrhunderts waren tiefgreifender als die religiösen Spaltungen in den 1860er Jahren. Die Hauptursache der sozialen Probleme war der Landbesitz oder zumindest der Zugang zu Land. Land war der Kern des mennonitischen Lebens. James Urry schreibt, dass die ethischen Werte der religiösen Gemeinschaft ihre Symbolik in der Landwirtschaft fanden.[1] Tatsache ist, dass der Wohlstand zum größten Teil auf die landwirtschaftliche Produktion gründete. Zusätzlich sicherte der Landbesitz gesellschaftliches Ansehen und die Möglichkeit politische Macht auszuüben. So setzten sich die Reichen zum Beispiel bei der Bestimmung der Steuerform durch. Die Hauptsteuereinnahme kam von der Steuer, die pro Person erhoben wurde. Die Personensteuer war für Arme und Reiche gleich und man erwartete von den Landlosen den gleichen Beitrag für den Unterhalt der Wege, Brücken und andere Dienstleistungen. Die Vermögenssteuer war minimal. 1863 wandten sich 150 Landlose an eine staatliche Organisation, das Fürsorgekomitee, um eine Erweiterung des Stimmrechtes, Verteilung des Reservelandes und unparteiliche Untersuchung ihrer Beschwerden zu beantragen. Eine Gruppe von Kaufleuten unterstützte die Landlosen, weil sie ein besseres Verständnis für die wirtschaftliche Realität der Kolonie hatten als die Grundbesitzer. Außerdem sahen sie, dass die Landlosen ein bedeutender Faktor in der Wirtschaft der Kolonie waren und jegliche Ansiedlungen nur positive wirtschaftliche Folgen für die Kolonien haben könnten. Die Gemeindeleiter hatten mit einer Ausnahme eine unverbindliche Stellung zur Thematik. Sie hoben in einer schriftlichen Erklärung die Vorzüge der Einigkeit hervor und belegten es mit Bibelstellen. Die Landlosen gewannen das Tauziehen mit einem Dekret des Zaren. Das führte dazu, dass nach 1871 das Konzept „Kolonist" durch „Siedler mit Eigentumsrechten" ersetzt wurde. Dadurch erhielten alle Familien ihren Landtitel und waren Eigentümer ihrer Ländereien. Die Verantwortung jeder Gemeinschaft blieb jedoch bestehen, man konnte die üblichen Erbschaftsregeln anwenden, man musste neues Land für die Bedürfnisse der Siedler suchen und man konnte das vorhan-

---

[1] Urry, James. Nur Heilige. Mennoniten in Russland, 1789 – 1889. Crossway Publications Inc., Manitoba, 1989, S. 220.

dene Land ohne die allgemeine Zustimmung der Gemeinschaft nicht an Außenstehende verkaufen. So blieb das Koloniesystem auch weiter erhalten, wenn auch nicht dem Namen nach. Diese Form des Landbesitzes war für die Mennoniten in Russland auch eine Garantie für die Geschlossenheit der Gemeinschaft und Gemeinde. Es verstärkte den Isolationscharakter der Kolonie und diente zur Kontrolle der Mitglieder der Gemeinschaft.[1]

Während der 1870er und 1880er Jahre waren alle Teile der Gemeinschaft in dem Landkonflikt verwickelt. Es war eine traurige Geschichte wo Gier, Unduldsamkeit und Falschheit etwas Alltägliches waren und die Großbauern oft hinterhältige Strategien einsetzten, um ihr Recht zu sichern. James Urry schreibt, dass die Ideale der Gemeinschaft, der gemeinsamen Verantwortung und der Gemeindesolidarität an kurzfristigem persönlichen Gewinn und Besitz weltlicher Güter zu scheitern schien. Die Landkämpfe zeigten das hässliche und widerliche Gesicht des wirtschaftlichen und sozialen Wandels der Mennoniten in Russland, wo das selbstgenügsame Wirtschaftssystem von bescheidenem Ausmaß, mit dem kommerziellen, den Marktgesetzen unterworfene Produktion, ausgewechselt wurde. Es gab eine grundlegende Änderung in der Struktur und Ideologie der mennonitischen Agrargesellschaft.[2]

Neue Zeiten

Ende des 19. Jahrhunderts entspannte sich die Situation durch die Gründung vieler Tochterkolonien. Es gab durch das Aufblühen des Handels und der Industrie einen großen wirtschaftlichen Aufschwung. Besonders auch der Mühlenbetrieb wurde von mehreren Mennoniten wahrgenommen, um schnell reich zu werden. 1908 zählte man in den mennonitischen Kolonien 576 Handelsgeschäfte und industrielle Unternehmen. 1910 gewann man auf der ersten internationalen Ausstellung in Südruss-

---

[1] Hildebrandt, Gerhard und Julia. 200 Jahre Mennoniten in Russland. Aufsätze zur ihrer Geschichte und Kultur. Verlag des Mennonitischen Geschichtsvereins e.V.. 2000. S. 37.
2 Urry, James. Nur Heilige. Mennoniten in Russland, 1789 – 1889. Crossway Publications Inc., Manitoba, 1989, S. 231.

land die Goldmedaille für das feinste Produkt der Mühlenindustrie. 1911 wurden etwa 6% der gesamten russischen Produktion von landwirtschaftlichen Maschinen und Geräten in mennonitischen Unternehmen hergestellt. 1914 waren etwa 60% aller großen Mühlen in Neurussland in Händen mennonitischer Müller.[1]

Die ländliche Handwerksarbeit kam zum Erliegen und durch die Entwicklung neuer Industrien kam es auch zu einer größeren gesellschaftlichen Vielfalt in den mennonitischen Gemeinschaften. Der Reichtum führte zu einem neuen Lebensstil, wo man nach der letzten Mode gekleidet war, in großen Häusern lebte, in großartigen Kutschen fuhr, Bedienstete hatte und in Russland und Europa umher reiste. Die abgehobene Wohlstandsgesellschaft unterhielt auch weiterhin einen regen Kontakt zu der Mehrheit der anderen Kolonisten und blieb Mitglied der Gemeinde. Der Landbesitz blieb auch weiterhin ein bedeutender Faktor gesellschaftlichen Status einer Person in der mennonitischen Gemeinschaft. Auf der untersten Stufe der Gesellschaft blieben auch weiterhin die Landlosen. Es gab aber auch Personen, die Bildung als bedeutendes Mittel für einen sozialen Aufstieg und eine gute Arbeitsstelle wahrnahmen.

Zu Beginn des 20. Jahrhunderts bestimmten Grundbesitz, Beruf, Vermögen und Bildung die soziale Stellung in der mennonitischen Welt. Kaufleute, Geschäftsmänner und Lehrer rückten in ein höheres Gesellschaftsniveau auf, wo die Landwirtschaft als Selbstversorgung nicht mehr als einzige richtige Beschäftigung eines wahren Gläubigen angesehen wurde. Man konnte bei den Mennoniten in Russland jetzt eine räumliche Ausdehnung, eine Erweiterung des Gesellschaftssystems und Weltsicht mit unterschiedlichen Einstellungen und wachsender Toleranz beobachten. Es gab eine ungleichartigere Gesellschaft, wo die Mitglieder breitgefächerte Ideen und Meinungen vertraten. Vergangenheit wurde der alte Sinn für Einheitlichkeit, der sich in der gemeindeorientierten Gemeinschaft symbolisierte. Ein neuer Gemeinschaftssinn und ein neues Verständnis mennonitischer Identität in einer vielfältigen Welt waren ent-

---

[1] Epp, George K.. Geschichte der Mennoniten in Russland. Band III. Neues Leben in der Gemeinschaft „Das Commonwealth der Mennoniten". 1871 – 1914. Logos Verlag, 2003, S. 67 - 76.

standen.[1]

2. Wirtschaftliche Entwicklung der Mennoniten in Paraguay

a. Ansiedlung und Krisenzeit

Die Kolonie Menno wurde als erste mennonitische Gemeinschaft in Paraguay im Jahre 1927 gegründet. 1930 wurde die Kolonie Fernheim, sieben Jahre später die Kolonie Friesland, 1947 die Kolonien Neuland und Volendam und ein Jahr später die Kolonie Sommerfeld gegründet. Die ersten organisatorischen Aktivitäten der Kolonieleitungen während der Ansiedlungszeit der mennonitischen Kolonien in Paraguay konzentrierten sich auf die Anlegung der Dörfer und Straßen, gesundheitliche Betreuung, Unterricht der Kinder, Beschaffung von Lebensmitteln und Krediten und auf die Industrialisierung und Vermarktung der landwirtschaftlichen Produktion. Die einzelnen Familien bemühten sich in dieser Zeit um die Errichtung der Unterkunft und später des Wohnhauses, die Einrichtung von Hof und Land und beteiligten sich an dem Aufbau der gemeinschaftlichen Einrichtungen. Die Organisation der „Wirtschaft" hatte höchste Priorität, da die finanziellen Einkünfte hauptsächlich aus der landwirtschaftlichen Produktion erwirtschaftet werden mussten.

In den Kolonien im Chaco wurden seit der Ansiedlung Bohnen, Süßkartoffeln, Mandioka, Wassermelonen, Kafir, Erdnüsse, Rizinus und Baumwolle angepflanzt.[2] Die Produktion diente zuerst der Selbsternährung. Überschüsse gingen zum Verkauf. Das Vieh wurde während den ersten Jahrzehnten mehr als Zugkraft gebraucht. Erst später entwickelte sich die Fleischproduktion. Die Milch war ein begehrtes Nahrungsmittel und trotz des großen Interesses konnte sich dieser Produktionszweig erst im Laufe der Jahrzehnte zu einem bedeutenden Industriezweig entwik-

---

[1] Urry, James. Nur Heilige. Mennoniten in Russland, 1789 – 1889. Crossway Publications Inc., Manitoba, 1989, S. 266.

[2] Friesen, Martin W.. Kanadische Mennoniten bezwingen eine Wildnis. 50 Jahre Kolonie Menno – erste mennonitische Ansiedlung in Südamerika. 1977, S. 145.

keln. Die Geflügel- und Eierproduktion fand seit Beginn der Ansiedlungszeit viel Interesse und erlebte aber erst in den 40er bis 60er Jahren ihren Höhepunkt.[1]

Die schweren Anfänge während der Ansiedlungszeit und die fehlende wirtschaftliche Entwicklung bis zu den sechziger Jahren führten zu einer Krise in den mennonitischen Siedlungen in Paraguay, die in der Abwanderung vieler Familien ins Ausland mündete. Grund für die Krisensituation in den Kolonien im Chaco war die Entfernung des Absatzmarktes, die durch Dürre und Schädlinge verursachte schwache Ernten und die niedrigen Preise für die abgelieferten Produkte. In der Kolonie Menno war die Abwanderung während dieser Krisenzeit am geringsten, da man durch die angestrebte Absonderung von der Welt genug Motivation für das Durchhalten fand.[2] Die Kolonie Fernheim registrierte 1937 die Abwanderung eines Drittels der gesamten Gruppe nach Ostparaguay, wo die Kolonie Friesland gegründet wurde. Durch die sogenannte „völkische Zeit" von 1939 bis 1945 wurde der Abwanderungsgedanke nach Deutschland stark geschürt und sogar noch 1953 auf einer Koloniesitzung öffentlich zu bedenken gegeben, ob der weitere Aus- und Aufbau der Gemeinschaft noch Sinn mache.[3] Die Kolonie Neuland war während den fünfziger Jahren auch stark von der Auswanderungswelle angeschlagen. Die Gründe dafür waren die fehlenden Möglichkeiten Bauer zu werden, die vielen alleinstehenden Frauen, die keinen Bauernhof führen konnten, die harten wirtschaftlichen und klimatischen Bedingungen der Anfangszeit und die auseinander gerissenen Familien drängten darauf wieder zusammen zu kommen.[1]

Auch die Kolonie Friesland in Ostparaguay erreichte anfänglich keine durchschlagend positive Wirtschaftslage. Es fehlte ein entsprechendes

---

[1] Kolonie Fernheim. 50 Jahre Kolonie Fernheim. Ein Beitrag in der Entwicklung Paraguays. 1980, S. 82 – 90.
[2] Hack, H.. Die Kolonisation der Mennoniten im paraguayischen Chaco. Königliches Tropeninstitut, Amsterdam, 1961, S.213.
[3] KLASSEN, Peter P.. Die Mennoniten in Paraguay, Band I. Asunción, 1. Auflage, Impr. Modelo, 2001, S 159.

Produkt, um die wirtschaftliche Entwicklung entscheidend zu stärken. Die vom Chaco bekannte Baumwolle wollte nicht gut gedeihen und während den fünfziger Jahren ging die Produktion in der Landwirtschaft entscheidend zurück. Die finanziellen Einnahmen kamen durch Dienstleistungen mit Fuhrwerken im gesamten Umkreis der Kolonie und als Handwerker und Angestellte. Nur etwa 20% der Einnahmen kamen aus dem landwirtschaftlichen Bereich mit Schwerpunkt in der Viehzucht. Der Kolonie Volendam blieb die Krisenzeit auch nicht erspart und man hatte ähnliche Herausforderungen wie in der Nachbarkolonie Friesland. Bis zu den siebziger Jahren wanderten in der Kolonie Volendam etwa zwei Drittel der gesamten Gemeinschaft aus.

Trotz der oft fast unbeschreiblichen Krisensituationen in den mennonitischen Gemeinschaften während den ersten Jahrzehnten ihres Bestehens, löste sich keine gegründete Kolonie endgültig auf. Die Gründe dafür liegen wahrscheinlich unter anderem in dem verantwortungsbewussten Einsatz der Führungskräfte, die immer wieder darauf drängten, das in Paraguay angefangene Ansiedlungsprojekt der Mennoniten zu einem Erfolg werden zu lassen. Ein starker Motor dafür war das Bewusstsein, dass es prinzipiell keine entscheidende Entwicklungsalternativen in anderen Ländern für eine geschlossene Gruppe gab. Gestärkt wurde dieses Bewusstsein durch die ineinander verwachsene Lebensgemeinschaft, die sich bereit erklärte, gemeinsam die Krisen zu überwinden. Nicht weniger wichtig war für die Überwindung der wirtschaftlichen Krisen die fatalistische Glaubenshaltung, dass man in Paraguay ein angefangenes Ansiedlungsprojekt nicht einfach so abbrechen konnte. Dieser Überzeugung gelangten die Gemeinschaften dank ständigem Hinweisen von Predigern und Oberschulzen.[2]

b. Wirtschaftliches Wachstum durch Kooperation in den Kolonien

Ab den sechziger Jahren fing sich die wirtschaftliche Situation in den

---

1 Regehr, Walter. 25 Jahre Kolonie Neuland, Chaco, Paraguay. Neuland, 1972. S. 83.
2 KLASSEN, Peter P.. Die Mennoniten in Paraguay, Band I. Asunción, 1. Auflage, Impr. Modelo, 2001, S 163 - 165.

mennonitischen Kolonien an zu stabilisieren. Die Abwanderung in allen Kolonien war nicht mehr besorgniserregend, die landwirtschaftliche Produktion zeigte zufriedenstellende Fortschritte, die Kolonien waren mit der Versorgung von Konsumgütern abgesichert und die Einrichtungen der Kolonie wurden stark ausgebaut. Auch die Einwohnerzahlen der Kolonien fingen wieder an zu steigen. So kann man ab den siebziger Jahren von einer Konsolidierung der wirtschaftlichen Lage der Mennoniten in Paraguay sprechen. Die Frage stellt sich, auf welche Faktoren diese Umstände zurück zu führen sind.

Laut Hack haben die Mennoniten weder in Kanada noch in Russland Kooperationen in der Wirtschaft gekannt, wobei sie im Chaco zu einer Form von wirtschaftlicher Zusammenarbeit gezwungen wurden.[1] Dieser Feststellung kann hinzugefügt werden, dass die Mennoniten in Russland eine weitgehende Selbstverwaltung der Gemeinschaften gelernt hatten. Man hatte gemeinnützige Einrichtungen auf gemeinschaftlicher Grundlage aufgebaut und besonders die öffentlichen Einrichtungen wie Verwaltung, Krankenhaus, Schulen, Konsumläden usw. funktionierten sehr gut.[2] Doch die wirtschaftliche Entwicklung der Mennoniten in Holland, Preußen und Russland beruhte nicht auf eine kooperative Grundlage, sondern war stark geprägt durch Eigeninitiative, auf Eigenkonsum und marktbezogene landwirtschaftliche und industrielle Produktion, wo der Einzelne meistens selbstständig seine finanzielle Situation meistern musste.

Die Notwendigkeit der Zusammenarbeit auch im wirtschaftlichen Bereich zeichnete sich sehr stark seit Beginn der Gründung der Kolonie Fernheim ab.[3] Durch die ärmlichen Umstände und die entlegene Lage des Siedlungsgebietes musste mit geliehenen Geldern Lebensmittel für die Ansiedler eingekauft und verteilt werden. Das MCC[4] stellte das Kapital

---

[1] Hack, H.. Die Kolonisation der Mennoniten im paraguayischen Chaco. Königliches Tropeninstitut, Amsterdam, 1961, S. 101.
[2] Quiring, Dr. Walter. Deutsche erschliessen den Chaco. Verlagsdruckerei Heinrich Schneider. Karlsruhe, 1936. S. 157.
[3] Hack, H.. Die Kolonisation der Mennoniten im paraguayischen Chaco. Königliches Tropeninstitut, Amsterdam, 1961, S. 102.
[4] Mennonite Central Comite

zur Verfügung und die „Corporación Paraguaya" sollte diese Funktion übernehmen.[1] Doch durch die ineffiziente Arbeit der „Corporación Paraguaya" sahen sich die Leiter der Kolonie Fernheim im Januar 1931 gezwungen, den Konsumladen zu übernehmen und auch die Einkäufe in Asunción zu tätigen. Das MCC drängte seit Beginn 1931 auf die Gründung einer Kooperative, um die finanziellen Belange der Gemeinschaft nicht mehr über die „Corporación Paraguaya", sondern selber zu verwalten. Am 13. Mai 1931 wurde ein „Handelskomitee" gegründet, das für alle Handels- und Absatztätigkeiten verantwortlich war. Das erste Kapital für die neu gegründete Genossenschaft kam vom MCC und ohne Sachkenntnisse und auf Grund der bestehenden Notwendigkeiten wurde 1931 die erste mennonitische Kooperative gegründet, die im Sommer 1932 als „S.A. Cooperativa Ltda. Fernheim" juristisch von der paraguayischen Regierung anerkannt wurde. Am 8. Juni 1931 wurde schon der erste eigene Konsumladen eröffnet und im November 1944 wurde die Kooperative unter dem Namen „Sociedad Civil Cooperativa Colonizadora Fernheim" gesetzlich anerkannt.[2] 1972 wurde die Genossenschaft auf Grund eines neuen Statutes als „Sociedad Cooperativa Colonizadora Fernheim" genannt und allen Genossenschaften Paraguays durch das Gesetz 349 gleichgestellt.[3]

Die Ansiedler der Kolonie Menno verfügten in vielen Fällen über etwas mehr Kapital und konnten dadurch die ersten Jahre besser überstehen. Wie aus dem Ursprungsland Kanada gewohnt, wurden vier Privatläden eröffnet, deren Eigentümer sich ihre Lebensmittel hauptsächlich aus Asunción beschafften. Familien mit wenig oder keinem Kapital wurden von der Gemeinschaft mitgeholfen.[4] Dazu diente die sogenannte „Mehlkreditkasse", die auf die Geldreserven der „Auswanderungshilfskasse"

---

1 Quiring, Dr. Walter. Deutsche erschließen den Chaco. Verlagsdruckerei Heinrich Schneider. Karlsruhe, 1936. S. 125-134.

[2] Hack, H. Die Kolonisation der Mennoniten im paraguayischen Chaco. Königliches Tropeninstitut, Amsterdam, 1961, S. 102.

[3] KLASSEN, Peter P. Die Mennoniten in Paraguay, Band I. Asunción, 1. Auflage, Impr. Modelo, 2001, S 163 - 169.

[4] Hack, H. Die Kolonisation der Mennoniten im paraguayischen Chaco. Königliches Tropeninstitut, Amsterdam, 1961, S. 102.

aufgebaut worden war. Die stärkeren Bauern in der Kolonie Menno widersetzten sich während dem ersten Jahrzehnt einer Gründung der Kooperative. Durch die Erschöpfung der finanziellen Reserven drängte die Kolonieverwaltung auf eine Lösung durch einen genossenschaftlichen Zusammenschluss. 1936 wurde das „Chortitzer Komitee" gegründet, ein Jahr später das Koloniezentrum, das erst Sommerfeld und dann später Loma Plata hieß und wo 1939 der erste Konsumladen gebaut wurde. Nach größerem Widerstand und ohne Unterstützung aller Ansiedler wurde die Kooperative 1962 legal gegründet und anerkannt.

Auch in der Kolonie Friesland wurde die Kooperative nicht ohne Widerstände gegründet. Nach einem anfänglichen Versuch 1941, eine Genossenschaft zu gründen, wurde 1947 die „Cooperativa Agrícola Ldta. Friesland" gegründet. Die Gemeinschaft der Kolonie Neuland war anfänglich der Kooperative in Fernheim angeschlossen und 1949 wurde eine eigenständige Kooperative gegründet. In der Kolonie Neuland war man darauf bedacht, den politischen Leitern nicht zu viel Macht zu geben und so führte man die Verwaltung der Kooperative und Zivilen Vereinigung in getrennter Form. Durch die Verdoppelung vieler administrativer Aktivitäten wurde dann ab 1954 der Vorsitz der Kooperative und Zivilen Vereinigung in unipersonaler Form geführt. Die „Cooperativa Volendam Ltda." wurde 1951 offiziell registriert.

Die leitenden Personen in den Kooperativen der mennonitischen Kolonien konzentrierten durch die gleichzeitige Leitung der zivilen Vereinigungen viel Macht. Anfänglich waren die Kooperativen der „rettende Fels", sowie auch der „Stein des Anstoßes", die durch die Machtkonzentrierung oft Unzufriedenheit, Auflehnung und Protest auf sich zogen.[1] Durch die Zentralisierung aller Kräfte konnten aber auch viele Maßnahmen getroffen werden, die das wirtschaftliche Wachstum und den Fortschritt aller Mitglieder förderten. Der teilweise religiöse Hintergrund der Kooperativen führte in vielen Fällen zu ineffizienten Entscheidungen, wo Hack von einer Kooperation mit diakonalen Charakter spricht. Anderseits wäre

---

[1] KLASSEN, Peter P. Die Mennoniten in Paraguay, Band I. Asunción, 1. Auflage, Impr. Modelo, 2001, S 163 - 166.

ohne diese Form der Kooperation der Unterschied zwischen reichen und armen Bauern im Laufe der Jahrzehnte auch viel größer gewesen.[1] Ein Grund der Unzufriedenheit einiger Ansiedler mit der Kooperative war der Widerstand der Kooperativsleitungen gegen die Privatunternehmen. 1937 kam es z. B. in der Kolonie Fernheim sogar soweit, dass der Privathandel aufgehoben wurde. Langfristig haben sich die Kooperativen als Grundlage für das wirtschaftliche Wachstum der Mitglieder der mennonitischen Siedlungen in Paraguay entwickelt und bildeten auch die Basis für die Finanzierung des sozialen und kulturellen Lebens.

Die entscheidende Maßnahme für die Stabilisierung des wirtschaftlichen Fortschrittes in den mennonitischen Kolonien war die Organisation von günstigen Krediten. Im Jahr 1953 begann die Kolonieverwaltung der Kolonie Fernheim mit der Beschaffung eines Kredites im Wert von 100.000 U$. Der Kredit sollte für die Beschaffung einer Dampfmaschine, einer Ölpresse, Molkereimaschinen, Bulldozer, landwirtschaftliche Maschinen, Land und Milchvieh und Wegbaumaschinen gehen. Trotz vielen Widerwärtigkeiten von Seiten der eigenen Mitglieder der Kooperative und unstabile wirtschaftliche Verhältnisse in Paraguay und nachdem man eventuelle Geldgeber in Nordamerika überzeugt hatte, konnte ein Kredit im Wert von 76.000 U$ mit einer Rückzahlungsfrist von 13 Jahren eingeleitet werden.

Nach den Erfolgen dieser Initiative zeigte sich auch das MCC aus Nordamerika für weitere ähnliche Aktionen offen. 1960 wurde ein Kredit von der USA Regierung im Wert von 1.000.000 U$ an die mennonitischen Kolonien im Verhältnis zu ihrer Bevölkerung zur Verfügung gestellt. Die Kolonie Menno erhielt 347.750 U$, Fernheim 259.095 U$, Neuland 172.240 U$, Volendam 133.900 und Friesland 78.015 U$ für eine Laufzeit von 20 Jahren und einem Zinssatz von 5,5%. Das Ziel war Maschinen und landwirtschaftliche Geräte zu 80% für die landwirtschaftliche Produktion und 20% für die Industrie zu erwerben. Im Laufe der darauffolgenden Jahrzehnte zeichneten sich die Erfolge dieser Investitionen ab.

---

[1] Hack, H.. Die Kolonisation der Mennoniten im paraguayischen Chaco. Königliches Tropeninstitut, Amsterdam, 1961, S. 107.

Es wurde Land gerodet, Weiden angepflanzt, Fleisch- und Milchproduktion gefördert, Molkereien gebaut, Viehzucht verbessert und landwirtschaftliche Produktion mechanisiert. Die Kooperativen begannen ab den siebziger Jahren auch immer mehr Kredite auf lokaler Ebene an ihre Mitglieder zu vermitteln. Sehr positiv wirkte sich auf die wirtschaftliche Entwicklung der Mennoniten im Chaco die Fertigstellung der „Ruta Transchaco" 1961 aus. 1988 war die direkte Verbindung der Kolonien bis zur Landeshauptstadt asphaltiert.

Während dieser Zeit gründeten mennonitische Geschäftsleute in den USA die Organisation Meda.[1] In diesem Zeitrahmen wurden von Meda in Paraguay 15 Projekte mit einer gesamten Investition von 300.000 U$ durchgeführt. Einige Projekte waren erfolgreich, andere schlugen nach kurzer Zeit fehl. Das Ziel dieser Initiative war, den Lebensstandard der Mennoniten in den Kolonien zu heben. Später wurde dieser Gedanke auch auf die Landesbevölkerung ausgeweitet.

Die Stabilisierung des wirtschaftlichen Fortschrittes der Mennoniten in Paraguay in den siebziger und achtziger Jahren hängt auch sehr stark mit der Stabilisierung der Wirtschaft Paraguays in diesen Jahrzehnten zusammen. In der Analyse muss hinzugenommen werden, dass die mennonitischen Kolonien auch in administrativer Hinsicht besser organisiert waren, sich das Ausbildungsniveau und der Gesundheitsdienst sehr verbesserte und ein landwirtschaftlicher Beratungsdienst aufgebaut wurde, der einen positiven und effizienten Einfluss auf das wirtschaftliche Wachstum hatte.[2]

c. Zusammenarbeit der mennonitischen Kolonien in Paraguay

Die Verwaltungen der mennonitischen Kolonien in Paraguay konzentrierten sich seit ihrer Gründung primordial darauf, die eigene Gemeinschaft zu organisieren, zu verwalten und den wirtschaftlichen, sozialen und kulturellen Fortschritt zu fördern. Besonders auch das MCC hat sich

---

[1] Meda steht für "Mennonite Economic Development Associates"

[2] KLAssen, Peter P.. Die Mennoniten in Paraguay, Band I. Asunción, 1. Auflage, Impr. Modelo, 2001, S 175 - 186.

seit den vierziger Jahren um eine Zusammenarbeit der mennonitischen Kolonien in Paraguay im wirtschaftlichen Bereich bemüht. Einmal war es z. B. bei der Einwanderung der Flüchtlingsgruppen 1947 aus Deutschland und auch 1949 mit dem Vorschlag eine Import- und Exportfirma unter dem Namen „S.A. Comercial La Concordia" mit allen mennonitischen Kolonien zu gründen. Die Initiativen einer effizienten Kooperation der mennonitischen Kolonien blieben während den ersten Jahrzehnten ohne Erfolg. Die Vertreter der Kolonien für die Versuche der Zusammenarbeit waren immer die Oberschulzen. Der erste offizielle Zusammenschluss ergab sich 1957 durch die Organisation des „1 Millionen Dollar Kredits" und man gründete für diesen Zweck das „Comité Económico Mennonita" mit einem Büro im Mennonitenheim in Asunción, dass vom MCC aufgebaut worden war. Etwas später wurde durch den Oberschulzenrat das „Comité Social Económico Mennonita" gegründet, wobei es besonders um die Beschaffung von finanziellen Mitteln aus Deutschland für die wirtschaftliche und soziale Entwicklung der fünf in diesem Zusammenschluss bestehenden Kolonien ging. In Europa und hauptsächlich Deutschland wurden ab den sechziger Jahren finanzielle Mittel bei der „Evangelischen Zentralstelle für Entwicklungshilfe" (EZE), beim „Bundesministerium für wirtschaftliche Zusammenarbeit" (BMZ), bei „Brot für die Welt" und bei „Bijzondere Nooden" beantragt. Die finanziellen Mittel sollten in Projekte zum Ausbau der Wirtschaft und soziale Einrichtungen wie Krankenhäuser, Altenheimen und Schulen eingesetzt werden. Vorgesehen waren auch Projekte für Indianersiedlungen und Siedlungen von Paraguayern im Umfeld der Kolonien. Von der EZE wurden 3.000.000 DM bewilligt, die einen sehr positiven Effekt für die soziale Entwicklung in den Kolonien und besonders auch für das „Weizenprojekt" in den Kolonien Volendam und Friesland hatte.

Die Volumen der Projektanträge der Kolonien und Erwartungen der Geldgeber bezüglich Zusammenarbeit und Eigenleistung brachten erhebliche Spannungen mit sich. Projektanträge für Hühnerzucht von 1.000.000 DM, Bau eines Schlachthofes von 1.880.000 DM und etwas später ein Viehhaltungsprojekt für 2.200.000 DM für die Kolonien im Chaco wurden für die Kolonieverwaltungen unübersichtlich und unrealistisch. Nach zusätzlichen Begutachtungen von Seiten des Geldgebers verliefen die Projekte langsam im Sand. Die Gründe dafür waren wohl größtenteils das Autonomiebestreben der einzelnen Kolonien, die fehlende finanzielle Eigenleistung von Seiten der Kolonien und das unrealistische Bestreben eines schnellen Wirtschaftswachstums.

Der Oberschulzenrat arbeitete seit 1971 rechtmäßig als „Asociacion de las Colonias Mennonitas del Paraguay" mit dem Exekutivorgan „Comité Social Económico Mennonita" (CSEM) zusammen. Eine sehr effiziente Zusammenarbeit hat sich auch im Bildungs- und Sozialwesen ergeben. In gemeinsamer Form wird der „Servicio Mennonita de Salud Mental" (SMSM), das Mennonitenheim in Asunción, Radio ZP-30 im Chaco, das Schülerheim in Asunción und die „Allgemeine Schulbehörde" geführt.[1] Vom CSEM wurde auch der Kredit vom „Banco Interamericano de Desarrollo" (BID) für die drei Chacokolonien in den achtziger Jahren über Banco Nacional de Fomento organisiert. Dadurch wurde die Fleisch- und Milchproduktion stark gefördert. Besonders auch die Modernisierung der Industrie hat sich durch diese Kredite ergeben.

Im wirtschaftlichen Bereich hat sich keine einschlägige Zusammenarbeit aller mennonitischen Kolonien ergeben. Es gab eine effiziente Zusammenarbeit in der landwirtschaftlichen Beratungsarbeit der Kolonien im Chaco und es gibt eine Zusammenarbeit einiger Kolonien in einigen Bereichen. Einige Beispiele wären die Zusammenarbeit der Kolonien Neuland mit Fernheim und Menno mit Friesland in der Produktion von Milchprodukten, die gemeinsame Lederverarbeitungsanlage der Kolonien aus dem Chaco, Zusammenarbeit der Kolonien Neuland und Friesland in der Fleischverarbeitung usw. Auch durch den Zusammenschluss der mennonitischen Kooperativen mit anderen Produktionskooperativen in Paraguay in FECOPROD gibt es gemeinsame Initiativen wie z. B. eine Produktionsbank, Export von landwirtschaftlichen Produkten, Import von Düngemitteln, Vertrieb von Brennstoff usw.

Das Autonomiebestreben der einzelnen mennonitischen Kolonien ist immer noch sehr stark. Jede Kolonieverwaltung ist danach bestrebt, das

---

[1] KLASSEN, Peter P.. Die Mennoniten in Paraguay, Band I. Asunción, 1. Auflage, Impr. Modelo, 2001, S. 186 - 193.

wirtschaftliche Wachstum der Mitglieder zu fördern und die eigene Gemeinschaft zu stärken, um dadurch auch im Bildungs- und Sozialwesen weiter zu wachsen. Politisches Machtstreben in den eigenen Kreisen und im Verhältnis zu den anderen Kolonien von Seiten der Kolonieverwaltungen und die eventuelle fehlende Übersicht der finanziellen Effizienz bei der Zusammenarbeit in der landwirtschaftlichen Produktion, Industrialisierung und Vermarktung verhindern die Kooperation der Kolonien in der Wirtschaft.

d. Wirtschaft der Mennoniten in den letzten Jahrzehnten

Die Mennonitenkolonien in Paraguay haben während den letzten Jahrzehnten ein starkes wirtschaftliches Wachstum verzeichnet. Das durchschnittliche Bruttosozialprodukt in den Kolonien liegt etwa um das Fünffache über den durchschnittlichen Wert des Landes. Die Wirtschaft der Kolonien im Chaco konzentriert sich während den letzten Jahrzehnten hauptsächlich auf die Produktion von Fleisch. Die Kolonien Menno, Fernheim und Neuland haben jeweils einen eigenen Schlachthof errichtet und verarbeiten das von den Mitgliedern und weiteres in Paraguay produziertes Fleisch. Die finanziellen Einnahmen der mennonitischen landwirtschaftlichen Produzenten im zentralen Chaco kommen mindestens 80% aus der Fleischproduktion und der Rest aus der Milch- und Agrarproduktion. Ausnahme ist die Situation in der Kolonie Menno, wo etwa ein Drittel der Gesamteinnahmen aus der Milchproduktion kommt. Die Mennonitenkolonien aus Ostparaguay erwirtschaften ihre Einnahmen prinzipiell zu 50% aus der Agrarproduktion, 40% aus der Fleischproduktion und 10% durch Milchproduktion. Die gesamten Umsätze der mennonitischen Kooperativen sind bemerkenswert, so z. B. waren es bei der Kooperative „Chortitzer Komitee" der Kolonie Menno im Jahr 2013 etwa 615.000.000 U$, der Kolonie Neuland 170.000.000 U$ und der Kolonie Friesland 45.000.000 U$. Der gesamte Umsatz wird mit einer relativ geringen Gewinnspanne geführt, da durch die Grundsätze der Kooperative der Gewinn in direkter Form den Mitgliedern zugutekommt.

Die privaten Firmen in den mennonitischen Kolonien haben sich während den letzten Jahrzehnten auch stark entwickelt. Es entstanden eine größere Anzahl von Konsumläden, handwerkliche Betriebe, Restaurants, Hotels usw., die Teil der wirtschaftlichen Entwicklung der Kolonien sind.

Die in Asunción ansässigen Mennoniten sind in den Betrieben der Kooperativen, in eigenen Firmen oder als Angestellte von mennonitischen und paraguayischen Firmen tätig. Im Laufe der letzten Jahrzehnte haben die Mennoniten auch in der Landeshauptstadt starke Firmen aufgebaut. So hatten z. B. die Firmen mennonitischer Eigentümer wie Chacomer im Jahr 2013 einen totalen Umsatz von 190.000.000 U$, Inverfin 120.000.000 U$ und Record Electric 40.000.000 U$.[1] Die mennonitischen Geschäftsmänner in Asunción streben keine offizielle Zusammenarbeit an und treffen sich höchstens auf Gemeindeebene.

3. Parallelen in der wirtschaftlichen Zusammenarbeit der Mennoniten in Russland und Paraguay

a. Entwicklung des Wirtschaftswachstums

Die erste in Russland gegründete mennonitische Kolonie Chortitza brauchte eine längere Anlaufzeit bis eine wirtschaftliche Stabilität erreicht wurde. Der Grund dafür waren anfänglich die fehlenden Führungskräfte im administrativen, sozialen und geistlichen Bereich. Bei der Gründung der zweiten Kolonie der Mennoniten in Russland, Molotschna, gelang der wirtschaftliche Aufschwung im Vergleich zur Kolonie Chortitza viel schneller. Die ersten in Paraguay gegründeten Kolonien Menno und Fernheim hatten starke geistliche und administrative Leiter. In Russland sowie auch in Paraguay suchten die Mennoniten aus einer Notsituation heraus ein neues Heimatland. Diese Notsituationen im jeweiligen Ursprungsland erlaubten keinen Rückzieher und brachten zwangsmäßig ein Überleben in der neuen Heimat mit sich. In Russland

---

[1] Die Information ist im Internet in der Webseite von der „Bolsa de Valores de Paraguay S.A." zugänglich.

sowie auch in Paraguay haben die ersten mennonitischen Kolonien einige Jahrzehnte unter relativ ärmlichen Verhältnissen gelebt. Es ergab sich in beiden Fällen während den ersten Jahrzehnten einfach nicht ein durchschlagender wirtschaftlicher Aufschwung.

Doch schnell erkannten die Leiter, dass die Bildung eines der wichtigsten Voraussetzungen für ein wirtschaftliches, soziales und geistliches Wachstum ist. Unter allen Umständen war man danach bestrebt, den Kindern eine Grundausbildung zu verschaffen. Um den Wert der höheren und Berufsausbildung zu erkennen, brauchte man in Russland sowie auch in Paraguay wieder einige Jahrzehnte. Dass die Grund-, Berufs- und höhere Ausbildung unweigerlich zum Wirtschaftswachstum gehören, hatten die Mennoniten Ende 19. Jahrhunderts in Russland sowie auch heute in Paraguay ganz klar. In Paraguay kommt für die Mennoniten der erschwerende Umstand dazu, dass die allgemeine Grund-, Berufs- und höhere Ausbildung prinzipiell ein niedriges Niveau hat. Daher haben die Mennoniten in Paraguay die große Herausforderung, dem Bildungswesen ein höheres Niveau im Vergleich zum Landesniveau zu verschaffen.

In Russland sowie auch in Paraguay haben die Mennoniten sehr schnell mit der Verarbeitung und Industrialisierung ihrer eigenen landwirtschaftlichen Produktion begonnen. Von einfachen Verarbeitungsanlagen wurden im Laufe der Jahrzehnte hochmoderne Industrieanlagen. Die praktische Veranlagung der Mennoniten insgesamt hat in diesem Zusammenhang wahrscheinlich das ihrige dazu getan. Der Kern der mennonitischen Siedlungen hat sich im Laufe der Geschichte nicht so intensiv auf kommerzielle Aktivitäten, sondern auf Produktion und Industrialisierung konzentriert. Diese Tatsache verschaffte eine nachhaltige wirtschaftliche Grundlage für die mennonitischen Siedlungen. Andererseits kann man feststellen, dass die Veränderungen der Marktsituationen eine Anpassung der landwirtschaftlichen Produktion und Modernisierung der Industrie mit sich brachte. So hatten die Mennoniten in Russland die modernsten Mühlen, um das qualitativ beste Mehl zu produzieren und die Mennoniten in Paraguay haben hoch moderne Fleisch- und Lederindustrien. Es gibt keine Möglichkeiten, sich nicht der rasch ändernden Welt anzupassen, wobei man nicht automatisch in der modernen Marktwirtschaft verstrickt ist. Wenn der schaft verstrickt ist. Wenn der Markt bestimmte Produkte und Produktformen verlangt, müssen diese in der gewünschten Form produziert werden. Moralische Belange können dann leicht in den Hintergrund gelangen.

Einen gravierenden Unterschied gibt es in der Wirtschaftsform der Mennoniten in Russland und Paraguay. Während der rund 150 Jahre mennonitischen Geschichte in Russland hat sich das Genossenschaftswesen in nicht so stark ausgeprägter Form gezeigt wie in Paraguay. Es hat in Russland keine Kooperativen mit so starkem Einfluss wie in Paraguay gegeben. In Paraguay gab es besonders auf Druck des MCC schon kurz nach Gründung der Kolonie Fernheim eine Kooperative. Die Kooperative war für alle wirtschaftliche und administrative Belange der Gemeinschaft verantwortlich und Grundlage für die wirtschaftliche Entwicklung und Stabilisierung. Bis zum Ende des vorigen Jahrhunderts haben die Kooperativen in den mennonitischen Gemeinschaften den Rahmen dafür geschaffen, dass sich die Schere zwischen Reich und Arm nicht sehr geöffnet hat. Heute verändern sich diese Umstände. Trotzdem bleibt die Kooperative für die Reichen, die in den mennonitischen Kolonien wohnen, ein wirksames Werkzeug, um ihre Reichtümer weiter auszubauen.

b. Einfluss der Wirtschaft auf die Gemeinschaft und Gemeinden

Wie in vielen anderen Kulturen steht auch bei den Mennoniten die Wirtschaft in einem dynamischen Verhältnis mit dem Bildungs- und Sozialwesen und dem Glauben. Der stärkste Motor für die Auswanderung der Mennoniten von Preußen nach Russland war die Landnot in Preußen. Für die ersten mennonitischen Einwanderer in Paraguay aus Kanada war das Verlangen nach einer Absonderung von der Welt die Triebfeder. Die zweite und dritte große mennonitische Einwanderergruppe in Paraguay wurde in Europa auf Grund des zweiten Weltkrieges nach Paraguay abgeschoben. Lieber wäre man nach Nordamerika ausgewandert. In Russland sowie auch in Paraguay bestimmten während den ersten Jahrzehnten nach der Ansiedlung die geistlichen Führer das Geschick der Gemeinschaften. Die administrativen, zivilen und wirtschaftlichen Belange wurden zwar von Oberschulzen oder „Administrators" durchgeführt, aber über die richtungsgebenden Entscheidungen standen die geistlichen Führer. In Russland änderte sich diese Situation durch die Reformbewegungen von Johann Cornies. Während dieser Zeit ging z. B. die Leitung des Schulwesens offiziell von den Gemeinden zum „Landwirtschaftsverein" über. In den ersten mennonitischen Kolonien haben die Gemeinden während den ersten Jahrzehnten maßgebend über das Geschick der Schulen entschieden. Danach ging die Leitung des Bildungswesens in den Entscheidungsbereich der Kooperativen, bzw. der Zivilen Vereinigung über, die aber finanziell auch größtenteils von der Kooperative abhängig sind und in unipersoneller Form vom Präsidenten der Kooperative verwaltet wird. Während den ersten Jahrzehnten der Kolonien in Russland und Paraguay waren alle Mitglieder gleich reich und arm. Es gab nur wenig soziale Unterschiede. Man unterschied sich höchstens im Frömmigkeitsgrad. Doch diese Situation änderte sich in beiden Fällen nach 60 – 80 Jahren nach der ersten Ankunft mennonitischer Siedler. Die Schere zwischen arm und reich öffnet sich bei den mennonitischen Kolonien in Paraguay während den letzten zwei Jahrzehnten immer weiter. In Russland konnte man diese Umstände in derselben Form nach der wirtschaftlichen Stabilisierung der Mennoniten beobachten. In diesem Zusammenhang kann man von einer natürlichen Folge des wirtschaftlichen Erfolges einer Gemeinschaft sprechen. Tatsache ist, dass bei den Mennoniten in Russland wie auch in Paraguay das Wort und der Druck eines Reichen schwerer ins Gewicht fällt, als die Bitte und Meinung eines Armen. Die Schwerkraft eines Reichen wirkt sich bei den Entscheidungen in der Kooperative sowie auch in den Gemeinden sehr effizient und richtungsweisend aus.

Es gibt in diesem Zusammenhang in der Tat eine große Herausforderung. In der landwirtschaftlichen Produktion, in der Industrie und Vermarktung müssen sich die Mennoniten neuester Technologie und Maßstäben der modernen Marktwirtschaft anpassen. Diese ständige Anpassung an die neuesten Entwicklungen und Anforderungen der modernen Welt schaffen eine bestimmte Mentalität und Haltung, wo man auf ständige Erneuerung und Offenheit getrimmt ist. Die Haltung der Gemeinden charakterisiert sich mehr durch Tradition und weniger Offenheit für Diskussionen um aktuelle Thematiken. In der Wirtschaft werden fast alle Erneuerungen mitgemacht, in den Gemeinden werden sie prinzipiell nicht andiskutiert. Dann ergibt es sich leicht, dass Führungskräfte der Wirtschaft auch in den Gemeinden ein wirksames Wort mitreden können.

Nachdem die Mennoniten in Russland und auch in Paraguay eine wirtschaftliche Stabilität erreicht hatten, ergab sich durch den Reichtum der soziale Status der einzelnen Familien. In Russland z. B. hatten die „Landlosen" den niedrigsten sozialen Status und kein Stimmrecht. Normalerweise stand mehr Reichtum im gleichen Verhältnis mit höherem sozialem Status. In Paraguay kann man ähnliche Umstände beobachten. Mehr Geld auf den Kontos, große Ländereien, größere Häuser, bessere Autos, exotische Reisen usw. tragen bestimmt mehr zu einem höheren Sozialstatus bei als ein Lehrer- oder Predigerberuf.

c. Herausforderungen der wirtschaftlichen Entwicklung

Die Stabilisierung der Wirtschaft der Mennoniten in Russland und Paraguay brachte auch einige große Herausforderungen mit sich. Eine der großen Thematiken war der Umgang mit Land. Mennoniten und Landbesitz in Russland und Paraguay stehen in einem engen Verhältnis. In Russland haben sich bei den Mennoniten große Spannungen durch den „Landstreit" ergeben. Es gab Risse in der Gemeinschaft und Familien. Nach vielen Lösungsanstrengungen und Gründung von Tochterkolonien konnte die Problematik nach Jahrzehnten gelöst werden. In Paraguay hat es bei den Mennoniten im Chaco noch keine großen Spannungen durch Landnot gegeben. In den Kolonien Sommerfeld, Bergthal, Rio Verde usw. wird sich die Landnot während den nächsten Jahren noch stark bemerkbar machen. Bei den Mennoniten im Chaco entwickelt sich die Landthematik in eine andere Richtung. Wenn bei den Mennoniten in Russland das Land prinzipiell gekauft und für die landwirtschaftliche Produktion genutzt wurde, haben einige Mennoniten das Land im Chaco für Spekulationen entdeckt. Man verdient in der heutigen Zeit im paraguayischen Chaco mit der Landspekulation viel mehr Geld, als mit der jeweiligen landwirtschaftlichen Produktion. Große Landflächen werden gekauft, abgegrenzt und mit großen Gewinnen weiterverkauft. Natürlich werden auch im großen Stil Landflächen gerodet und Fleischproduktion organisiert. Ob sich diese Entwicklung der Mennoniten im Chaco mit dem Umgang von Land langfristig für die gesamte wirtschaftliche Entwicklung als nachhaltig auswirken wird, bleibt abzuwarten.

Eine weitere große Herausforderung der wirtschaftlichen Stabilität der Mennoniten in Russland und Paraguay war der Umgang mit Konflikten. Not hält eine Gruppe zusammen, Reichtum stärkt oft den Egoismus und andere weniger positive Werte einer Gemeinschaft. In Russland haben die Armen Hilfe von der russischen Regierung geholt, um sich beim „Landstreit" gegen die reichen Landeigentümer langfristig mit Erfolg zu wehren. Der russische Staat verhalf den Armen zu ihrem Recht. Auch in Paraguay hat man in jüngster Zeit einige Beispiele, wo Mitglieder der mennonitischen Gemeinschaften eine Hilfestellung von Seiten des paraguayischen Staates oder Rechtsorgane beantragten, um angebliche Missstände innerhalb der Gemeinschaften zu regeln. Mit den wachsenden Steueranforderungen des paraguayischen Staates wird das interne Abgabensystem der mennonitischen Gemeinschaften in Paraguay für viele Familien des mittleren und niedrigen sozialen Niveaus eine immer größer werdende Belastung. Das interne Abgabensystem der Kolonien in Paraguay fällt heute zu Gunsten der Reichen aus, da sie verhältnismäßig weniger Abgaben zahlen müssen als die armen und mittleren Produzenten. Der nachsichtige und ausgeglichene Umgang mit Konflikten innerhalb der mennonitischen Kolonien von Seiten der administrativen Verwaltungen und der Gemeinden wird zukünftig eine große Herausforderung sein. Ein juristischer Kampf unter Mitmischung der paraguayischen Regierung zwischen Mitgliedern der Kolonien und ihren Verwaltungen z. B. um Landtitel oder andere heikle Themen wäre für beide Seiten lähmend.

Die wirtschaftliche Entwicklung der Mennoniten in Russland und Paraguay und ihr Verhältnis zur umliegenden Landesbevölkerung ist eine dritte große Herausforderung. In beiden Situationen stuften die Mennoniten die Landesbevölkerung kulturell nicht höher als ihr eigenes Kulturniveau ein. In den meisten Fällen war das Gegenteil der Fall. In beiden Fällen haben sich die Mennoniten in ihrem Umfeld wirtschaftlich schneller etabliert und konnten die Landesbevölkerung als Hilfskräfte für die eigene wirtschaftliche Entwicklung arrangieren. Man hat wohl in Russland, sowie auch in Paraguay eine große Verantwortung für die Entwicklung der umliegenden Landesbevölkerung wahrgenommen. Es war aber in vielen Fällen mehr ein Wahrnehmen, um die Landesbevölkerung zu missionieren und die Differenz der wirtschaftlichen Entwicklung nicht zu groß werden zu lassen. In wenigen Fällen hat man mit Personen aus der Landesbevölkerung gemeinsam Firmen gegründet oder landwirtschaftliche Betriebe geführt. Trotzdem haben die Mennoniten viele finanzielle Ressourcen in die Umgebung für die Landesbevölkerung durch Arbeitsaufträge und sonstige Aktivitäten fließen lassen. Der ausgeglichene Umgang mit der Landesbevölkerung wird für die Mennoniten zukünftig eine inhaltsreiche Herausforderung bleiben.

4. Resümee

In der Auseinandersetzung mit der „Entwicklung wirtschaftlicher Kooperation im Kontext des mennonitischen Siedlungsunternehmens" haben sich einige interessante Diskussionsthematiken ergeben. In diesem Beitrag sollte es notgedrungener Weise nicht nur darum gehen, die wirtschaftlichen Erfolge der Mennoniten hervorzuheben und die schon bestehende Siegermentalität weiter zu pflegen. Es geht darum, das Thema Tradition und Erneuerungen im Wirtschaftsbereich der Mennoniten zu analysieren. In der Tat haben die Mennoniten in der wirtschaftlichen Entwicklung bei der Ansiedlung und beim Wachstum der Kolonien Unvorstellbares und überaus Beträchtliches geleistet. Werte wie Arbeitswille, Ehrlichkeit, Verantwortung, Treue, Beständigkeit, Pünktlichkeit usw. gegründet auf einem christlichen Glauben schufen das Fundament, um das Fortbestehen und Wachsen der Kolonien abzusichern. Viele andere Ansiedlungsprojekte in Russland und Paraguay sind angefangen worden und gescheitert. Die Führungskräfte der mennonitischen Kolonien im administrativen, zivilen und geistlichen Bereich haben Unermessliches geleistet, um das integrale Wachsen in den Kolonien zu fördern. Nachhaltige Erfolge zeichnen sich in der Verwaltungsarbeit, im Bildungswesen, in der Industrie und im Genossenschaftswesen der Kolonien in Paraguay ab. Die Kooperativen der Mennoniten in Paraguay haben im Produktionssektor einen vorbildlichen Charakter.

Aber dieses wirtschaftliche Wachstum und der damit zusammenhängende wachsende Reichtum einer kleinen Gruppe innerhalb der mennonitischen Gemeinschaften, bringen neue Umstände mit sich. Natürlich ist das Formen einer neuen reichen Gesellschaftsschicht nichts Neues unter der Sonne. Auch nicht bei den Mennoniten. Aber es ist seit den letzten zwei Jahrzehnten bei den Mennoniten in Paraguay eine relativ neue Erscheinung. Auch mit dem Druck der Führungskräfte aus der Wirtschaftswelt in der Gemeinschaft und den Gemeinden wird man lernen umzugehen.

Genauso bewusst werden die Mennoniten in Paraguay im Zusammenhang mit der wirtschaftlichen Entwicklung auch mit den Herausforderungen des Umgangs mit dem Landkauf, mit internen Konflikten und der umliegenden Landesbevölkerung umgehen müssen. Dinge anzureden, Thematiken zu analysieren und Vorschläge zu erarbeiten kann interessant und hilfreich sein, aber oft bewertet die Geschichte letztendlich die konkreten Ereignisse und Resultate.

Bibliografie

1. Asociación de Colonias Mennonitas del Paraguay. Las Colonias Mennonitas del Chaco: su fundación, organización y funcionamiento. Folleto Informativo.

2. Epp, George K.. Geschichte der Mennoniten in Russland. Band III. Neues Leben in der Gemeinschaft „Das Commonwealth der Mennoniten". 1871 – 1914. Logos Verlag, 2003, 304 pp.

3. Friesen, Martin W.. Kanadische Mennoniten bezwingen eine Wildnis. 50 Jahre Kolonie Menno – erste mennonitische Ansiedlung in Südamerika. 1977, 173 Seiten.

4. Gemeinsam Unterwegs. 75 Jahre Kolonie Friesland. Herausgegeben im Auftrag der Verwaltung der Kolonie Friesland – Beate Penner. Asunción, 2012, 296 Seiten.

5. Goertz, Hans-Jürgen. Mennonitisches Lexikon. Begriff: Kapitalismus. Mennonitischer Geschichtsverein. Internet.

6. Hack, H.. Die Kolonisation der Mennoniten im paraguayischen Chaco. Königliches Tropeninstitut, Amsterdam, 1961, S.232.

7. Hildebrandt, Gerhard und Julia. 200 Jahre Mennoniten in Russland. Aufsätze zur ihrer Geschichte und Kultur. Verlag des Mennonitischen Geschichtsvereins e.V.. 2000.

8. Kolonie Fernheim. 50 Jahre Kolonie Fernheim. Ein Beitrag in der Entwicklung Paraguays. 1980, 318 S.

9. Lexikon der Mennoniten in Paraguay. Herausgegeben vom Verein für Geschichte und Kultur in Paraguay. Asunción, 2009, 473 Seiten.

10. Lichti, Diether Götz. Die Mennoniten in Geschichte und Gegenwart. Von der Täuferbewegung zur weltweiten Freikirche. Agape Verlag. 2004, S. 135 – 143.

11. Mennonitisches Lexikon. Band IV, Druck und Verlag von Heinrich Schneider, Karlsruhe, 1967. S. 504 – 520.

12. Klassen, Peter P.. Die Mennoniten in Paraguay, Band I. Asunción, 1. Auflage, Impr. Modelo, 2001, 383 pp.

13. Klassen, Peter P.. Die Mennoniten in Paraguay, Band II. Asunción, Impr. Zamphirópolos, 1988, 376 pp.

14. Quiring, Dr. Walter. Deutsche erschließen den Chaco. Verlagsdruckerei Heinrich Schneider. Karlsruhe, 1936. 207 pp.

15. Ratzlaff, Gerhard. Auf den Spuren der Väter. Eine Jubiläumsschrift der Kolonie Friesland in Ostparaguay 1937 – 1987. Friesland, 1987, 248 pp.

16. Regehr, Walter. 25 Jahre Kolonie Neuland, Chaco, Paraguay. Neuland, 1972. 152 pp.

17. REGIER, Hans Theodor. Die Mennonitenkolonie Friesland in Ostparaguay. 1993, 20 pp.

18. Sommerfeld 1948 – 2008. Geschichtsbildband zum 60 jährigen Bestehen der Kolonie Sommerfeld. Sommerfeld. 2008. 120 Seiten.

19. Urry, James. Nur Heilige. Mennoniten in Russland, 1789 – 1889. Crossway Publications Inc., Manitoba, 1989, S. 142.

20. Vázquez, Fabricio. Geografía humana del Chaco Paraguayo. Transformaciones territoriales y desarrollo regional. Ediciones ADEPO, Asunción, 2013. 339 pp.

Traditionalismus und Erneuerung als Grundlage der gegenwärtigen Geschichte

Uwe Friesen

Einleitend

Tradition ist ein Wort, das in den deutsch-mennonitischen Kreisen seit Jahrhunderten eine wichtige Stellung einnimmt. Das Wort wird vom lateinischen tradere bzw. traditio abgeleitet und bedeutet damit Übergabe, Auslieferung, Überlieferung; es bezeichnet also eine mündliche (praktische) oder schriftliche Weitergabe von Verhaltens- und Handlungsmustern, Überzeugungen und Meinungen in einer Gruppe von Personen von einer Generation zur nächsten.

In mennonitischen Kreisen wird sie vor allem als Überlieferung des Kulturgutes von einer Generation zur anderen gesehen, also Sitten und Gebräuche, Sprache, Glaube, Schulwesen oder auch Nahrung und Kleidung.

Bevölkerungsgruppen bzw. einzelne Personen, die an traditionellen Bräuchen gebunden sind, meinen, dass man nichts ändern darf, und stützen sich dabei auf Offenbarung 3: *„Halte, was du hast, dass niemand deine Krone nehme."* Dieser Grundsatz wird auf den Glauben und auf andere Lebensbereiche übertragen. Wissen - Bildung - ist Hochmut, kirchliche Rituale und Regeln in Bezug auf die Moral bleiben unverändert.

Althergebrachte Gottesdienstformen und -praktiken sowie Gemeindeformen und Schule werden nach bisher gültigem Muster weiter geführt und bilden die Grundlage des Gemeinschaftslebens. Wichtige Traditions-Güter sind auch die Kleider- und Haartrachten, die Amtstracht der Prediger oder das System der Laienprediger.

In Paraguay oder auch Bolivien werden die Mennoniten als traditionell bezeichnet, die, anstatt Erneuerungen in Gemeinde und Schule durchzuführen, an der altherkömmlichen Lebensweise festhalten. Aus diesem über lange Zeit eingefahrenen System ist es schwierig, als Einzelner auszubrechen, wenn man fest in das Gesamte eingebettet ist. Noch schwieriger scheint es aber zu sein, als ganze Gemeinschaft bzw. Gemeinde aus einer fest tradierten Kultur- und Glaubensgemeinschaft heraus Neues zu schaffen und einen „Neuanfang" zu machen.

Dass es jedoch, sowohl in kleineren Gruppen als auch als ganze Gemeinschaft, möglich ist, beweisen Beispiele aus der Geschichte der Mennoniten. Beispiele, wie Traditionen sich wandeln und wie dadurch der festgestampfte Boden mennonitischer Gemeinschaften zu bröckeln beginnt, sollen das veranschaulichen.

I. Das Ältestenamt

Bevor die Reformen näher beleuchtet werden können, wollen wir einen Blick in das Amt des Ältesten, seinen Ursprung und geschichtliche Bedeutung werfen.

Es ist im Laufe der Mennonitengeschichte zu erkennen, dass die Ordnungen der Gemeinden und auch die Ämter in ihnen einem geschichtlichen Wandel unterworfen sind, d. h., im Wechsel der Generationen verändern sich auch Fragen im Blick auf Leitung und Führung der Gemeinden.

Außerdem spielt auch der *geographische Raum* eine bedeutende Rolle.

Im 1. Timotheus-Brief finden wir Bestimmungen für den Gottesdienst (2,1-15) und für das Bischofs- und Diakonenamt (3,1-13), aber auch Voraussetzungen, sowie Anleitungen für den Umgang der Gemeinde mit Witwen und dem Ältesten (4, 9ff). Paulus redet schon über die Gemeindeordnung und -leitung, jedoch nicht von Ältesten. Es lässt sich aber erkennen, dass die Gemeindeleitung durch das Ältestenamt vom palästinensischen Raum in die griechische Christenheit übergegangen ist.

Nach Timotheus ist das Amt eines Gemeindeleiters ein Lehr- und Hirtenamt. Es hat grundlegend mit dem geistlichen Leben der Gemeinde zu tun, und somit wird ihm eine große Bedeutung zugemessen. Das erkennt man auch an dem Auftrag: „Was ihr gebunden habt auf Erden, das soll im Himmel gebunden sein. Und was ihr gelöst habt auf Erden, das soll im Himmel gelöst sein." Diese Vollmacht wurde an die Apostel vermittelt und von da aus auf die Gemeinden und die Dienenden in denselben.

Weiter ist es wichtig zu beachten, dass eine Gemeinde von den Ältesten nicht nur Erwartungen hat, sie hat auch eine Verpflichtung ihnen gegenüber, wie wir in 1. Timotheus 5, 17-22 sehen. Die Gemeinde soll dem Ältesten oder Ältestenkreis besondere Ehrerbietung bringen. Entscheidend ist dabei die durch die Wahrheit begründete Gerechtigkeit, von der Liebe Christi durchdrungen.

Die Berufung der Ältesten ist auch einem Wandel unterzogen worden, und auch heute noch werden die Leitenden der Gemeinden auf verschiedene Art und Weise in den Dienst gerufen. Geht es dabei grundsätzlich um demokratische Handlungen? Das meinen auf jeden Fall lange nicht alle so. Wichtig ist, dass es von Gott berufene und bestätigte Leute sind, um die Gemeinde nach der Bibel auf einem rechten Kurs zu führen.

Menno Simons wurde nach seiner Bekehrung 1536 Täuferführer und organisierte Gemeinden. Ihm wurde das Amt des Bischofs angetragen, das er nach Zögern übernahm. Nach ihm gab es viele aus und durch die Gemeinden Berufene, die das Ältestenamt geführt haben. Das Verständnis von Gemeindeführung hat sich institutionalisiert, ist jedoch auch immer wieder einem Wandel unterzogen worden. Und auf dem Grund der Traditionen, die sich im Laufe der Mennonitengeschichte festgesetzt haben, sind Gemeindeleitungen neu gestaltet, neu orientiert worden. Das Verständnis von der „richtigen Führung der Gemeinde" geht dabei weit gefächert auseinander.

Ein paar Beispiele zeigen anschließend, wie im Laufe der Geschichte bis in die Gegenwart hinein das Verständnis von Gemeindeführung unterschiedlich interpretiert und angewandt wurde, und wie durch Wandlungen Traditionen gebrochen und Institutionen wie neue Gebäude auf altem Fundament aufgebaut worden sind.

II. Die Reformen der traditionellen Institutionen durch Schulverbesserungen

Um zu verstehen, wie die große traditionelle Mennonitengemeinde von Menno, oder die Chortitzer Mennonitengemeinde, wie sie in den ersten Jahrzehnten genannt wurde, den Wandel vom Ältestensystem zum Gemeindeleitersystem erlebt hat, greifen wir zuerst weiter zurück.

Die Bergthaler Siedlung aus Russland, die in der Nähe von Mariupol lag, wurde aufgrund der drohenden Militarisierung der Mennonitengemeinschaft ab 1873 aufgelöst. In den Jahren 1874 - 1876 zogen die Siedler fast vollständig in drei Gruppen von Russland nach Manitoba, Kanada. Anführer in dieser Auswanderungsangelegenheit war der Älteste Gerhard Wiebe.

Anhand des Beispiels dieser Bergthaler, die in Manitoba in der Ost- und Westreserve ansiedelten, soll gezeigt werden, wie die Gemeindespaltung unter Gleichgesinnten abgelaufen ist, ohne dass besondere Glaubensinhalte verändert wurden bzw. neue hinzukamen.

1. Gemeindespaltungen in Kanada

Die ziemlich schnell nach der Einwanderung in Kanada einsetzenden Spaltungen unter den aus Russland eingewanderten Bergthalern hatten ein paar grundlegende Gründe. Schon in den 1880er Jahren gab es erste Spannungen. Dazu gehörten:

- Die räumliche Trennung: Das geschah zuerst durch die Ansiedlung in der Ost- und Westreserve des Red River. Dadurch entstanden schon bald zwei Gemeinden. Die Ostreserver nannten sich Chortitzer Gemeinde, weil ihr Ältester im Dorf Chortitz wohnte. Auf der Westreserve entstand die Sommerfelder Gemeinde (der Älteste wohnte in Sommerfeld); nach einer Spaltung entstand zusätzlich die Bergthaler Gemeinde. Als in den 1890er Jahren ein Teil der Alt-Bergthaler (weil sie aus dem alten Bergt- hal aus Russland kamen) nach Saskatchewan zogen, entstanden dort die

Sommerfelder und die Bergthaler Gemeinden. Eine Bergthaler Gemeinde ist später dann noch in Alberta entstanden, und eine Sommerfelder Gemeinde in Britisch Kolumbien.

- Der Zuzug von fortschrittlicher gesinnten Mennoniten. Sie siedelten vor allem auf der Westreserve an und ihr Einfluss führte dazu, dass manche sich von Erneuerungen vor allem im Schulwesen motivieren ließen. Die Regierung selbst hat dann die Schulveränderungen auch durch Gesetze gefördert und gefordert.

- Die Absonderung von der Welt, wenn sie beibehalten werden sollte, so wie viele es forderten, verlangte es, den Wanderstab erneut zu ergreifen und weiter südlich zu ziehen. Man sah sich außerdem dazu genötigt, um einer Einbeziehung in die Armee zu entfliehen.

Als die kanadischen Mennoniten ab 1922 nach Mexiko zogen, waren es vor allem die Sommerfelder, die sich dieser Wanderung anschlossen.

Die Paraguaywanderer, die 1926/27 in den Chaco kamen, gehörten zu den Alt-Bergthalern, und es waren sowohl die Chortitzer der Ostreserve (mehr als 70%) als auch die Sommerfelder der Westreserve (knapp 20%) und die Bergthaler aus Saskatchewan (etwa 10%) vertreten.

1948, als die Kolonien Sommerfeld und Bergthal in Caaguazú gegründet wurden, waren wieder die Bergthaler wie auch die Sommerfelder vertreten, sowie auch Chortitzer aus der Ostreserve, die ihre Gemeinde nach der alten Tradition weiterführten, angeleitet von einem Ältesten. Viele davon waren Verwandte der Mennos, die 20 Jahre vorher im Chaco ansiedelten.

In der Kolonie Sommerfeld entstand im Jahre 1994 eine Evangelische-Missions-Gemeinde, die sich von der großen Gemeinde trennte. Vorher schon, im Jahre 1937, hatte sich aber die Sommerfelder Gemeinde auch schon in Kanada getrennt, woraus dann die Rudnerweide Gemeinde EMMC entstand, und 1959 entsprang aus den Sommerfeldern dann noch die Reinländer Gemeinde.

Bezeichnend ist auch, dass die Gemeinden oft nach dem Wohnort des Ältesten ihre Namen ausrichteten (Chortitzer Mennonitengemeinde - Ältester wohnhaft in Chortitz; Sommerfelder Mennonitengemeinde - Ältester wohnhaft in Sommerfeld; Bergthaler Mennonitengemeinde - Bergthal in Saskatchewan; Reinländer Mennoniten Gemeinde - Ältester in Reinland wohnhaft).

Spaltungen der Bergthaler Gemeinde

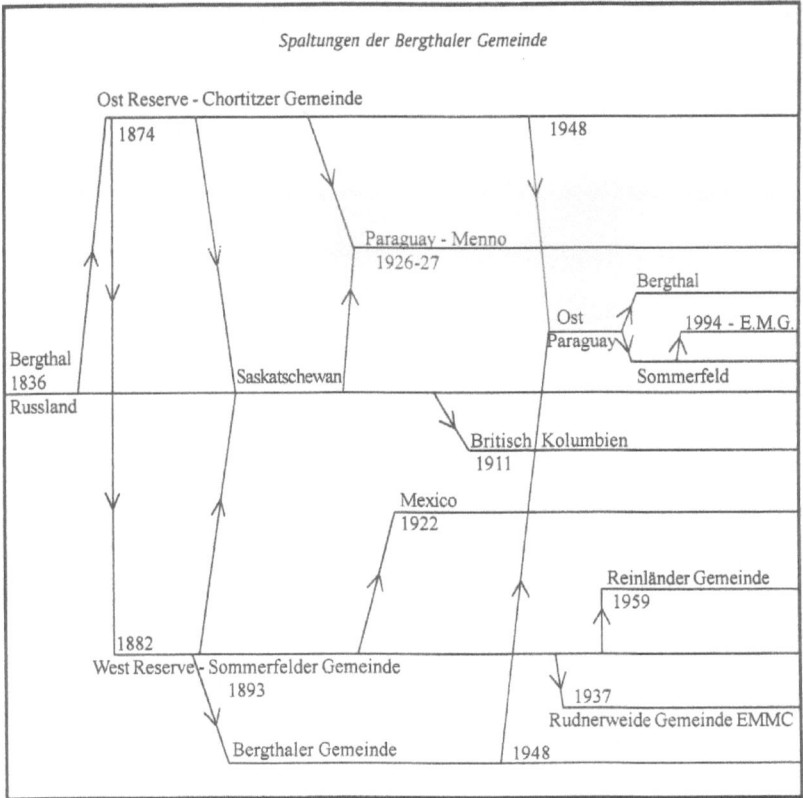

2. Gemeindespannungen in Paraguay

Die Spannungen, die sich in Kanada unter den verschiedenen Gemeinde-Gruppierungen gebildet hatten, wurden teilweise auch mit nach Paraguay gebracht, und sie haben die Entwicklung des Gemeindelebens beeinflusst.

Die Gemeinde als Hüter der Tradition hat sich vor allem darum bemüht, die Schule nach alter Weise wie in Russland zu erhalten, denn man meinte: „Was die Schule wird, das wird auch die Gemeinde." Deshalb floh man immer wieder vor der Welt, ging keine Kompromisse mit der Regierung in Bezug auf Schulreformen bzw. Anpassungen an die jeweiligen Landescurricula ein. Die Schule, in der man das Lesen, Rechnen, Schreiben erlernte und die Grundtexte vor allem christliche Literatur wie der Katechismus, das Neue Testament und die Bibel waren, sollte erhalten bleiben. Lehrer wurden „über den Daumen" eingestellt; man suchte in den eigenen Reihen, oftmals aus demselben Dorf, in dem die Schule war, einen möglichst fähigen Mann, der in die Lehrerrolle schlüpfte. Es war also zum großen Teil von der Kreativität und der Lernbereitschaft des Lehrers abhängig, ob seine Schüler in der Schule auch wirklich etwas lernen konnten. Manche Schüler haben, wie es Heinrich Ratzlaff in einem seiner Schulberichte beschrieben hat, „trotz des Lehrers" noch gelernt. Andere Lehrer bemühten bzw. bemühen sich bis heute in den traditionellen Schulen, sich mit allen Mitteln darauf vorzubereiten und dafür einzusetzen, dass ihre Schüler in der begrenzten Situation, in der sie sich befinden, möglichst viel lernen. Wenn ein Dorf weiter voranschreiten will als andere, sucht man sich gute Lehrer auch in anderen Dörfern, und manche Lehrer fahren auch heute noch viele Kilometer weit, um in einem „bildungsoffenen" Dorf zu unterrichten.

Diese Tatsache betrifft sowohl die aus Kanada eingewanderten Mennoniten mit stark traditionellem Hintergrund, sowie die Eingewanderten aus Mexiko, die denselben Hintergrund haben. Spannungen in der Gemeinde bzw. in einer Siedlung haben bei den unterschiedlichen Siedlungen auch oft einen schulbezogenen Hintergrund, da durch Schulerneuerungen möglicherweise auch Veränderungen in anderen Lebensgebieten geschehen, wie man befürchtet.

In den traditionellen Kolonien Paraguays sind in den vergangenen 15 Jahren viele kleine Gruppen aus den großen „Koloniegemeinden" ausgebrochen und haben, meistens motiviert durch Kontakte von außen bzw. Veränderungen im Schulsystem, eigene Gemeinden gebildet, um auf diese Art und Weise ihr geistliches Leben neu zu gestalten, das ihrer Meinung nach im traditionellen Kontext zu sehr abgeflacht und oberflächlich geworden war.

3. Gemeindeerneuerungen und ihre Auswirkungen auf andere Bereiche des gemeinschaftlichen Zusammenlebens in den Mennonitenkolonien

An Beispielen soll veranschaulicht werden, wie die Schule Traditionen bewahrt, aber auch, wie durch die Schule Umwälzungen geschehen. Diese können zu einem Bruch führen, wenn sie aber weise und langfristig angepeilt werden, verlaufen sie größtenteils friedlich und sind der ganzen betroffenen Gemeinschaft dienlich. Um die oftmals schleppende Veränderung im Gemeindeleben in Menno - und wohl auch an anderen Orten - zu verstehen, soll die Gesinnung der Leute näher betrachtet werden.

Obwohl die Kontrolle in den stark traditionsorientierten Siedlungen bzw. Gemeinden sehr streng durchgeführt wird, so hatten doch schon manche Eltern der Gruppe, die später in Paraguay die Kolonie Menno gründeten, ihre Kinder in Kanada in die Staatsschulen geschickt. Andere Väter dagegen zahlten Strafgelder, und sie wurden sogar ins Gefängnis gesteckt, weil sie ihre Kinder nicht in die Regierungsschulen schickten. Ihre Überzeugung war: *„Was die Schule ist, das wird später die Gemeinde."* In den Staatsschulen gab es keinen Bibelunterricht, es sollten Fahnen gehisst und die Hymne gesungen werden. Also waren sie der festen Überzeugung, dass auch die Gemeinde von ihrem Standpunkt abweichen und verweltlichen würde, wenn die Kinder in diese „weltlichen" Schulen gehen würden.

In Kanada wurde aber schon von einem Prediger darauf hingewiesen: „Wenn wir die Schulen nicht verbessern werden, wird uns die Auswanderung nichts helfen." Keime für die Erneuerungen im Schul- und Gemeindewesen hatte man also mitgebracht. Es dauerte jedoch im Chaco noch fast 30 Jahre, bis zusätzlich zu den traditionellen Gemeindeschulen, in denen die Lehrer jeweils vom Dorf bestimmt wurden, und wo es an Qualität oftmals sehr mangelte, eine „höhere" Schule oder auch dem Bildungsplan nach eine „Bibelschule" in Ebenfeld angefangen und dann in Loma Plata von einer Gruppe Schulförderer gebaut wurde. Diese Schule wurde deshalb auch Vereinsschule genannt, weil ein Verein aus freiwilligen Mitgliedern die Schulverbesserungen durchführte.

Um der „Verweltlichung", der man in Kanada entfloh, in Paraguay keinen Raum zu geben, hatte man auf Initiative der Bergthaler in Saskatchewan einen „21-Punkte-Plan" erstellt, um über die Gemeinderegeln hinaus Bestimmungen zu machen, an die man sich in der neuen Heimat unbedingt halten wollte. Das war schon am 17. Januar 1923. Dazu gehörte, dass nur ein Ältester eingesetzt werden sollte, obwohl Vertreter verschiedener Gemeinden aus Kanada zu den Einwanderern gehörten. Das geschah dann auch so, weil die Sommerfelder keinen Ältesten mitbrachten, der Älteste der Bergthaler, Aaron Zacharias im Siedlerlager Palo Blanco starb, und somit „nur" der Älteste der Chortitzer Gemeinde, Martin C. Friesen, blieb. Manche sahen den Tod von Zacharias als Fingerzeig Gottes, der einen Gemeindestreit dadurch vorgebeugt hatte. Aber nicht alle Bergthaler schlossen sich der großen Chortitzer Mennonitengemeinde an, sondern blieben abseits sitzen.

Ältester Martin C. Friesen war für Erneuerungen - Verbesserungen - in der Gemeinde. Er stand damit aber meistens auf einsamem Posten. Trotzdem gab er nicht auf, sondern versuchte beständig durch Wortbetrachtungen auf Predigerkonferenzen und auch auf Bruderberatungen und in Gottesdiensten durch gut durchdachte Predigten die Gemeinde auf Veränderungen vorzubereiten. Nach und nach kamen einzelne - Prediger wie auch Lehrer - zu ihm, um sich Material für die Verbesserung der Sprache im Unterricht oder in den Predigten zu beschaffen. Von dem ersten Versuch auf einer Predigersitzung 1933 bis zur Eröffnung eines Fortbildungskurses für Erwachsene Jünglinge 1951 verliefen fast 20 Jahre. Viel Geduld, Beratungen mit Unterstützern im nahen Umkreis, in Fernheim vor allem mit Ältesten Jakob Isaak und auch durch Briefverkehr mit Freunden in Kanada brachten den erwünschten Erfolg allmählich ins Rollen.

In den 1940er Jahren bereits, vor Einführung der „höheren Schule", zogen fünf Familien in den Südosten der Kolonie, um einen Gemeinschaftshof aufzubauen und vor allem die Schulbildung zu fördern und dadurch ihren Kindern eine breitere Zukunftsgestaltung zu eröffnen. Mit dabei war auch der Sohn des Ältesten, Martin W. Friesen, der als Lehrer angestellt wurde. Die ungünstigen Verhältnisse am Ort, die große Armut und der Wegzug des Lehrers in ein Dorf, führten dazu, dass sich diese Gemeinschaft nach einigen Jahren auflöste.

Die Belebung der Schularbeit, die Einführung von Lehrerfortbildungen ein paar Mal im Jahr, sowie die Einführung neuer Schulmaterialien bewirkten vieles. Gefördert wurde dann auch noch von einer anderen Seite, wie Abram S. Wiebe in „Gemeindegeschichte der Kolonie Menno", Seite 38, schreibt: „Die wahre Erneuerung oder Neubelebung der Gemeinde fand erst statt, als die Gemeinde mit Evangelisationsversammlungen mit einem Evangelisten von außen arbeitete." Der Älteste schrieb dazu in einem Brief an H. A. Dyck in Saskatchewan im Juni 1955: „Ein A. Neufeld predigt jetzt in Menno, ist gut, (aus Whitewater) ... Wir schlummern ein, weil wir von außen nicht so bedrängt werden wie ihr." Er bezieht sich da auf die Oberflächlichkeit vieler Mennos in Bezug auf das Glaubens- und Gemeindeleben.

Damit war ein Stein der Erneuerungen ins Rollen gebracht worden. Die große Gemeinde in Nordmenno teilte sich ab 1978 zuerst in fünf, dann aber in immer mehr Lokalgemeinden auf, um so das geistliche Leben mehr und intensiver zu fördern. Im Zusammenhang mit dieser Aufteilung fiel auch der Begriff „Ältester" weg, und die leitenden Prediger der Gemeinden wurden seitdem einfach „Gemeindeleiter" genannt. Sie werden von der jeweiligen Lokalgemeinde für einen Termin von drei Jahren gewählt. Gewählt wurden zuerst Kandidaten, und durch ein Los entschied man daraufhin, wer von den Kandidaten den Posten ausfüllen würde. Weitere einschneidende Erneuerungen in den Gemeinden Mennos war auch die Einführung der Sonntagschule, sowie der Beginn einer offiziellen Jugendarbeit in den 1970er Jahren, um Kindern, die bis dahin meistens dem Gottesdienst am Sonntag fernblieben, eine Glaubenserziehung zu bieten, und auch Jugendlichen eine rege Beteiligung am Gemeindeleben zu ermöglichen bzw. darauf vorzubereiten.

Die Gemeinden in Menno haben sich zu zwei Konferenzen zusammengeschlossen, die „Nordmennokonferenz" und die „Südmennokonferenz", aber in internen Angelegenheiten arbeiten sie größtenteils autonom. Sie organisieren Missionsarbeiten, führen eine übergemeindliche Jugendarbeit und unterstützen die Gemeindearbeiterschulung durch die Bibelschule.

Erneuerungen, die langsam vorangingen, waren aber schon vorher geschehen.

In den 50er Jahren begannen in Menno an einigen Stellen Singstunden. Zuerst in Heimen, in denen sich zumeist jugendliche Gruppen dazu versammelten, dann in den Schulen. Oft waren die Dorfschullehrer die Dirigenten. Ab 1960, mit der Durchführung eines großen Sängerfestes in der Kirche von Osterwick, begann der Chorgesang in den Gottesdiensten, unter erheblichem Widerstand. Gleichzeitig wurden Bibelstunden abgehalten und erste Schritte zur Jugendarbeit unternommen.

Neu eingeführt wurde auch, dass jeder ordinierte Prediger das Heilige Abendmahl an die Gemeinde austeilen durfte, und die Taufhandlung vom Ex-Ältesten, dem amtierenden Ältesten, dem Gehilfen sowie dem Missionar vollzogen werden durfte.

Abram S. Wiebe schrieb 2002 in einem Aufsatz über die Gemeindeentwicklung in Menno zu diesen Erneuerungen: *„Bei alledem empfinde ich, dass die Aufteilung einen Mangel aufzuweisen hat: Wir haben nicht einen Lehrer, der danach sieht, dass die Gemeinden von Menno nicht von den biblischen Wahrheiten und Werten abweichen. Durch die vielseitige Aufteilung besteht leichter die Gefahr, dass die bzw. eine Lokalgemeinde von den Wahrheiten und Werten der Bibel abweichen könnten. Gleichzeitig besteht in der Teilung der großen Gemeindegliederzahl Mennos auch ein großer interner Reichtum, der sich segensreich weit über die eigenen Grenzen hinaus bemerkbar machen kann und sollte."*

Diese Veränderungen haben manche innere Spannungen verursacht, aber durch die weise Führung wurde eine Spaltung innerhalb der Kolonie vermieden. Fritz Kliewer, der sein Bedauern in Briefen an Martin W. Friesen ausdrückt, ihn nicht persönlich treffen zu können, stand in regem Briefverkehr mit Friesen [Belege im Geschichtsarchiv der Kolonie Menno] und schrieb 1955 aus Brasilien zu den sich öffnenden Möglichkeiten in der bis dahin in der traditionellen Starrheit verharrenden Kolonie: *„Vor allem freue ich mich, dass Sie so tapfer am Werk sind in der Ju-*

genderziehung... Irgendwie gehören wir doch alle in eine gemeinsame Schicksalgemeinschaft hier in Südamerika (Py, Brasilien, Argt. und Uruguay)... ein starrer Traditionalismus kann zur Gefahr werden, wenn er sich gegen alles Neue und Lebendige verschließt, denn Leben ist immer mit Bewegung und Veränderung verbunden." Aus diesem Traditionalismus war man in Menno ausgebrochen, und das Beschreiten neuer Wege in Bezug auf Verbesserung der Schulen, des Gesangs und der Jugendarbeit war in Bewegung gekommen und dem war nicht mehr Einhalt zu bieten.

3.1. Die Sommerfelder Mennonitengemeinde und die Evangelische Mennoniten Gemeinde

In der Kolonie Sommerfeld in Caaguazú, Ostparaguay, die von Einwanderern aus der Westreserve aus Kanada gegründet worden war, bestand seit der Gründung eine Gemeinde. Nachdem fünf Gemeindearbeiter zurück nach Kanada gezogen waren, bildeten ein Ältester, ein Diakon und drei Prediger den Lehrdienst. Die Gemeinde wurde weiter so geführt, wie man es von Kanada her kannte, und die Versammlung der Gemeinde fand am Sonntagmorgen und an Kirchenfeiertagen statt, um die Glaubenslehre zu verkündigen, junge Leute zur Taufe vorzubereiten, und sie durch die Taufe in die Gemeinde aufzunehmen.

1994 dann ging ein Ruck durch die Kolonie Sommerfeld. Spannungen, die entstanden waren, weil einige Neues haben wollten, andere wiederum dagegen hielten. So gab es eine Teilung in der Sommerfelder Mennonitengemeinde. Die eine Gruppe wollte gerne missionarisch aktiver werden, und gründete deshalb eine neue Gemeinde - die Evangelische Mennoniten Gemeinde. Auch diese Gemeinde wird von einem Ältesten geleitet, so wie die „alte Gemeinde". Mit ihm stehen in der Zusammenarbeit der Vorstand, zu dem Prediger und Diakone gehören, sowie die Leiter des Erziehungs-, Finanz- und Missionskomitees. Diese Gemeinde organisiert auch Gebetsversammlungen, Bibelstunden, Evangelisationsversammlungen, Jugendarbeiten und Hauskreise.

Die Jugendlichen werden von Ehepaaren, die von der Gemeinde bestimmt wurden, betreut, d. h., man organisiert verschiedene Aktivitäten, um ihnen die Heilsbotschaft zu bringen, und es werden Missionsabende durchgeführt, wobei die jungen Leute zum Einsatz kommen.

Die EMG hat zudem 1995 eine eigene Schule gegründet, um den Kindern darin eine christliche Erziehung zu bieten. Dadurch erhalten sie dann auch Anschluss an höhere Schulen. Um das zu erreichen, wurde ein christliches Schulprogramm aufgebaut, und die Umsetzung soll so gestaltet werden, dass sie von den Eltern akzeptiert werden kann. Weiter wurde die Schule dem nationalen Bildungsplan angepasst und konnte somit auch vom Erziehungsministerium anerkannt werden.

In Sommerfeld wurde 1990 eine Schulung für Kinder mit Behinderungen eingeführt. Sehr bald darauf begann man, die behinderten Kinder mit anderen Kindern zusammen in der „normalen Schule" zu unterrichten, um in der gemischten Gruppe das „voneinander Lernen" zu fördern. 1991 baute man eine Sonderschule. *„Seitdem dient diese Schule einem doppelten Ziel: Als Kindergarten für gesunde Kinder und als Sonderschule für Kinder mit Behinderungen. Diese Schule (...) wird vom Predigerrat der Sommerfelder-Gemeinde überwacht."* (Sommerfeld 1948 - 2008: Imprenta Modelo S.A., Asunción, 2008)

Durch die Verbesserung der Schulbildung und der Anerkennung vom staatlichen Erziehungsministerium bereiten sich Jugendliche, die die 12. Klasse abgeschlossen haben, auch in nationalen Hochschulen vor, um nach ihrer Ausbildung in die Fach- und Berufswelt einzusteigen und zum Aufbau der Gemeinde, Gesellschaft und Wirtschaft beizutragen.

Die EMG-Sommerfeld hat im April 2000 das Missions-Hospital Luz y Vida eröffnet. Im Lexikon der Mennoniten, 2009, steht dazu: *„Der Bau selber wurde durch die großzügige Spende eines Gemeindegliedes finanziert ... Es verfügt über Operationssaal, Röntgenabteilung, Labor, Apotheke und Sprechzimmer."* Der größte Teil der Patienten sind die Spanischsprachigen aus der Umgebung. Im Hospital finden auch Projekte statt, wodurch Patienten mit Augenproblemen, Hasenscharte und Klumpfüßen Hilfe bekommen. Um Patienten zu entdecken, werden Gesundheitsförderer ausgeschickt, die sie dann bewegen, zur Behandlung ins Hospital zu kommen. Die Gemeinde trägt den größten Teil der finanziellen Kosten.

Als Teil des Ausbruchs aus der eigenen Tradition ist auch die Missionsarbeit und Nachbarschaftshilfe zu verstehen. Auf dem Land, auf dem die Sommerfelder ansiedelten, wohnten Indianerfamilien. Durch das Wirtschaftswachstum entstanden Schwierigkeiten wegen dem Landbesitz und der Landnutzung. 1981 beschloss der Predigerrat, Land zu kaufen, um den Indianern eigenen Boden zu garantieren. Durch Geldanleihen und in Zusammenarbeit mit der Kolonieverwaltung kaufte man 50 km nördlich von Sommerfeld Land, um Indianerfamilien anzusiedeln. Die Neuansiedlung der Indianerfamilien geschah in Zusammenarbeit mit der Deutschen Indianer Pionier Mission. Später wurde auch südlich von der Kolonie ein Landstück für die Eingeborenen gekauft, auf dem sie siedeln konnten. Für diese wurden daraufhin auch eine Schule und ein Gesundheitsposten gebaut.

Viel Gelegenheit, Hilfe zu leisten, bot sich in der Nachbarsiedlung José Elogio Estigarribia (Campo 9) an. Deshalb hat die Sommerfelder Gemeinde in diesem Ort beim Bau von Wegen, Brücken und Schulen mitgeholfen. 1998 entstand die Kindertagesstätte „El Sendero", wodurch viele Kinder Betreuung fanden.

Im Nachbarort wird seit 2002 auch das Projekt „Vida Sana" geführt, unterstützt von Geschäftsleuten und Großunternehmern, wodurch alten Leuten, die von Kindern oder Verwandten vernachlässigt werden, ein gesunderer Lebensabend ermöglicht werden soll, indem man ihnen eine warme Mahlzeit am Tag vorbereitet. Manche kommen sie selber abholen, vielen wird sie ins Heim gebracht.

Mit dem Vorhaben, den bedürftigen lateinparaguayischen Nachbarn Hilfe zukommen zu lassen, sind die Organisationen FUCOVE und CODEVE gegründet worden. Ziel ist es, Beratung durch regelmäßige Besprechungen anzubieten, um eigene Gärten mit Nahrungsmitteln anzulegen, aber auch, um diese zu verkaufen und somit den Lebensunterhalt selber zu finanzieren.

Diese Beispiele zeigen, dass Gemeindeerneuerungen und -erweckungen sehr oft - um nicht zu sagen immer - weitreichende Folgen auf anderen Gebieten haben. Wenn man vom eigenen Standpunkt etwas mehr Abstand nimmt, oder ihn mit anderen Ideen vermischt, die auch aus der biblisch-christlichen Perspektive entspringen, werden plötzlich Kräfte aktiv, die sonst nur schlummerten und nicht zum Einsatz kamen.

3.2. Bolivien - letzter Rückzugsort traditioneller Mennoniten?

Bolivien hat mit Paraguay zumindest zwei Gemeinsamkeiten. Es ist ein Binnenstaat in Südamerika und es herrscht viel Armut im Land. Um dieser Armut entgegen zu wirken, suchte man u. a. auch Einwanderer europäischer Herkunft. Und als Paraguay 1921 das „Mennonitengesetz" verabschiedete und der Weg zur ungehinderten Einwanderung der Mennoniten somit frei war, hat Bolivien 1930 auch ein Gesetz verfasst, das den Mennoniten die uneingeschränkte Einwanderung ermöglichte.

Ab 1954, als die erste Gruppe deutschstämmiger Mennoniten in Bolivien ansiedelte, gilt dieses Land sozusagen als letztes Rückzugsgebiet für die ganz traditionellen Täufergemeinschaften. Außer Religionsfreiheit und Befreiung vom Militärdienst lockten auch die guten Landpreise und das sehr fruchtbare Ackerbauland, die ein Leben in der gewünschten Abgeschiedenheit möglich machten.

Tradition kann sehr begrenzen, und so geschah es auch in manchen Mennonitenkolonien Boliviens. Da man sich in vielen der Kolonien sehr enge von der Tradition festgeschriebene Regeln gesetzt hatte, die viel mehr als nur das Gemeindeleben betrafen, gab es auch weitere Schwierigkeiten. Man handelte zum Beispiel hauptsächlich mit Roherzeugnissen aus dem Ackerbau, und die Preisschwankungen spielten dabei eine große Rolle. Technischen Erneuerungen wurde Einhalt geboten, sodass man nicht mit anderen Unternehmen Konkurrenz betreiben konnte. Folgen waren: Verschuldungen, soziale und familiäre Schwierigkeiten. Trotzdem wurde von der Gemeindeleitung unter dem Ältestensystem weiter eine sehr scharfe Kontrolle durchgeführt. Man suchte Schuldner bei denen, die auszubrechen versuchten, oder auch bei Außenstehenden, die Versuche unternahmen, durch Missionsbestrebungen und Schulerneuerungen denen zu helfen, die einen Ausbruch wagten. Weiter ist auch die schwierige gesundheitliche Lage zu berücksichtigen, da eigene Krankenhäuser nicht erlaubt sind, und bei der hohen Geburtenrate, trotz vieler Todesfälle im Kindesalter, die Bevölkerung rapide wächst, sodass ein Ausweg immer wieder in der Anlegung neuer Kolonien gesucht wird. Land wird jedoch auch in Bolivien immer schwieriger zu erhalten sein, und der Druck der Regierung, dass die Schulen verbessert werden sollen, nimmt auch zu.

Das schnelle Wachstum hat einerseits bewirkt, dass in Bolivien 2009 mindestens 67 Siedlungen mit deutsch-mennonitischen Kolonisten bestehen, mit einer Bevölkerungszahl von 50.000 Seelen, von denen mehr als 80% zu den stark Konservativen gehören. Weniger als 40% dieser „Volksgruppe Mennoniten" sind getaufte Gemeindeglieder.

Besonders die Möglichkeit, die Glaubensgrundsätze der Mennoniten auf konservative Art und Weise nach eigener Überzeugung auszuleben, hat Bolivien für die Mennoniten attraktiv gemacht, die die Tradition schon als eine Institution sehen bzw. als solche handhaben. Das äußert sich durch verschiedene Merkmale wie die Kleidung (Latzhosen der Männer, weite, dunkle Kleider der Frauen und damit verbunden die Kopfbedeckung mit einem Tuch, Hut oder Haube) Verzicht auf motorisierte Fortbewegungsmittel, es sei denn, sie fahren bei anderen Leuten mit, sowie auch der Verzicht auf Radio, Telefon und elektrische Geräte in der Küche, und die Nutzung von Traktoren mit Stahlrädern für die Feldarbeit.

Die Gemeindearbeit außerhalb dieser traditionellen Gemeinden der Sommerfelder, Reinländer und Bergthaler hat oft stark evangelistischen Charakter. Dadurch will man zur Bekehrung ermutigen und die Personen, die diese Veränderung durchmachen, in eine Gemeinde führen, die ihnen Möglichkeiten des Wachstums durch Gottesdienste, Sonntagschule, Bibelstunden, Kinderarbeit, Singstunden usw. ermöglicht. Trotz dieses Ausbruches aus der traditionellen Gemeindeordnung, bleibt es eine stetige Herausforderung, die „Neuen" auch im Alltag zu begleiten. Somit gibt es die gemäßigten Mennonitengemeinden, die ein ruhiges Gemeindeleben anstreben, bis hin zu stark charismatischen Gruppen, die ein klares geistliches Leben anstreben, aber das Konzept des organisierten Gemeindebaus nicht so klar haben. Die Gefahr besteht, dass dadurch im Glaubensleben und Gemeindekonzept Unsicherheit und Wirrwarr entstehen.

Im Buch von Schartner 2009 wird der Versuch gemacht, diese vielfältige Landschaft von Mennonitengemeinden unter ganz unterschiedlichem Verständnis mit einem Baum zu vergleichen: Aus einem Samenkorn entsteht ein Pflänzchen, das Wurzeln schlägt; daraufhin entstehen Stamm, Äste, Zweige, Blätter, Früchte usw. Auf die Frage: „Sind das alles Mennoniten?" antwortet Schartner: „Ja, es sind alles Mennoniten!!!! - Die Männer mit den dunklen, langen Ärmeln und Latzhosen, die Frauen mit den dunklen Kleidern, Hauben und Hüten, die Männer mit farbigen Hemden und Hosen, die Frauen mit luftigen Kleidern und verschiedenem Haarschnitt, die Leute, die Pferdewagen und Traktoren mit Stahlrädern fahren und die Leute, die ihre Autos und Maschinen mit Gummibereifung steuern, die Leute, die während ihrer Gottesdienste zum Gebet aufstehen, niederknien oder mit geneigtem Haupt dazu sitzen bleiben, Männer mit dunkler Kirchenkleidung oder sauberer heller Kleidung oder mit Krawatte und Anzug und die Frauen mit Kopfbedeckung oder gut geordnetem Haar ohne Kopfbedeckung, es sind alles Mennoniten, wenn sie ihr Leben Jesus Christus übergeben haben, auf ihren Glauben getauft und in eine Mennonitengemeinde aufgenommen wurden." (Schartner, S.207 - 208)

Sicherlich sind diese heute als sehr traditionell angesehenen Mennonitengemeinden vor Jahrhunderten als Wieder-Täufer Glieder einer Gemeinde geworden. Im Zuge der Zeit hat diese Entscheidung sie geformt, und es entstanden durch Befolgung von Lehren aus der Bibel Lebensweisen, die bis heute bestehen. Es ist aber auch so, dass sich durch diese Besonderheit und durch die räumliche Isolation eine Volksgruppe entwikkelt hat, die nicht nur Glauben teilt, sondern auch viele andere Aspekte wie Kleidung, Wohnung, Fortbewegungsmittel und auch Sprache und Kontakte mit anderen Menschen - sprich Nachbarn - als grundlegend empfinden. So wandelt sich eine christliche Weltanschauung und Lebensweise in das Fundament des Lebens, das auf den christlichen Glauben bauen sollte.

III. Schlussfolgerungen

Der Ausbruch aus einer Tradition bedeutet gleichzeitig auch das Loslassen vom Althergebrachten, von fest eingefahrenen Dogmen und Ritualen, oder auch die Verabschiedung vom Hang zur Selbstherrlichkeit, sowie die Vernichtung von mitgebrachten Inhalten. Wenn wir zurückblicken in die Geschichte der Mennoniten, oder uns nur die Beispiele anschauen, die in diesem Aufsatz erwähnt wurden, hat jegliches Rütteln an Traditionswurzeln weitreichende Folgen. Entweder werden althergebrachte Institutionen oder Gewohnheiten losgelassen und sie geraten in Vergessenheit, indem Neues, als besser Eingestuftes diesen Platz einnimmt, oder sie werden noch tiefere Wurzeln schlagen, weil sich Menschen fester an das Krallen, was sie bisher besessen und gelebt haben.

Was ist da wichtiger? Oder: Lässt sich ein Ausgleich zwischen Hinkehr und Abkehr von der Tradition schaffen? Wie kann man Altbewährtes loslassen, ohne daran zugrunde zu gehen, oder wie lässt sich Neues schaffen und annehmen, ohne daran zu scheitern?

Interessant ist es zu sehen, dass die meisten Erneuerungen dadurch in einer mennonitischen Gemeinschaft bestehen konnten, dass sie durch die Schulerneuerungen eingeführt wurden. Oder auch: Weil die Schulen Veränderungen erlebten, Neues erfuhren, neue Wege gingen und Menschen dadurch neue Blicke und neue Horizonte eröffneten, geschahen auch Erneuerungen auf gemeindlichem und wirtschaftlichem Gebiet, mit der Folge, dass sich auch in der Gesellschaft Veränderungen einschlichen oder bewusst eingeführt wurden.

Hat da der kanadische Mennonit recht mit der Aussage: „Was die Schule ist, das wird später die Gemeinde?" Sollte man noch erweitern und hinzufügen: „Was die Schule ist, wird auch die Gesellschaft, die Wirtschaft, die Kultur?" Wie viel Schule ertragen wir dann als Mennoniten, um uns nicht vom Glauben zu entfernen?

Familienbande sind traditionsmäßig sehr stark institutionalisiert gewesen, und vor allem in den geschlossenen mennonitischen Siedlungen wurde / wird sehr viel Wert auf Familie gelegt. Alle Familienmitglieder spielen eine wichtige und festgelegte Rolle. Denn „so war es schon immer". Aber durch die Reduzierung der Kinderanzahl pro Familie, durch die Beweglichkeit im breiten Sinne, durch die moderne Medienwelt, sowie durch die Schulbildung bis hin zur Berufsbildung auf Universitätsebene öffnen sich neue Möglichkeiten für junge Berufstätige, die ihre Wirtschaftsgrundlage nicht nur in den bestehenden Kolonien sehen und suchen, werden auch die Familienwerte in neuer Form auf die Probe gestellt. Man wohnt nicht mehr nur im Dorf bzw. in der Kolonie zusammen, und die Kontakte mit der Außenwelt, die ungehemmt gepflegt werden, bringen neue Perspektiven in die Wirtschaft, in die Gemeinde und auch ins kulturelle Leben. Man lebt längst nicht mehr nur vom Ackerbau wie über ein paar Jahrhunderte. Die Gemeinde stellt sich immer wieder neuen Herausforderungen, um einerseits mithalten zu können mit den Herausforderungen der Zeit und sich trotzdem nicht vom Zeitgeist unterkriegen zu lassen. Und in die echten mennonitischen Kulturgüter „schleichen" sich stetig neue äußere Puzzlestücke ein.

Dadurch ändert sich der Familienalltag und Zeit wird zu einem entscheidenden Faktor. „Zeit haben" füreinander in der Familie und in der Gemeinde, das ist eine Herausforderung, der die „traditionellen" großen Familien entgegentreten, aber auch vor allem die Kleinfamilie, zu der nicht mehr 8 - 12 Kinder gehören, sondern 1 - 3. Wichtig ist in beiden Fällen, darüber nachzudenken, wie wichtig die Tradition in einem vertrauten Umfeld ist, und welche Werte dadurch an die Kinder vermittelt werden können.

Und wenn es um die Wertevermittlung in einem traditionellen Rahmen oder auch in einer Gemeinschaft geht, in der Erneuerungen wichtig sind, spielt auch die Kirche / Gemeinde eine wichtige Rolle. Denn über diese Institution sind seit Jahrhunderten Glaubensinhalte vermittelt worden. Über die Formen dieser Übertragung gibt es ganz gewiss viele sehr unterschiedliche Meinungen und Ansichten. Aber wenn die Traditionen aus vergangenen Zeiten, oder aber Erneuerungen in der Zukunft dazu dienen, dass Menschen dadurch das Lebensziel erreichen und ein Leben in Respekt, Ehrlichkeit, Hilfsbereitschaft und gegenseitiger Annahme führen können, und diese Werte im täuferisch-mennonitischen Glauben verwurzelt sind, dann kann sowohl eine Tradition, wie auch eine Erneuerung dazu beitragen, dass das Leben der unterschiedlichen Mitglieder täuferisch-mennonitischer Gemeinden Ewigkeitssinn hat.

IV. Bibliografie

- Betz, Dr. Ulrich: Das Ältestenamt in der Sicht des 1. Timotheusbriefes, 1974; www.efg-hohenstaufenstr.de/downloads/bibel/aeltestenamt. (15.04.2014)

- Geschichtskomitee der Kolonie Menno: Glaube und Schule unserer Väter, 2007.

- Geschichtsverein (Hrsg.): Lexikon der Mennoniten in Paraguay. Mercurio, Editorial Gráfica S.A., Asunción, 2009.

- Klassen, Peter P.: Die Mennoniten in Paraguay - Reich Gottes und Reich dieser Welt. Imprenta Modelo, Asunción, Paraguay, 1988.

- Ratzlaff, Gerhard: Ein Leib, viele Glieder.

- Schartner, Sieghard und Sylvia: BOLIVIEN Zufluchtsort der konservativen Mennoniten. Editora Litocolor S.A., Asunción, 2009.

- Sommerfeld 1948 - 2008: Imprenta Modelo S.A., Asunción, 2008

- Verein für Geschichte und Kultur der Mennoniten in Paraguay: Lexikon der Mennoniten, 2009.

- Wiebe, Abram S.: Gemeindegeschichte der Kolonie Menno 1927 - 2007, Juni 2007.

Mennonitisch-theologische Perspektiven über den Gottesdienst

John D. Roth

(Aus dem Englischen übertragen, G. Niebuhr)

Kol. 1,15, 18-20

An einem Sommerabend des Jahres 1576 folgte Elias Schad, lutherischer Vikar von Straßburg, heimlich einem Wiedertäufer in den Wald hinein. Der Weg verlief außerhalb der Stadtmauer, in den Eckbolsheimer Wald. Als er eine geraume Zeit auf diesem Pfad geschritten war, erreichte er eine Lichtung wo sich etwa 200 Leute zu einem heimlichen Gottesdienst versammelt hatten. Sie kamen aus der Schweiz, dem Breisgau, Westerich, Württemberg, Elsaß und Moravien.

Sein Bericht über die Ereignisse auf dieser Waldlichtung bildet einen der sehr spärlichen Beschreibungen von Augenzeugen über einen der frühen Täuferischen Gottesdienste. Nach mehreren Predigten über die Briefe (des NT), welche etwa eine Stunde dauerten, knieten die Besucher und begannen zu beten – „es war ein Summen wie ein Wespennest". Dann folgten Grüße an die hinzugereisten Teilnehmer, und danach forderten die Ältesten auf, Fragen zu den Predigten zu stellen, oder so wie es der Geist bewirkte, etwas Erbauliches für die Brüder mitzuteilen. Schad nutzte die Gelegenheit, um mit den Ältesten eine längere Debatte über Taufe und den Bann zu führen. Als sich einige der Teilnehmer über seine Äußerungen empörten, beschwichtigte sie einer der Ältesten, der „Ruhe gebot und auf das Endgericht verwies, für solche die im Irrtum seien, oder den rechten Glauben verlassen hatten". Als die Versammlung um 2 Uhr morgens endete, ernannte einer der Vorsteher einen Begleiter, der Schad durch den Wald führen würde, damit er sicher nach Straßburg käme.[1]

Schads Bericht gehört zu den wenigen, die uns zum Verlauf eines täuferischen Gottesdienstes vorliegen. Wir wissen, dass die Täufer sich im 16. Jh. auf sehr verschiedene Art und Weise versammelten, nicht nur im Wald, sondern auch in Höhlen, in privaten Wohnungen, in Vorratsspeichern, auf der Wiese oder in Gefängniszellen. Und es ist bekannt, dass ihre Versammlungen durch Gesang, Predigt, Bibelstudium, geschriebene Gebete, das apostolische Glaubensbekenntnis, das Vaterunser und mit den Ritualen der Taufe und des Abendmahls gestaltet wurden.

Die Täuferbewegung als Ganze gesehen, hatte jedoch keine feste Liturgie oder vorgeschriebene Abläufe ihrer Gottesdienste. Im Laufe der Zeit entwickelten unterschiedliche Gruppen auch verschiedene Praktiken. Zum Beispiel ist es bei den Hutterischen Brüdern bis heute üblich, dass die Prediger handgeschriebene Predigten lesen, die aus dem 17. und 18. Jh. kommen. Fast alle Amischen Gemeinden in Nordamerika benutzen noch den „Ausbund", eine geistliche Liedersammlung aus dem 16. Jh. Besonders das „Loblied" wird sonntäglich als zweiter Hymnus in ihren Gottesdiensten gesungen. Manche Gemeinden der Russlandmennoniten praktizieren den überlieferten Brauch, das Brot des Abendmahls in einem Taschentuch zu empfangen, statt auf der Hand. Und indigene Mennonitengemeinden in manchen lokalen Kontexten, integrieren ihre Musikinstrumente, Tänze und Rhythmen in ihren Gottesdiensten. Innerhalb jeder Tradition haben sich die Praktiken jedoch auch mit der Zeit geändert. Handlungen, welche die täuferischen Gruppen früher ablehnten, wie z. B. spontane Gebete, Chorgesang, vierstimmige Harmonie, sind heute so üblich geworden, dass die heutigen Gemeinden sich den Gottesdienst ohne diese Elemente kaum vorstellen können. Angesichts solcher Vielfalt in der täuferisch-mennonitischen Gottesdienstgestaltung, ist die Frage berechtigt, ob wir mit Zuversicht etwas zu einer „Mennoni-

---

[1] M[aster] Elias Schad, "True Account of an Anabaptist Meeting at Night in a Forest and a Debate Held There with Them," MQR 58 (July 1984), 292-295.

tisch-theologischen Perspektive des Gottesdienstes" sagen können. Aber trotz aller Vielfalt in diesem Bereich sind etliche Grundzüge sichtbar geworden, die auf eine gemeinsame theologische

Tradition hinweisen. Dieser Aufsatz beginnt mit einer Skizze der theologischen Fundamente, welche die Grundelemente des täuferisch-mennonitischen Gottesdienstes motivieren. Trotz lokaler Unterschiede, ist jeglicher mennonitischer Gottesdienst gegründet auf die Lehre der Inkarnation – „das Wort ward Fleisch". Im Weiteren beschreibt dieser Aufsatz mehrere spezifische Gottesdiensthandlungen und erklärt, wie solche durch das jeweils eigene Verständnis der Inkarnation gestaltet ist. Im Gottesdienst nehmen Mennoniten teil an symbolischen Handlungen, die unserem Zeugnis der Gegenwart Christi in der Welt Ausdruck verleihen. In der täuferisch-mennonitischen Tradition verschmelzen Gottesdienst und Zeugnis zu einem Geschehen.

Das fleischgewordene Wort: Die Inkarnation als Schlüssel zur täuferisch-mennonitischen Theologie

Den theologischen „Kern" täuferischer Überzeugungen zu finden, ist nicht leicht. Die frühen Täufer waren keine systematischen Theologen. Zudem wurden die meisten der leitenden Personen mit Bildung bald entweder umgebracht oder sie mussten ins Exil. Unter sich waren diese auch nicht immer einer Meinung. Aber wie alle Reformationsgruppen, rangen auch die frühen Täufer um das Verständnis der Grundfragen des christlichen Glaubens: Wie werden Menschen mit Gott versöhnt? Wie begegnen sich Himmel und Erde? Wie wird der Leib Christi in dieser Welt sichtbar?

Durch die Jahrhunderte hatten Christen verschiedener Traditionen diese Fragen unterschiedlich beantwortet. Wo Katholiken traditionellerweise den Sakramenten mehr Beachtung schenkten, besonders dem Herrenmahl, da tendierten protestantische Gruppen mehr dahin, das Versöhnungswerk Jesu am Kreuz zu betonen - durch sein vergossenes Blut zahlte Christus die Schuld unserer Sünden.

Täufer im 16. Jh. dagegen beschrieben die Erlösung etwas anders. Alle waren sich einig, dass Jesus die zentrale Stellung beim Erlösungswerk einnahm - in Christus werden Menschen mit Gott und miteinander versöhnt. Aber der blutige Opfertod Jesu am Kreuz, das betonten sie, müsse im Kontext seines Lebens, seiner Lehren, seines Beispiels, seines Todes und der Auferstehung gesehen werden. Zuvorderst betonten Täufer die Lehre von der Inkarnation: Jesus ist Gott „im Fleisch". In dem Leib aus Fleisch und Blut hat Gott die Sünde überwunden und wurde eins mit der Menschheit. Die logischen Konsequenzen aus diesem Kerngedanken der Inkarnation prägten sämtliche Aspekte des täuferischen Glaubens und Handelns.

Die Inkarnation in der täuferisch-mennonitischen Tradition

1. Die Autorität Jesu für Glauben und Leben

Die täuferische Lehre, dass Jesus ganz Gott und ganz Mensch war, untermauerte ihren Glauben an seine göttliche Autorität. Obwohl manche Lehrtraditionen Gottes Wesen in Spannung mit den Lehren Christi sehen, (vor allem durch Kontrastierung des AT mit dem NT), bestanden die Täufer darauf, dass Gottes Wille für die Menschheit voll und ganz in der Person Jesu offenbart wurde. Ebenso finden wir in der Person Jesu die volle Offenbarung des Wesens Gottes. Leonhard Schiemer, einer der frühen täuferischen Märtyrer, lieferte mit der Erörterung einiger Bibeltexte, die typische Perspektive: „In Christus ist Gott vollständig zugegen. Er allein ist Herr und König aller Könige, ein Heiler und Retter der Menschheit. Ihm ist alle Macht im Himmel, auf der Erde und unter der Erde gegeben. Deshalb sind wir ihm unterworfen, ihm allein gehorsam, ihn ehren, fürchten und lieben wir über alle Kreaturen."[1]

Dieses Verständnis der Autorität Christi enthielt auch weitreichende Folgen für die Interpretation der Schrift. Wo man schwer verständliche Ab-

---

[1] Lydia Müller, Glaubenszeugnisse oberdeutscher Taufgesinnter (Leipzig, M. Heinsius Nachfolger, 1938), 1:50.

Abschnitte in der Bibel fand, bestanden die Täufer darauf, solche im Licht des Lebens und der Lehre Christi zu verstehen. Die Verheißungen des AT z. B. finden ihre Erfüllung in Jesus Christus. In seinem Licht wird Gottes Wille für die Menschheit verständlich, wo er zuvor nur als Schatten da war. So z. B. Christi Gebote der Feindesliebe, die andere Wange hinhalten oder „die zweite Meile" zu gehen. Diese Gebote hielten eine höhere Rangordnung als andere im AT, die solche Haltung zu widersprechen schienen.

2. Der Sinn der Erlösung: Teilhaben an Christus, durch den Heiligen Geist

Das Verständnis der Inkarnation Gottes in Christus hatte auch seine tiefgehende Folgen für die täuferische Sicht der Erlösung, besonders was die Möglichkeit eines echten Lebenswandels betraf (von manchen Christen die „Heiligung" genannt). Die Täufer ignorierten den Sündenfall nicht. Sie waren, im Gegenteil, überzeugt von den weitreichenden Folgen der Sünde. Jedoch beginnt die biblische Erzählung mit Ge. 1, nicht mit Ge. 3, das betonten sie. Wohl ist die Macht Satans Realität und die Schöpfungsordnung ist durch die Sünde zutiefst verletzt worden. Wir sind aber von einem liebenden, gnädigen Gott geschaffen worden, um mit Gott, den Mitmenschen und der Schöpfung im Einklang zu leben. Und weil das Wort in Christus Fleisch wurde, ist Erlösung möglich, nicht nur in einem abstrakten geistlichen Sinn, sondern auch ganz konkret.

Ein gern benutztes Gleichnis bei den Täufern, spricht von der blühenden Pflanze. Jesus sagt zu seinen Nachfolgern „Ich bin der Weinstock, ihr seid die Reben. Wer in mir bleibt und in wem ich bleibe, der bringt reiche Frucht; denn getrennt von mir könnt ihr nichts vollbringen... Mein Vater wird dadurch verherrlicht, dass ihr reiche Frucht bringt und meine Jünger werdet." (Joh. 15, 5.8 Einheitsübersetzung) Durch den Heiligen Geist haben Christen Teil am Leib Christi. Damit werden auch unsere Leiber, Gedanken und Handlungen geheiligt und erlöst.

Gelegentlich wurden die Täufer fälschlicherweise beschuldigt, die Rolle der Gnade in der Erlösung zu ignorieren - sie würden den Glauben mit

Werkgerechtigkeit vertauschen. Dagegen lässt sich sagen, dass die Täufer die Erlösung fast immer als eine freie Gabe Gottes, die ohne Bedingungen dargereicht wird, hinstellten. Aber sie bestanden auch darauf, dass der christliche Glaube kein bloß passives oder legales Ereignis der Rechtfertigung vor Gott sei. Sondern in Christus sind wir aufgefordert teilzuhaben am lebenspendenden Geist Gottes. Wenn Christen durch den Heiligen Geist lebendig gemacht werden - als Reben am Weinstock Christi - dann sind sie gerechtfertigt und von ihnen werden Früchte der Gerechtigkeit erwartet. Mit anderen Worten, die Gnade rechtfertigt uns nicht nur vor Gott, sondern befähigt uns zugleich, Gottes Willen zu tun. „Die Welt ist voller Christen", schrieb Pilgram Marpeck, „welche nur den sterblichen, physischen Christus bekennen, aber wenige bekennen den auferstandenen Christus mit ihrem Leben."[1]

Im täuferisch-mennonitischen Verständnis bedeutet Erlösung: Teilhaben an der Inkarnation Christi, sowohl an seiner Menschlichkeit als auch an seiner Göttlichkeit, bewirkt durch die Gegenwart des Geistes. Wie es der Apostel Paulus artikuliert: „Wir wissen doch: Unser alter Mensch wurde mitgekreuzigt, damit der von der Sünde beherrschte Leib vernichtet werde und wir nicht Sklaven der Sünde bleiben... Die Sünde soll nicht über euch herrschen, denn ihr steht nicht unter dem Gesetz, sondern unter der Gnade." (Rö 6,1.4) „Wenn also jemand in Christus ist", schreibt Paulus anderswo, „dann ist er eine neue Schöpfung: Das Alte ist vergangen, Neues ist geworden." (2. Ko. 5,17)

3. Die Gemeinde als der sichtbare Leib Christi heute

Letztlich war die Lehre von der Inkarnation auch der Kern des täuferischen Verständnisses der Gemeinde. Jesus verhieß seinen Jüngern, dass, „wo zwei oder drei in meinem Namen versammelt sind, da bin ich mitten unter ihnen." (Mt. 18,20) Die Apostel sowie die Urgemeinde gingen noch einen Schritt weiter und nannten die Gemeinde den Leib Christi. Obwohl Christus nicht mehr auf der Erde präsent war, blieb er sichtbar

---

[1] William Klassen and Walter Klaassen, The Writings of Pilgram Marpeck (Scottdale, Pa.: Herald Press, 1978), 90.

in der Gemeinschaft der in seinem Namen Versammelten. Das Leben dieser Gemeinschaft wurde zeugnishaft für die Welt, um Gottes Absichten mit der Menschheit zu erkennen. Hier sollte z. B. Geld frei geteilt werden; Sünden wurden öffentlich bekannt und vergeben; die Vorsteher übten keine Macht auf die schwächeren Glieder aus; Barrieren zwischen Heiden und Juden, Sklaven und Freie, Männer und Frauen wurden niedergerissen. Alle Menschen wurden mit Würde und Respekt behandelt. In dieser neuen Gemeinschaft fand die Inkarnation Ausdruck als eine „Neue Schöpfung", sichtbar für alle Welt in veränderten Beziehungen, die da herrschten. Somit wird die Gemeinde zum primären Ausdruck der Gegenwart Gottes auf Erden, denn in ihr wird der Geist „leiblich", in den Jüngern Christi, die seine Lehren befolgen, die teilhaben an seinem Leid und mit ihrem Leben Zeugnis geben von der Hoffnung der Auferstehung. Pilgram Marpeck beschrieb die Gemeinde einmal als „die Verlängerung der Inkarnation". Damit meinte er, dass die Inkarnation nicht ein einmaliges Ereignis der Vergangenheit war. Vielmehr lebt der auferstandene Jesus in der Welt heute im Leben der wiedergeborenen Gläubigen, die sich als Leib Christi versammeln.

Unsere Welt heute ist voller einsamer, zerbrochener und entfremdeter Menschen. Die gute Nachricht des Evangeliums lautet, dass Jesus gekommen ist, um die trennenden Wände der Feindschaft niederzubrechen und die Fülle wieder herzustellen. In Jesus wurde Gott eins mit der Menschheit - das Wort wurde Fleisch. Weil Christus das fleischgewordene Wort ist, bildet er die Autorität für das christliche Leben wie auch der Interpretation der Bibel. Weil Christus das fleischgewordene Wort ist, können wir teilhaben an ihm und Frucht bringen in einem geheiligten Leben. Und weil er das fleischgewordene Wort ist, können wir uns als sein Leib zum Gottesdienst versammeln und durch unser Leben der Welt die frohe Botschaft Gottes in Christus bringen.

Die gute Nachricht des Evangeliums ist, dass Jesus kam, um „die trennende Wand der Feindschaft" (Eph. 2,14) niederzureißen. Die Mission der Kirche ist es, die Inkarnation zu bezeugen, indem sie alle zerbrochenen, einsamen und entfremdeten Menschen einlädt, ein neues Leben zu führen, das genährt wird durch den Weinstock Christus, und die Frucht der Versöhnung und der Fülle hervorbringt.

Täuferisch-mennonitischer Gottesdienst: Inkarnierte Handlungen, die uns zum Zeugnis befähigen

Diese theologischen Grundlagen enthalten bedeutende Implikationen für das Verständnis unseres Gottesdienstes. Manchmal stehen diese Implikationen auch in Spannung mit anderen Formen des Gottesdienstes. Manchmal meinen wir z. B., dass der Gottesdienst sich zuerst an unsere Vernunft richten sollte - d. h. mehr lernen über die Bibel oder die Glaubenssätze der Kirche. Oder aber, wir bauen auf Gefühle und beurteilen den Wert eines Gottesdienstes je nachdem, ob Musik und Botschaft uns gefühlsmäßig erheben oder nicht. Für manche ist Gottesdienst so was wie ein Familientreffen - wo man vertraute Gesichter sieht und die letzten Neuigkeiten austauschen kann.

Dies alles kann Gottesdienst auch sein, aber wenn wir tiefer schürfen, soll er vor allem eine Übung sein dafür, wie Christen in der Welt leben sollen. Die Rituale, der Ablauf, die Ästhetik, formen unsere Identität als Nachfolger Jesu, sie drücken uns sein Ebenbild auf. In der täuferisch-mennonitischen Tradition kann der Gottesdienst als ein Ausdruck der Inkarnation verstanden werden. Wir feiern das fleischgewordene Wort im Gottesdienst als Vorbereitung zum lebendigen Zeugnis unseres Lebens für Christus, während der Woche.

1. Den Sabbat heiligen: Jenseits von Produktion und Konsum

„Gedenke des Sabbats: Halte ihn heilig!" (Ex. 20,8-11) Diese Worte aus dem vierten Gebot, welche Gott dem Mose am Berg Sinai überreichte, sind eindeutig und klar. Sechs Tage arbeitete Gott, um die Welt und alles was sie enthält, zu schaffen. Aber am siebten Tag, nach dem Bericht in Genesis, trat Gott sozusagen einen Schritt zurück und ruhte in dem guten Werk der Schöpfung. Ebenso soll sein Volk die guten Früchte der produktiven Arbeit des Alltags beiseitelegen und einen Tag der Anbetung Gottes widmen. Das Verständnis darüber, wie der Sabbat zu heiligen sei, ist in der täuferisch-mennonitischen Tradition unterschiedlich ausgefallen. Im Ganzen gesehen jedoch, haben Mennoniten den Sabbat in doppelter Weise geehrt und geheiligt. Zuerst ist da der Akt, sich als Gemeinde zu versammeln. Das klingt so selbstverständlich, aber die Tatsache, an jedem Sonntagmorgen Zeit zu reservieren, um sich mit anderen Gläubigen zu treffen, sagt schon etwas über gemeinschaftliche Treue und Identität. Wenn wir uns als Gemeinde am Sonntagmorgen treffen, sagen wir damit, dass diese Gemeinschaft unser wichtigster Referenzpunkt bildet, um die großen Fragen des Lebens, Sinn, Zweck und Ziel anzusprechen.

Das biblische Gebot, am Sabbat zu ruhen, ist auch eine Form des Zeugnisses. Manchmal wurden unsere Vorschriften diesbezüglich ziemlich kleinlich und legalistisch. Aber hinter diesen Vorschriften steht ein wichtiges Prinzip. Der Druck in unserer Gesellschaft, die menschliche Identität in den Kategorien von Produktion und Konsum zu definieren, ist enorm. Unsere Berufe können jede wache Stunde beanspruchen. Genauso ist es mit dem Druck zum Konsum. Ohne es wirklich zu wollen, verfallen wir in eine Routine zunehmender Arbeit, um genügend zu verdienen, damit wir die wenigen freien Stunden beim Einkaufsbummel verbringen können.

Indem wir den Sabbat mit Ruhe ehren, wie Gott es geboten hat, liefern Christen der Welt ein Zeugnis davon, dass unsere Identität nicht abhängt von dem, was wir produzieren und konsumieren. Unser Stand, unsere Identität basiert auch nicht im Beruf, sondern in der Tatsache, dass wir Gottes Kinder sind, nach seinem Ebenbild geschaffen, um in verbindlichen, liebenden Beziehungen miteinander zu leben.

2. Die Schrift: Bedenken was wir sind

Für alle Mennoniten, die sich zum Gottesdienst versammeln, ist die Lesung der Heiligen Schrift grundlegend. In Bezug auf die Form ist man flexibel. Manchmal liest die ganze Versammlung einstimmig, in anderen Fällen ein einzelner Leser oder in wechselnden Rollen. Dramatisierung eines Textes wie auch rezitieren aus der Erinnerung sind weitere beliebte

Formen. Wie dem auch sei, in jeder mennonitischen Gemeinde wird die Schrift gelesen.

Oft halten wir dies mehr nur für eine Hinführung zur Predigt. Aber noch grundlegender ist die sonntägliche Schriftlese als ein Ausdruck der zugrunde liegenden Identität der versammelten Gemeinde, als Volk Gottes. Wir vernehmen die Geschichte von Gottes Wirken mit seinem Volk und dabei entdecken wir unser eigenes Gegründet-sein in dieser Geschichte und wie diese Tatsache unsere Lebensentscheidungen gestalten kann.

In Zeiten der Verunsicherung erinnerten sich die Israeliten der „großen Taten Gottes", um sich erneut daran zu orientieren. Jesus lehrte meist nicht durch Erörterung von Lehren, sondern durch das Erzählen von Geschichten. Als der hohe Rat Stephanus aufforderte, seinen Glauben zu begründen, erzählte er die Geschichte der großen Taten Gottes. (Apg. 7) Die kollektive Erinnerung ist das Gewebe einer Gemeinschaft. Es ist der bindende Kitt, der sie in einer gemeinsamen Vergangenheit wie auch in der Zukunft zusammenhält.

Etwas dergleichen geschieht bei der Schriftlesung im Gottesdienst. Weil wir vergessliche Menschen sind, erzählen wir die biblischen Geschichten immer wieder. Und damit werden wir an unsere Identität als Gottes Volk erinnert. Die Pflege dieser Erinnerung befähigt uns, der Welt zuversichtlich zu begegnen und die Wahrheit über sie auszusprechen, d. h. die „Gewalten und Mächte" zu benennen und die Welt aufzufordern, sich der Wahrheit der christlichen Geschichte zu beugen.

3. Gesang: Körper, Sinne und Geist integrieren

Gemeinsamer Gesang formt die Betenden. Durch die Kirchengeschichte hindurch war Musik prägend für Gruppenidentität. Musik vereinigt die Gemeinschaft in einer gemeinsamen Stimme. „Wer mit mir spricht", sagt ein deutsches Sprichwort, „ist ein Mitmensch. Wer mit mir singt, ist ein Mitbruder." Im selben Tenor jedoch, stimmt es auch, dass Musik Grup- pen voneinander trennt. Kaum ein Aspekt des sonntäglichen Gottesdien- stes wird so oft gelobt oder kritisiert, als die Auswahl an Musik.

Das früheste täuferische Gesangbuch von etwa 1560, das heute noch in

Amischen Gemeinden gebraucht wird, enthält viele Märtyrerballaden. Langsam und einstimmig gesungen, führten sie die Versammelten zurück in die Geschichte derer, die um ihres Glaubens willen leiden mussten. Implizit wurde damit klar, dass man auch gegenwärtig manchmal für den Glauben leiden muss. Seitdem (1560) haben Mennoniten verschiedene Lieder in unterschiedlichen Stilformen gesungen. Sie borgten viel von der deutschen pietistischen Tradition, dem reformierten Psalter, sowie von den Lobpreisliedern des 19. Jh. Neuerdings, mit der Globalisierung der Gemeinde und indem Gläubige aus verschiedenen kulturellen Hintergründen sich mehr integrieren, ist unser Gesangrepertoire mit Texten in verschiedenen Sprachen und Rhythmen entsprechend angewachsen.

Neue musikalische Stile können ein Zeichen der Erneuerung sein. Aber wir sind damit auch zur Umsicht ermahnt, mit der Frage wie die Musik uns im tiefsten Grund prägt. Obwohl Pastoren hier Einsprache erheben mögen, ist es wahrscheinlich, dass Gesangweisen unseren Glauben stärker prägen als die Predigt. Anders als in der Predigt, wo wir den Worten meist passiv zuhören, beteiligen wir im Gesang die Sinne, Emotionen und den Körper. Die gesungenen Worte sind oft explizite Glaubensbekenntnisse, wo wir unserem Glauben öffentlich Ausdruck verleihen. Zugleich berührt uns der Gesang in einem Teil unseres Wesens, der für Worte nicht zugänglich ist. Durch Gesang lagert sich eine Vielfalt an Bibelversen, Worte des Trostes, Worte des bekannten Glaubens und Erinnerung an Gottes Liebe tief in unser Wesen ein, so dass solche Worte und Gefühle Teil unseres Selbst werden.

Gesang ist auch eine gemeinschaftliche Handlung. Die Übung, die eigene Stimme als Teil des gemeinsamen Gesanges diesem anzupassen, ist zugleich eine Übung im christlichen Leben. Unsere Einzelstimmen sol- len Gehör finden. Aber unsere Stimme wird erst zu einem kostbaren Geschenk für die Welt, wenn sie, mit anderen Gaben verflochten, Teil der lebendigen Gegenwart Christi in der Welt wird.

4. Predigen - den Willen Gottes gemeinschaftlich finden

In vielen Protestantischen Traditionen sind alle Elemente des Gottesdienstes - Gesang, Schriftlesung, Gebete - auf das eine Hauptgeschehen ausgerichtet: Auf die Predigt. Die frühen Täufer dagegen waren ein wenig ambivalent in ihrer Haltung zur Predigt. Sie waren reserviert über „zu viel Gerede" oder über „leeres Gerede". Und sie waren ausgesprochen kritisch über die studierten Theologen (Schriftgelehrten), die ihre rhetorischen Gaben nutzten, um die einfache Lehre Jesu zu umgehen. Sie zogen die Akte den Worten vor, das tägliche Leben der Jüngerschaft der polierten Predigt.

Der Historiker Arnold Snyder hat den Predigtstil eines täuferischen Predigers und Nadelverkäufers namens Hans Nadler beschrieben. Wie er von Stadt zu Stadt reiste, verwickelte er die Menschen in Gespräche. Die Gerichtsakten vermerken „wann immer er gutherzige Personen traf, in Gasthäusern oder auf der Straße ... unterwies er sie im Worte Gottes." Wenn ein Zuhörer bereit war, die Botschaft von Leid und Verfolgung zu hören und den Freuden der Welt abzusagen, erklärte Nadler ihm wie er „das Wort Gottes wie ein Kind annehmen und von neuem geboren werden könne." Erstaunlich ist, dass Nadler Analphabet war. Aber er gründete seine Auslegungen auf ein zeilengerechtes Rezitieren des Vaterunsers und des apostolischen Bekenntnisses, sodass Gebildete und Ungebildete ihn verstanden.

Die täuferische Betonung des Priestertums aller Gläubigen besagte, dass die Bibel am besten in der Gemeinde ausgelegt wurde und dass alle Glieder eine Stimme in diesem Prozess hatten. Also, manche Gruppen von Mennoniten - wie die Täufer im Wald bei Straßburg - laden regelmäßig zur Stellungnahme zur Predigt ein, im Vertrauen darauf, dass der Heilige Geist die Gruppe dadurch zu neuen Einsichten führen wird. In diesem Sinne ist also die Predigt der Beginn eines gemeinschaftlichen Erkenntnisprozesses, nicht dessen Endpunkt.

5. Die Kollekte: Unsere Ressourcen teilen

Noch ein gottesdienstlicher Akt - den wir kaum je beachten - ist das Ritual der Kollekte, wo Geld für die Arbeit der Gemeinde zusammengelegt wird. Jesus machte darauf aufmerksam, dass die Motivationen zum Geben problematisch sein können und er riet seinen Jüngern, keine öffentliche Schau daraus zu machen. (Mt. 6,1) Aber die Gewohnheit, einen Teil unseres Einkommens sonntäglich abzugeben, formt uns als Zeugen Gottes in der Welt.

Im AT bezeugten die Kinder Israels ihre Abhängigkeit von Gott, indem sie die Erstlingsgaben ihrer Ernte oder ihrer Herden in den Tempel brachten. Nicht, dass Gott diesen frisch geernteten Weizen oder die jungen Bullen brauchte, um etwa seinen Appetit zu befriedigen. Tatsache ist vielmehr, dass es alles schon Gott gehört. Das Einsammeln der Opfergaben war die symbolische Geste, die genau dies zum Ausdruck brachte: Indem wir regelmäßig einen Teil unserer Habe abgeben, werden wir daran erinnert, dass es letztlich alles von Gott kommt. Das Opfer zu verbrennen, war der konkrete Ausdruck davon. Was wir Gott geben ist keine Umverteilung des Einkommens, sondern wir befreien uns von der Illusion der Selbstgenügsamkeit. Im NT werden wir des Öfteren belehrt, wie es sich mit dem Reichtum als Gabe und als Gefahr verhält. Einerseits ist Geld die Frucht menschlicher Kreativität als Parallele zur schaffenden Fruchtbarkeit der Erde - beide ein Zeichen für Gottes Reichtum, wofür wir dankbar sein dürfen. Trotzdem warnt uns die Bibel über die Gefahren des Reichtums, und das öfter als über die Gefahren der Sexualität. Die täuferisch-mennonitische Tradition gab der Disziplin des „Loslassens" eine konkrete Gestalt in Programmen gegenseitiger Hilfe. Paraguayische Mennoniten waren besonders schnell bereit, bei Naturkatastrophen mit finanziellen Mitteln und freiwilliger Arbeit zu helfen.

Mennonite Economic Development Association (MEDA) hilft Geschäftsleuten dabei, ihre Expertise und ihre Geldressourcen zur Armenhilfe einzusetzen, damit Kinder zu Kleidung, Ernährung, kurz zu einem würdigeren Leben gelangen.

In unserem Kontext ist der umhergereichte Kollektenteller ziemlich weit entfernt vom Brandopfer, das man dem Herrn weihte. Aber die pünktliche Beachtung dieser Zeremonie ist eine kleine Erinnerung unserer Abhängigkeit von Gott. Schlussendlich ist das wesentliche Zeugnis an die Welt nicht die gesammelte Geldmenge - auch Menschen, die nichts auf den Gottesdienst geben, können dies. Vielmehr zeugen Christen, die durch regelmäßiges Geben geübt sind, von der Fülle und Gnade Gottes, durch ihre fröhliche Freigebigkeit. Da wo wir uns einer Sache entledigen, wird ein Raum geschaffen, der von liebender Fürsorge Gottes eingenommen wird.

6. Verpflichtungen: Taufe, Versprechen und die Gemeinschaft

Im 16. Jh. war die Taufe der Erwachsenen statt der Kinder das, was die Bewegung am deutlichsten von ihrer kirchlichen Umgebung abhob. Niemand, so argumentierten sie, solle zum Christsein gezwungen werden. Die Entscheidung, Jesus nachzufolgen und ein Glied der christlichen Gemeinde zu werden, müsse in Freiheit getroffen werden, als Antwort auf die freie Gnade Gottes. Obwohl es paradox klingt, war diese individuelle Entscheidung doch eine Absage an den Individualismus. Taufe ist eine öffentliche Unterwerfung unter den Willen Gottes, dem Weg des Kreuzes, sowie dem Urteilsvermögen der Gemeinschaft.

In mennonitischen Gottesdiensten heute gilt die Taufe als ein ausdrucksstarkes Symbol für diese Hingabe. Wie die Eheschließung ist auch die Taufe öffentlich, damit alle Teilnehmer über ihre eigenen Verpflichtungen nachdenken und diese womöglich bekräftigen können.

In der modernen Kultur werden Verpflichtungen oft als zeitbedingt verstanden, also dürfen sie auch neu verhandelt werden, wenn sie eine Last werden. Taufe in unserer täuferisch-mennonitischen Tradition stellt solchen Individualismus in Frage. Die Taufe ist ein Versprechen, das uns an Gott und an die Gemeinschaft bindet. In mancher Hinsicht wird die Gemeinde durch den Taufakt zu unserer Familie - eine Gemeinschaft, in der sich jedes Mitglied verpflichtet, zu ermahnen und Ermahnung anzunehmen. Eine Gemeinschaft, in welcher Gaben entdeckt und im Dienst Christi gefördert werden, ebenso wie auch die materiellen Ressourcen. Wie in der Ehe auch, ist es nicht immer leicht unsere Wünsche an andere abzutreten. Aber indem wir es tun, entdecken wir etwas von dem glücklichen Paradox, den Jesus öfters andeutete: Wer groß sein möchte, werde Diener der anderen.

7. Gottes Reichtum feiern: Abendmahl/Gemeinschaftsessen

Obwohl es befremdend klingt, kann der Gottesdienst auch die Beziehung zu so etwas Elementarem wie dem Essen verändern. In der Bibel dient Brot als ein ausdrucksstarkes Symbol für die Fülle Gottes - Manna in der Wüste am Sinai; das Wunder der Brote und der Fische und Jesu Anspruch, selbst das Brot des Lebens zu sein. Wenn wir das Brot im Ritual des Abendmahls brechen, ehren wir Gott als Spender des Lebens. Aber wir haben, wie die Jünger, auch Teil an dem Mahl, das an die Kreuzigung Jesu erinnert. Das ausgeteilte Brot ruft uns dazu, uns des zerbrochenen Leibes Christi für uns zu erinnern. Und wenn wir das Brot dieses Mahles verzehren, erkennen wir, dass auch im Tod noch Leben ist - das Weizenkorn muss ins Erdreich fallen und sterben, bevor es neues Leben hervorbringt.

Im Milieu der meisten Gottesdienste wird das Abendmahl separat und formell gefeiert. Aber unter Mennoniten hat man auch bei Gemeinschaftsessen die Gegenwart Christi verspürt. In der Tat, solche gemeinsamen Mahlzeiten dürfen als eine Erweiterung des Abendmahls verstanden werden - eine Feier der Fülle Gottes, bei welcher die Gemeinde nach Leib und Geist umgestaltet wird, durch die lebendige Gegenwart des Herrn in der Gemeinschaft des Mahles. Solche Gemeinschaftsmahle feiern Gottes sprudelnde Güte. Die Tische sind voll besetzt mit Salaten, Eintopfgerichten, ethnischen Sondergerichten und Nachspeisen, alle in ihrer Farbenpracht und Aroma, ausgebreitet wie bei einem Fest. Hier ist die segnende Güte Gottes greifbar präsent! Ein Beweis, dass unsere Gebete um das tägliche Brot erhört wurden, und zwar tausendfältig. Mit seiner überschwänglichen Fülle lädt uns solch ein Gemeinschaftsmahl zur Freude an Gottes Reichtum ein.

Gemeinschaftsmahle sind auch eine Gelegenheit für christliche Gastfreundschaft. Fremde und Besucher, die zufällig im Gottesdienst waren, werden herzlich an den Tisch geladen. Somit wird das Mahl nicht nur eine interne Feier der Gemeinde, sondern auch ein Zeichen dafür, dass ihre Grenzen durchlässig sind, sodass Fremde dazukommen dürfen.

Richtig verstanden, bietet sowohl das Abendmahl wie auch das Gemeinschaftsmahl einen Vorgeschmack zum großen Hochzeitsmahl des Lammes. Sie richten unseren Blick auf die Zeit, in der sich das ganze Volk Gottes aus allen Stämmen und Nationen vor dem Thron Gottes zu einem großen Fest vereinigen wird, die Loblieder für Gottes Reichtum in der ganzen Schöpfung, auf ihren Lippen. (Offb. 7)

8. Begräbnisse: Ein gutes Sterben als Gottesdiensthandlung

Zwischen 1974 und 1987 lebte die Meserete Kristos Gemeinde in Äthiopien im Schatten eines Regimes, das dem Glauben sehr feindlich gesinnt war. Die kommunistische Regierung verbot jede öffentliche Versammlung für Gottesdienstzwecke. Manche der leitenden Personen wurden eingekerkert, anderen wurde mit Strafen gedroht, falls sie die Gemeinden unterstützen würden. Wunderbarerweise erfuhr die Gemeinde gerade in dieser Zeit der Verfolgung ihr stärkstes Wachstum. Eine missionarische Strategie in dieser Verfolgungszeit kreiste um die Begräbnisrituale. Da die Regierung diese erlaubte, wurden sie genutzt, um öffentlich den Glauben zu bekennen. Zumal ein breites Spektrum an Besuchern zugegen war, hörten viele die Botschaft.

Oberflächlich gesehen, mögen Begräbnisse nicht als die beste Form einer missionarischen Aktion gelten. Denn der christliche Glaube feiert ja das Leben. Aber gerade im Kontrast mit der heute so dominanten Furcht vor dem Sterben, sind es Christen, die nicht glauben, dass mit dem physischen Leib alles endet, oder dass der Tod das letzte Wort behält. Christliche Begräbnisse sind eine Gelegenheit, um die Grundthemen des Glaubens zu bezeugen:

- Gott ist der Schöpfer und Erhalter des Lebens.

- Der Tod des physischen Leibes ist das Resultat der Sünde.

- In seiner Auferstehung hat Christus die Macht der Sünde und des Todes besiegt.

- Durch die Auferstehung Christi dürfen Gläubige ihre eigene Auferstehung und das ewige Leben mit Gott zuversichtlich erwarten.

Christliche Begräbnisse erinnern die Besucher daran, dass Gott mit der Auferstehung den Tod besiegt hat. Christen müssen deshalb weder den Tod fürchten noch ihr leibliches Leben auf alle Kosten verteidigen wollen. Mit dem Propheten Hosea dürfen sie zuversichtlich sagen: „Tod, wo sind deine Seuchen? Unterwelt, wo ist dein Stachel?" (Hos. 13,14)

Die Teilnahme an christlichen Begräbnissen verhilft uns dazu, Menschen zu werden, die wissen, wie man gut stirbt. Obwohl die meisten Mennoniten weltweit heute keine Verfolgung mehr erleben, ist unsere Kultur gezeichnet durch die Furcht vor dem Sterben und sieht den Kult des Körpers als hohe Priorität an. Begräbnisse dürften uns auch dazu verhelfen, eine frohe Gewaltlosigkeit in dieser Welt auszuleben, ohne uns verteidigen zu müssen, da wir des ewigen Lebens mit Christus gewiss sind.

Schlussfolgerung

Diese kurze Aufzählung mennonitischer Gottesdienstpraktiken - in unserem Glauben an das fleischgewordene Wort gegründet, könnte auch noch auf andere Aspekte der sonntäglichen Feier ausgedehnt werden. Der Gestus des Händedrucks bei der Begrüßung, besondere Aufmerksamkeit für die Kinder, Ansage der Gemeindeaktivitäten, Gelegenheit für öffentliche Bekenntnisse, Gebetsanliegen - all dies sind Formen des Gottesdienstes, die mitentscheiden, wie unser Leben während der Woche gelebt wird.

Jemand, der verschiedene Gruppen von Mennoniten in Paraguay besucht, bemerkt sofort Unterschiede im Stil. Wir feiern Gottesdienste unterschiedlich. Die Formen ändern auch mit der Zeit. Wenn also Spannungen über solche Formen entstehen - was kaum vermeidbar ist - dürften folgende Fragen für Mennonitische Gemeinden eine Hilfe sein:

1. Wie wird die neue Form uns als Gemeinde prägen? Fördert die Handlung vor allem das Individuum oder wird sie die Gemeinschaft der Glieder stärken?

2. Wird die neue Form uns den Glauben zumeist als Lehre (für den Verstand) sehen lassen oder als Gefühl (fürs Herz)? Oder wird sie unsere Verpflichtung zur täglichen Nachfolge (unsere Hände) bekräftigen?

3. Beschränkt uns unser Gottesdienst auf Räume und Rituale, die vom wirklichen Leben isoliert sind oder fordert er uns auf, das Geheimnis der Inkarnation zu beherzigen, sodass Gottesdienst und Arbeit, Verkündigung und Ethik, Glaube und Leben miteinander verbunden bleiben?

Gemeindeinstitutionen und ihr Fortbestand im postmodernen Kontext

Artur Dyck

(Aus dem Englischen übertragen, Carmen Epp)

Geschichte ist dynamisch. Die Dinge ändern sich und es entstehen neue Herausforderungen. Das war schon immer so. Allerdings hat sich das Tempo des Wandels in den letzten Jahren mit der Revolution im Kommunikationsbereich zunehmend beschleunigt. Die Technologie ändert sich, Weltanschauungen werden beeinflusst, die Welt ist klein geworden. Das verändert, wie die Dinge wahrgenommen werden. Der Zugang zur Information ist so einfach geworden, dass alle Institutionen ihre Strukturen neu überdenken und neu formulieren müssen, wenn sie in der heutigen Gesellschaft relevant bleiben möchten. Aber wie machen wir das? Sollte sich die Kirche der Kultur anpassen? Ist die Kirche nicht eine gegenkulturelle Bewegung? Aber können wir denn sagen, dass in den kirchlichen Strukturen nichts von der Kultur der Vergangenheit zu finden ist? Wie können wir unseren Weg inmitten des Wandels finden?

Tradition

Bevor wir über eine Änderung der Gemeindestrukturen sprechen können, müssen wir einen Blick auf die Rolle der Tradition in diesen Strukturen werfen. Diskussionen über Tradition sind lästig, da sie unsere Identität und auch die Integrität unserer Glaubensvorfahren hinterfragen. Aber wenn wir dieses Thema nicht ansprechen, wird die Tradition zu stark, gewinnt einen nahezu göttlichen Status und wird folglich nicht mehr hinterfragt. Tradition hat durchaus positive Aspekte, aber sie könnte sich auch an die Stelle des inspirierten Wortes setzen, wenn es darum geht, zu bestimmen, wie Kirche auszusehen und zu funktionieren hat. Im Zusammenhang mit prophetischer Rede schreibt Paulus an die Thessalonicher: „Prüft aber alles, und das Gute behaltet." (1.Thess 5,21) Dies kann auch auf Tradition angewandt werden. Tradition muss geprüft werden, und wir müssen die Aspekte behalten, die weiterhin die Gemeinde aufbauen.

Was ist Tradition?

Paul Avis definiert Tradition als „den Prozess der Weitergabe des christlichen Glaubens und der Praxis." (2000, 711) Wir leben in einer Welt, in der wir von anderen lernen: Sprachen, Strukturen, Gewohnheiten, Vorstellungen, Praktiken usw. Diese Dinge bringen in der Regel eine Autoritätsstruktur mit sich, von der sie aufrechterhalten werden. Einige davon sind hauptsächlich von praktischer Art, wie zum Beispiel die Sprache. Sprache ermöglicht Kommunikation und im Laufe der Zeit kann es so weit kommen, dass wir eventuell sogar bezweifeln, ob bestimmte Wörter passend sind, um bestimmte Themen zu übermitteln; doch wenn wir uns gegen diese Tradition auflehnen, schließen wir uns im Grunde selber von der Gemeinschaft aus, da wir bestimmte Bedeutungen, die durch die Wörter und Sätze vermittelt werden, miteinander teilen. Andere Aspekte der Tradition werden beibehalten, weil die Gruppe glaubt, dass sie von einer göttlichen Autoritätsstruktur getragen werden: der Thora des Alten Testaments, zum Beispiel. Die Juden glaubten, dass diese von Generation zu Generationen überlieferte Tradition befolgt werden musste, weil Gott sie seinem Volk gegeben hatte. Gott, der Schöpfer, hatte einen Bund mit seinem Volk geschlossen und das Gesetz war der Weg, wie sie in diesem Bund bleiben konnten. So haben alle Menschen Traditionen – sie lernen von den vorangegangenen Generationen. Nur Adam und Eva hatten keinen anderen Menschen, auf den sie aufbauen konnten.

Tradition in der Bibel

Tradition wird in mehreren Teilen der Heiligen Schrift eindeutig als positiv angesehen. Wir sollen das, was wir empfangen oder gelernt sitiv angesehen. Wir sollen das, was wir empfangen oder gelernt haben, weitergeben. Paulus gab an die Korinther weiter, was er selber empfangen hatte. (1.Kor 15,1-4) Timotheus sollte die Dinge, die er empfangen hatte, bewahren. (2.Tim 2,2) In diesem Sinne soll Tradition erhalten und bewahrt werden. Von den Aposteln wurde viel mehr an die frühe Kirche weitergegeben, als wir in den kanonischen Schriften verzeichnet haben, da der Unterricht nicht auf schriftliches Material beschränkt war. Dies sollte auch weitergegeben werden.

Andererseits findet sich an einigen Stellen der Heiligen Schrift auch eine ablehnende Haltung gegenüber der Tradition. Einige Leute halten an Lehren und Praktiken, die von Menschen und nicht von Gott stammen, fest. Einige der Traditionen im Judentum waren das Ergebnis von Anpassungen und Anwendungen des Gesetzes, die im Widerspruch zu Gottes ursprünglicher Absicht standen. Jesus geht so weit, die Pharisäer zu befragen: „Warum übertretet denn ihr Gottes Gebot um eurer Überlieferung willen?" (Mt 15,3) Einige wuschen üblicherweise ihre Hände, um nicht mit dem Staub, auf den ein Nichtjude getreten sein könnte, in Kontakt zu kommen. Obwohl die Juden sich von andern Völkern unterscheiden sollten, war es nicht Gottes Absicht, sie in einer Weise abzugrenzen, dass ihre Besonderheit sie von ihrer Bestimmung, ein Licht für die Völker zu sein, abhalten würde. Ferner mahnt Paulus die Christen in Kolossä auch: „Seht zu, dass euch niemand einfange durch die Philosophie und leere Täuschung, nach der Überlieferung der Menschen, nach den Elementen der Welt und nicht Christus gemäß." (Kol 2,8) Auch hier ist darauf zu achten, dass die menschliche Tradition in der Lehre und Praxis der Kirche nicht an die Stelle von Christus rückt.

Tradition in der Kirchengeschichte

Tradition ist in der Kirchengeschichte sehr wichtig. Bevor die frühe Kirche die Bibel hatte, musste sie auf die Lehre der Apostel, die mündlich weitergegeben wurde, aufbauen. In der Anfangsphase der Kirche galt Tradition als Wahrheit, das heißt, sie hatte die gleiche Autorität, wie die Heilige Schrift sie später haben würde. Die Lehre wurde von Jesus an die Apostel, dann an die Gemeinde weitergegeben. Die Gemeinde gab das, was sie erhalten hatte, an die nächste Generation weiter. Die späteren Bücher des NT bezeugen bereits das Erscheinen neuer Interpretationen des Evangeliums. Wenn neue Interpretationen erschienen, wurden sie mit der von den Aposteln erhaltenen Tradition verglichen. Damit galt Tradition als die traditionelle Auslegung der Heiligen Schrift. Folglich wurde Tradition sehr wichtig: Wie hat die Kirche durch die Jahrhunderte hindurch die Heilige Schrift ausgelegt? Damit wurden mehrere Fallgruben, die zu einer Irrlehre geführt hätten, vermieden.

Da die meisten Menschen zu diesem Zeitpunkt weder lesen noch schreiben konnten, wurden Credos oder Glaubensbekenntnisse zusammengestellt. Diese enthielten die wichtigsten Fragen des Glaubens, besonders jene, die von diesen neuen Auslegungen der Heiligen Schrift hinterfragt wurden. Damit hatte das Volk objektive Hilfsmittel, um neue Lehren, die im Wesentlichen durch Wanderprediger gebracht wurden, beurteilen zu können. Diese Glaubensbekenntnisse waren eine glückliche Fügung, die dazu beitrug, die Einheit der Kirche zu erhalten. Da die Kirchenführer zunächst von den Aposteln selbst unterrichtet worden waren und somit eine bessere Kenntnis der Lehre Jesu und der Apostel (Tradition) hatten, waren sie Schlüsselfiguren im Erkennen der falschen Lehren. So wurden sie immer mächtiger, was schließlich zur Einführung des Papstes führte. Im Mittelalter wurde Tradition dazu verwendet, Lehren, die nicht Teil des biblischen Kanons waren, zu verteidigen. Tradition wurde so mächtig wie die Heilige Schrift, vielleicht sogar noch mächtiger, da sie den Status unbestreitbarer Autorität hatte.

Dies war einer der Punkte, die im 16. Jahrhundert zur Reformation führten. Die Reformatoren bestanden darauf, dass alle Tradition durch die kanonischen Schriften geprüft werden musste. Tradition sollte nicht verachtet, aber geprüft werden. Der radikale Flügel der Reformation, wovon die Täufer die radikalsten waren, versuchte, die meisten oder sogar alle Traditionen hinauszuwerfen. Sie gingen entschieden zu weit, so wie es die Tendenz der meisten Reaktionen ist.

Es ist unmöglich, ohne Tradition zu existieren. Es wäre noch nicht einmal zu empfehlen. (Lane 2000, 11) Unser eigenes Verständnis der Heiligen Schrift kommt von der Tradition. Tradition gibt die Praktiken und die Weltanschauung, die das Christentum im Laufe der Jahre geprägt hat, weiter. Ihre Form ist nicht immer so, wie sie sein sollte, da sie sich an die Kultur anpasst und dazu neigt, maßgebend zu werden. Deshalb wollen manche Menschen alles ändern. Das ist die falsche Haltung, da wir uns nicht aus Gottes Volk durch die Jahrhunderte ausschließen können.

Einige der traditionelleren Kirchen, wie die katholischen, die orthodoxen oder anglikanischen Kirchen, verstehen, dass die Bibel auf der Grundlage der Tradition ausgelegt werden muss. (Berkhof 1985, 21) Sie behaupten, dass die Bibel nicht zu allen Aspekten eindeutige Aussagen macht und wir daher auf die Tradition zurückgreifen müssen, was uns etwas von dieser Klarheit gibt. Die radikalen Reformatoren wollten den Ketten der Tradition entkommen, aber konnten es nicht. Dies ist die gleiche Sichtweise vieler Gemeindespaltungen oder neuer Kirchen, die entstehen. Sie versuchen, die Bibel ohne Tradition zu interpretieren, als ob eine „Tabula rasa" wirklich möglich wäre.

Tony Lane glaubt, dass Tradition mit dem 5. Gebot, Vater und Mutter zu ehren, zusammenhängt, die in [diesem] Kontext unsere geistlichen Vorfahren waren. (Lane 2000, 11) Dies würde das Volk Gottes davor bewahren, den anderen Göttern ihrer Nachbarvölker nachzulaufen. Allerdings hat das Ehren nicht unbedingt Gehorsam in allen Aspekten zur Folge. Tradition ist, die Lehre und die Konzepte der Vergangenheit zu empfangen und sie auf neue Situationen zu übertragen, so wie es durch die ganze Bibel hindurch geschieht. Esra und Nehemia mussten nach dem Exil, als Israel keinen davidischen König mehr hatte und die Form der Theokratie sich deshalb verändert hatte, die Thora auf eine neue Situation anwenden. Das Gleiche geschieht, wenn Jesus das Gesetz auf einen neuen Kontext anwendet und ihm eine neue Auslegung gibt, oder wie wir sagen könnten, nach Gottes ursprünglicher Absicht mit dem Gesetz fragt, welche sich im Laufe der Geschichte aufgrund von Traditionen usw. verschoben hatte. (Mt 5) Jesus warf Tradition nicht hinaus, sondern korrigierte ihre Auslegung des Gesetzes. Er wurde von den jüdischen Führern seiner Tage beschuldigt, das Gesetz gebrochen zu haben, obwohl er Gottes beabsichtigtem Zweck des Gesetzes treu war. Auf diese Weise schützt Tradition uns vor neuen Interpretationen, die jegliche Verbindung zur Vergangenheit gekappt haben, tendiert aber zugleich dazu, uns an die Praktiken der Vergangenheit zu fesseln, die häufig kulturell oder durch die Umstände bestimmt sind. Tradition ist gut, muss aber hinterfragt werden, wie Jesus es tat.

Tradition im Vergleich zu Traditionalismus

Im berühmten Vortrag „The Vindication of Tradition: The 1983 Jefferson Lecture in the Humanities" (Die Rechtfertigung der Tradition: Die 1983 Jefferson-Vorlesung in Geisteswissenschaften) betonte Jaroslav Pelikan: „Tradition ist der lebendige Glaube der Toten; Traditionalismus ist der tote Glaube der Lebendigen". Und ich nehme an, ich sollte hinzufügen, dass es Traditionalismus ist, der der Tradition einen so schlechten Namen gibt."[1] Anders ausgedrückt, bedeutet Tradition im Erbe der Vorfahren zu verharren, wohingegen Traditionalismus bedeutet, die Dinge so zu tun, wie sie immer getan worden sind. Das Gleiche wird von Stuart Murray betont, der ein Gespräch erwähnt, das er mit einem Leiter einer Jugendorganisation hatte. Dieser hatte ihm erzählt, dass sie ein Wort empfangen hatten, das sie als prophetisch ansahen: „Lasst eure Traditionen los und behaltet euer Erbe." (Murray 2010, 17) Als sie über dieses Wort nachdachten, erkannten diese Leiter, dass „viele Traditionen über die Jahre herangewachsen waren, die vielleicht einmal wertvoll gewesen waren, aber nun die Organisation daran hinderten, ihre Hauptberufung zu erfüllen." (Murray 2010, 17-18)

Tradition erscheint nicht nur einfach aus dem Nichts. Gewöhnlich gab es einen spezifischen Grund dafür, weshalb man begonnen hatte, Dinge auf eine bestimmte Art und Weise zu praktizieren. Doch mit der Zeit geraten die Gründe, weshalb Dinge auf eine bestimmte Art und Weise getan werden, in Vergessenheit und/oder die Umstände ändern sich. Die Dinge werden weiter genau so getan, weil Praktiken und Institutionen dazu tendieren, mächtige unabhängige Entitäten zu werden. Sie bestimmen, wie

---

[1] Zugriff: 25/09/2014.

die Dinge getan werden, weil es ein gewisses Gefühl der Sicherheit in Verbindung mit der Vergangenheit mit sich bringt. Wenn Tradition nicht hinterfragt wird, verewigt sie bestimmte Gepflogenheiten und Praktiken, die ihren Sinn und Zweck verloren haben, und wird zum Traditionalismus. Deshalb müssen wir uns dessen bewusst sein, dass jene Traditionen, die in der Vergangenheit sehr hilfreich waren, uns heute binden können. Lösungen aus der Vergangenheit können in der Zukunft zu Problemen führen. Dies bedeutet nicht, dass wir für unsere Institutionen keine Praktiken und Bestimmungen mehr verabschieden sollten, sondern dass wir uns dessen bewusst sein müssen, dass sie nur vorübergehend sind. Bei der Geschwindigkeit, mit der sich die Gesellschaft verändert, wird es dringend notwendig, diese traditionellen Annahmen zu hinterfragen. Einige Fragen, die uns dabei behilflich sein können, die Tradition zu hinterfragen, sind: Weshalb tun wir, was wir tun? Wie kam es dazu, dass wir tun, was wir tun? Welche Probleme wurden damit gelöst? Welche Probleme werden heute durch sie verursacht? usw. Offensichtlich sind diese Fragen unbequem, da sie ständig neu auf uns zukommen und uns nie zur Ruhe kommen lassen.

Die Art und Weise wie Jesus mit Tradition umgeht, zeigt uns einige wichtige Dinge. Die Pharisäer hatten einen Zaun um das Gesetz gezogen, so dass niemand sie auch nur annähernd übertreten sollte. Auch wenn es möglicherweise mit einer guten Absicht geschehen war, wurden sie legalistisch und ignorierten die Absicht des Gesetzes. Jesus wirft nicht das ganze Ding aus dem Fenster, aber er hinterfragt es. Jesus erkennt, dass sie die Vorschriften des Gesetzes befolgen und doch weit von Gottes Absichten entfernt sein konnten. (Mt 23) Jesus korrigiert die falschen Auslegungen der Gesetze in der Bergpredigt: „Ihr habt gehört, dass gesagt ist […]. Ich aber sage euch […]" Jesus macht nicht nur auf eine vollständigere Offenbarung von Gottes Absichten aufmerksam, sondern korrigiert auch die falschen Auslegungen der Vergangenheit. Er stützt sich auf das Alte Testament und macht Gottes Absicht klar. Als Menschen haben wir die Tendenz, alles in Gesetze zu verwandeln; es scheint, als hätten wir die Situation besser unter Kontrolle und wüssten, wer Recht hat und wer im Unrecht ist. Vielleicht ist das einer der Gründe, warum wir viel mehr

Geschichten als Gesetze in der Heiligen Schrift haben. Geschichten sind weniger eindeutig und schaffen immer eine gesunde Unsicherheit; sie scheinen bestimmte unerwartete Wendungen zu enthalten, die nicht so gut mit unserer Theologie übereinstimmen, was uns immer ein wenig beunruhigt und von Gott abhängig macht.

Um zu überleben und ein gutes Leben zu haben, schaffen wir Strukturen, die uns helfen sollen. Diese ergeben sich aus einem spezifischen Kontext und lösen viele Probleme. Mit der Zeit, jedoch, scheinen diese Strukturen ein Eigenleben zu entwickeln und wichtiger als ihr ursprünglicher Zweck zu werden. So wird die Organisation von diesen objektiven Strukturen geleitet, während sie doch von den Zielen der Organisation gesteuert werden sollte. Das bedeutet, dass in einigen Fällen der Wagen weiter von einem toten Pferd gezogen wird. Einige unserer Gepflogenheiten, die einen historischen Grund haben, müssen hinterfragt werden: Weshalb sollte das Abendmahl von den Diakonen verteilt werden? Was ist die biblische Grundlage dafür? Ich behaupte weder, dass es falsch ist, noch, dass es geändert werden sollte, aber es ist zu einem Dogma geworden, so dass [manche] Leute sehr nervös werden, wenn diese Frage aufgeworfen wird, vielleicht sogar so sehr, dass sie diesen Artikel nicht zu Ende lesen! Andere ähnliche Fragen: Wir behaupten, dass die Taufe ein Gehorsamsschritt ist. Das ist mit Sicherheit nicht falsch, aber welche anderen Dinge sind ein Gehorsamsschritt, und warum werden sie nicht so genannt? Wir haben die gute Gepflogenheit, vor dem Essen ein Tischgebet zu sprechen, aber wo wird dies in der Bibel deutlich gelehrt? Es gibt verschiedene andere Situationen, die erwähnt werden könnten; dies sind nur ein paar, um uns zum Nachdenken anzuregen. Andere Lehren in der Kirche sind richtig, aber mit einer fragwürdigen Haltung verbunden. Manchmal werden Leute aus der Gemeinde ausgeschlossen, und mehrere Gemeindeglieder sind froh, sie und ihre Sünde losgeworden zu sein. Obwohl die Bibel eindeutig lehrt, dass Gemeindezucht ausgeübt werden muss, zeigt unsere Haltung manchmal, dass wir überhaupt nicht verstanden haben, was die Bibel wirklich lehrt. Oder wenn wir über die Hölle sprechen und wie unsere Feinde brennen werden… Wie können wir über die Hölle sprechen und den Akzent auf den verurteilenden Gott setzen, ohne um diejenigen zu weinen, die verblendet worden sind und daher auf die Verdammung zusteuern, weil sie Gottes barmherzige Liebe zu ihnen nicht erkennen? Unsere Theologie tendiert dazu, zu bestimmen, welche Lehren wir mehr und welche wir weniger betonen. Mit anderen Worten: Unsere Ideologie beeinflusst unsere Theologie. Das bedeutet, dass Tradition mächtiger wird, als sie sein sollte.

Die Theologie und Institutionen neu durchdenken

Um dieses Problem zu lösen, schlagen Grenz und Olson vor, dass Theologie drei Elemente beinhalten sollte: Bibel, Tradition (das Erbe der Kirche) und Kultur (Kontext). (2006, 102-112) Wir könnten dieses einen Trialog nennen.

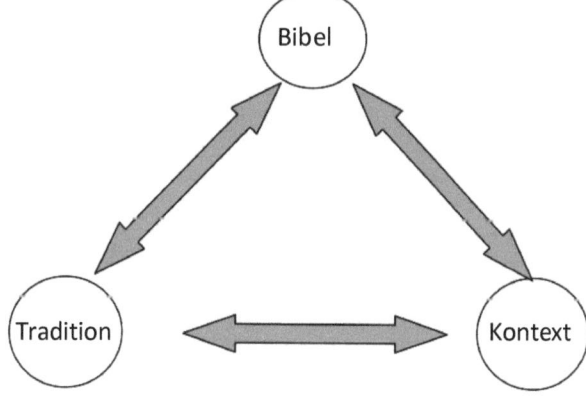

Bibel

Hier steht die Bibel zu Recht über der Tradition und dem Kontext als diejenige, die das letzte Wort bei der Bestimmung unserer Theologie hat. Die Bibel ist das inspirierte Wort Gottes und prägt, wie wir die Welt betrachten sollten. Wir müssen jedoch vorsichtig sein, wie wir die Bibel lesen. Die meisten Menschen denken, dass sie ihre Theologie nur auf die Bibel gründen und nehmen nicht wahr, wie ihr Verständnis von der Bibel von der Tradition (die Auslegung der Bibel in der Vergangenheit, die ihnen überliefert wurde) und dem Kontext, in dem sie sich befinden, geprägt ist, was wiederum einen riesigen Teil ihrer eigenen Weltanschauung bestimmt. Die Bibel muss in ihrem ursprünglichen Kontext gelesen werden, damit wir zu verstehen versuchen, was die Bibel [damals] bedeutete, bevor wir zu dem kommen, was die Bibel [heute] bedeutet. Ohne diese Kontrolle fallen wir der postmodernen rezeptionsästhetischen Interpretation zum Opfer, in der der Leser die Bedeutung des Textes bestimmt.

Tradition

Tradition oder das theologische Erbe der Kirche bedeutet, dass wir auf die Geschichte zurückblicken und sehen, wie die Heilige Schrift in der Vergangenheit in ihrem spezifischen Kontext ausgelegt wurde. Die Dinge etwas distanziert vom Kontext zu sehen, hilft uns zu analysieren, was sie zu lösen versuchten, wie sie dabei vorgingen, und welche Resultate sie erzielten. Dies hilft uns, der Gefahr des Versuchs mit der Theologie bei null anzufangen, zu entgehen. Die Tradition hat nicht das letzte Wort, aber sie sollte allerdings eine wichtige Rolle dabei spielen, die Fehler der Vergangenheit zu vermeiden. John Stott erinnert uns daran, dass Tradition zu verachten heißt, den Heiligen Geist zu verachten, der durch all die Jahrhunderte hindurch in der Kirche aktiv gewesen ist. (Stott 1992, 8) Gottes Volk hat es seit dem Alten Testament gegeben, und wir sollten von ihm lernen. Das Volk Gottes der Vergangenheit bestimmt nicht, wie die Kirche heute aussehen sollte, aber es gibt der Kirche Hinweise in Bezug auf Glaubens- und Verhaltensfragen, Hinweise, die auf sein eigenes Verständnis der Heiligen Schrift gegründet sind. Tradition ist wie das Volk Gottes die Heilige Schrift in der Vergangenheit verstanden hatte. Sie wurden vom Heiligen Geist beeinflusst und mussten sich auch mit der gefallenen Natur des Menschen auseinandersetzen. Beide Elemente waren in Schaffung von Lehren und Praktiken, die uns als Traditionen überliefert worden sind, gegenwärtig. Tradition kann also den Heiligen Geist einschränken, indem sie ihm zu sagen versucht, was er imstande zu tun ist. Ohne Tradition jedoch, werden wir zu Sklaven des heutigen Kontextes; alles wird von unseren gefühlten Bedürfnissen bestimmt. Tradition ist immer ein Richtwert, aber nie der bestimmende Faktor. In einem gewissen Sinne ist Tradition mit dem Konservatismus verbunden, wobei es einen guten und einen schlechten Konservatismus gibt. J. I. Packer erwähnt eine Art von Konservatismus, der mit der heldenhaften Vorstellung verbunden ist, etwas zu erhalten, das als sehr wertvoll angesehen wird und gefährdet ist. Das braucht Intelligenz, kritisches Denken und den Mut, Stellung gegen die kulturellen Strömungen zu beziehen, um zu retten, was richtig ist. Dieser Konservatismus (Tradition) ist sehr wertvoll. Auf der anderen Seite gibt es einen blinden und sturen Konservatismus, der das, was alt und konventionell ist, nur aufgrund seines Alters und seiner Überlegenheit in der Vergangenheit festhält; eine Art von Voreingenommenheit, die sich weigert, über die neue Situation nachzudenken. (Packer 1998, 232) Dies weist darauf hin, dass es einen guten und einen schlechten Konservatismus gibt. So wie der gute und schlechte Konservatismus häufig vermischt und nicht leicht zu unterscheiden sind, geschieht das Gleiche auch mit der Innovation. Wir befinden uns in einer sich ständig verändernden Kultur, die neue Strukturen fordert, aber wie weit können wir gehen, ohne das Evangelium zu verwässern? Oder gar: Waren die vom Konservatismus verteidigten Strukturen nicht die avantgardistischen Strukturen der Vergangenheit? Wenn wir zu neuen Strukturen nein sagen und ja zu den alten, binden wir uns dann nicht an die Kultur der Vergangenheit? War die Moderne wirklich besser als die Postmoderne?

Kontext

Kontext ist die Kultur der Gesellschaft, in der wir uns befinden. Kultur verändert sich in einem rasanten Tempo und wirft neue Fragen auf. Wenn die Theologie nicht die Fragen beantwortet, die die Menschen heute stellen, wird sie gänzlich irrelevant. Theologie und Gemeindestrukturen tendieren dazu, sich selbst einen inspirierten Status zuzuschreiben; die Menschen, die sie übernehmen, sind davon überzeugt, dass ihre Interpretation der Bibel (Theologie) die gleiche Autorität wie die Bibel hat. Also ist Interpretationen und Strukturen zu hinterfragen gleichbedeutend damit, die Bibel zu hinterfragen. Andererseits werden wir zu Sklaven der gegenwärtigen Kultur, wenn die Theologie vom Kontext bestimmt wird. Deshalb ist es so dringend notwendig für uns, den Kontext zu analysieren und unsere Theologie so anzupassen, dass sie die heutigen Fragen beantwortet; denn wenn wir es nicht tun, binden wir unsere Theologie an die Kultur der Vergangenheit. Wir können es uns nicht leisten, die Weltanschauung der heutigen Gesellschaft zu ignorieren, da das die Sprache der Leute ist. Ihre Sprache zu ignorieren bedeutet, dass wir in einer Sprache kommunizieren, die die Menschen nicht verstehen. Folglich können sie auch nicht auf das Evangelium reagieren. Andererseits werden wir eine Kultur fördern, und nicht das Evangelium weitergeben, wenn wir der heutigen Kultur ohne Unterscheidungsvermögen Glauben schenken.

Kulturveränderungen, die in Betracht gezogen werden müssen

Die Werte der modernen Welt

Wenn wir beurteilen, wie die Gemeindestrukturen sich an die neue Welt anpassen können und müssen, müssen wir zuallererst den modernen Kontext verstehen und dann einschätzen, wie der Kontext sich zur postmodernen Zeit hin verändert hat.

- Alles muss gemessen werden. Die Moderne drang auf Objektivität. Alles musste gemessen werden und zu numerischen Ergebnissen führen, das heißt, alle Organisationen und Institutionen werden „Dinge/Objekte". Dinge werden produziert, werden benutzt, gehen kaputt und werden in den Müll geworfen. Die Gemeinde wird durch zahlenmäßiges Wachstum bestimmt. Deshalb wurde die Gemeindewachstumsbewegung so stark; sie war auf das moderne kapitalistische Paradigma aufgebaut. Man versucht dabei, neue Mitglieder mit weniger Aufwand, in kürzerer Zeit und mit weniger Investitionen hervorzubringen. Da die Produktivität und die Zahlen die wichtigsten Aspekte sind, werden Gemeindemitglieder, die Probleme verursachen, im Grunde aus der Szene entfernt; sie haben gezeigt, dass sie nicht bereit sind, dem Herrn in ihrem täglichen Leben zu folgen, also werden wir unsere kostbare Zeit nicht mit ihnen verlieren; es würde uns davon abhalten, mehr Menschen zu Jesus zu bringen.

- Kontrolle. Da alle Dinge gemessen werden, muss Erfolg gemessen werden. Und die Dinge werden gemessen, damit sie kontrolliert werden können. Die Moderne bestand darauf, dass wir nicht nur die besten Ziele, sondern auch die besten Methoden haben sollten. Kontrolle hängt mit Programmen und Methoden zusammen. Daher ist die Methode so außerordentlich wichtig. Mit den richtigen Methoden wird sich der Erfolg einfinden, oder in anderen Worten, wird die Kirche wachsen. Werte sind mit einem messbaren Erfolg verbunden. Wenn das endgültige Resultat positiv ist, hatten wir Erfolg; egal wie wir dahin gekommen sind.

- Hierarchie. Um Erfolg zu erzielen, braucht man Kontrolle. Um die Kontrolle zu gewährleisten, brauchen wir Hierarchie. Wenn ich in irgendeiner Struktur einer Organisation über dir bin, bin ich besser als du. Insofern dreht sich alles um den Konkurrenzkampf und darum, der Beste zu sein. Der „Beste" ist die Person mit der höchsten hierarchischen Position; das bedeutet, dass alles mit Macht zusammenhängt. Konkurrenz ist gut und stellt sicher, dass an der Spitze der Beste ist; auch hier, ohne dass es etwas ausmacht, welche Mittel genau verwendet wurden, um den Erfolg zu erreichen. Wer die meiste Macht hat, bestimmt die Ziele und die Methoden. In der Kirche sind die Entscheidungsträger diejenigen, die Macht haben, und nicht unbedingt diejenigen, die geistlich reifer sind.

Institutionen innerhalb dieses Rahmens waren stabil und auf die rechte Lehre, die richtigen Evangelisationsmethoden, Jüngerschaftsprogramme, Gesangbücher usw. gebaut. Es gab Verhaltensregeln, richtige Arten und Weisen in die Gemeinde einzutreten und Gemeindezucht zu üben, Betonung auf Gemeindemitgliedschaft usw. Was Sünde war, war klar, und die Regeln waren eindeutig. Aber diese Normen und Programme waren vom Pragmatismus bestimmt: Was auch immer zu den besten Ergebnissen führte.

Die Werte der postmodernen Welt

i. Relativismus. Obwohl die Menschen im Modernismus wussten, was recht/unrecht war und wussten, welches die richtigen

Methoden waren, um ihre Ziele zu erreichen, wurden die Menschen gegenüber den erzielten Ergebnissen misstrauisch. Zum Beispiel hat der Zweite Weltkrieg Gewinner und Verlierer hervorgebracht; aber zu welchem Preis? Waren die Gewinner wirklich Gewinner, oder gab es nur Verlierer? Der so hoch geschätzte Zugewinn kann mehr Schmerz als erwartet mit sich bringen. Aus diesem Grund reagierte die Postmoderne und sagte, dass es keine klaren Parameter für Recht oder Unrecht gäbe. Sie glauben, dass die Freiheit, nicht mehr mit der rechten Art und Weise die Dinge zu tun übereinstimmen zu müssen, ihnen die Freiheit bringen wird, nach der sie sich so sehnen. Also haben sie die richtigen Methoden und die Ziele der Moderne abgelegt, ohne genau zu wissen, was sie wollen, und haben nicht gemerkt, dass sie von der Genusssucht versklavt worden sind. Alle Bezugspunkte sind entfernt worden, nichts ist heilig, nichts ist tabu, nichts hat Bestand: Gott, Familie, Gemeinde usw. Alles ist relativ, nichts ist ewig, das Leben ist oberflächlich, aber intensiv geworden.

ii. Pragmatismus. Da es keine richtigen Methoden gibt, ist alles gut, wenn die Resultate gut sind. Der Erfolg bestimmt, was richtig ist, und die Kultur bestimmt, was Erfolg ist. Die Gesellschaft ist zum Sklaven des Erfolgs geworden. Dieser Erfolg jedoch, wird nicht so gemessen wie in der Moderne, wo es immer mehr und besser und größer sein musste. Erfolg wird sehr unterschiedlich gemessen, da es keine festen Parameter für Erfolg gibt, jedoch meistens in Verbindung mit Gefühlen und Erfahrungen.

iii. Gefühle und Erfahrungen sind die wichtigsten Parameter. Wenn es kein Recht oder Unrecht gibt, können Erfahrungen nicht beurteilt werden. Sie werden grundsätzlich auf der Basis der unmittelbaren Wirkung, die sie haben, gemessen. Die Genusssucht regiert. Die Gesellschaft hat sich in Adrenalinjunkies verwandelt; alles muss cool sein, alles macht Spaß. Aber Gefühle sind sehr unbeständig: Was sich heute gut anfühlt ist morgen alt. Die Unterhaltungskultur lebt davon. Das

Wichtigste ist, den Menschen vorauf zu sein, neue Formen der Unterhaltung anzubieten, die neue Gefühle und Erfahrungen liefern, im Wissen, dass nichts Bestand hat. Was heute „oben" ist, wird in ein paar Tagen sterben. Der Reiz des Neuen ist in dem Zeitalter, in dem wir leben, ausschlaggebend.

Ob es uns gefällt oder nicht, die Kirche und ihre Struktur sind in diese Art von Gesellschaft eingebettet. Die Kirche kann dem Eindringen der Postmoderne für einige Zeit widerstehen, aber wird die Risse im Damm nur für eine begrenzte Zeit flicken können. Danach bricht der Damm und es regiert das Chaos. Die Frage ist also, wie mit dieser neuen Gesellschaft umzugehen ist. Ob es uns gefällt oder nicht, sie beeinflusst alle Menschen und damit auch die Kirche. Institutionen innerhalb dieses Rahmens sind veränderlich, es fällt ihnen schwer, die rechte Lehre zu bestimmen; viele von ihnen ziehen es vor, Jesus zu lieben und den Rest dem einzelnen Christen zu überlassen. Gemeindemitgliedschaft ist problematisch, da viele Christen entscheiden, sich nicht offiziell anzuschließen: „Sie mögen Jesus, aber nicht die Kirche." Regeln, die besagen, was erlaubt und was verboten ist, sind sehr kompliziert und so wird die meiste Gemeindezucht aufgegeben. Gewiss stellt dies unsere Sicht der Gemeinde in diesem neuen Zeitalter in Frage. Wir waren uns sicher, dass wir wussten, wie Kirche war, aber wer weiß mit dieser neuen Gesellschaft noch, wie Kirche auszusehen hat?

Wie kann man über Gemeindestruktur in einem neuen Zeitalter nachdenken?

    a. Die neue Kultur ernst nehmen. Die Veränderung in der Kultur ist groß gewesen, wie im Bereich der Kommunikation zu sehen ist (Webber 2002, 61-70; Miller 2004): Von der mündlichen Kommunikation in biblischen Zeiten, wo eine Generation ihre Traditionen und Geschichten an die nächste überlieferte und dabei den Sinn der Welt übermittelte; zur schriftlichen Kommunikation mit der Erfindung der Gutenberg Druckerpresse. „Die Moderne wechselte von der Kommunikation durch

Eintauchen in die Kultur zur Kommunikation durch didaktische Methoden. Die geistliche Prägung verlagerte sich von der Teilnahme an der Gemeinschaft dazu, die Doktrin von gedrucktem Material zu lernen, das Analytische untersucht und intellektuell bejaht werden konnte." (Weber 2002, 64) Dann kam die audiovisuelle Kommunikation, die uns zurück zur visuellen Kommunikation brachte. Marshall McLuhan versuchte diese Veränderungen Mitte der sechziger Jahre zu untersuchen. Seine Schlussfolgerung war: „Das Medium ist die Botschaft." Die Kommunikationsmittel sind nicht neutral, sie übermitteln die eigentliche Botschaft. Pierre Babin, ein Student McLuhans, hat empfohlen, dass wir die jüngere Generation auf eine andere Art und Weise ansprechen müssen: „Drei Eigenschaften des modernen Lebens, die wir, wenn wir auf die jüngeren Generationen zugehen, beachten müssen: Das Wiederaufleben der Phantasie, die Bedeutung von affektiven Beziehungen und Werten, und die Auflösung nationaler und kulturelle Grenzen." (Webber 2002, 65) Laut Webber hat dieser Wandel wichtige Auswirkungen auf die Übermittlung des Glaubens an die neuen Generationen:

i. Die eigentliche Botschaft des Christentums sind nicht rationelle Lehrsätze, sondern die Person Jesu Christi, mit dem eine persönliche Beziehung möglich ist.

ii. Diese persönliche Beziehung wird in einer Gemeinschaft, der Gemeinde, seinem Leib, erfahren und vermittelt.

iii. Um eine Beziehung zu Jesus Christus zu vermitteln, muss die Gemeinde ihn verkörpern, d. h., eine authentische und echte Gemeinschaft sein, in der der Geist wohnt.

iv. Das Hauptanliegen der Gemeinde ist nicht Glaubenslehre zu vermitteln, obwohl das seinen Platz hat, sondern Glaube.

v. In erster Linie wird Glaube durch eine Kombination von mündlicher, visueller und Printmedien vermittelt.[1]

b. Missio Dei. Der Ausdruck Missio Dei wurde im ersten Teil des 20. Jahrhunderts gebraucht. Das Konzept versuchte sich auf Gottes Mission im Vergleich zu menschlichen Missionen zu richten. Mission hatte sich mit der Zeit zu sehr auf menschliche Strategien konzentriert und dabei vergessen, dass es nur eine Mission gibt: Gottes Mission. Gott ist ein missionarischer Gott, und somit derjenige, der das größte Interesse an der Mission hat. Er ist im Missionsfeld bevor der Missionar dort hinkommt und ist in der ganzen Welt am Werk. Gott versöhnt die ganze Welt durch Jesus Christus. Wenn wir über Gemeindestrukturen nachdenken, müssen wir uns das gleiche Denkmuster aneignen. Gemeinde ist in erster Linie Gottes Gemeinde und nicht ein menschliches Unterfangen. Freilich ist die Kirche aus Menschen zusammengesetzt und daher, menschlich. Gott befindet sich jedoch im Zentrum der Kirche und er bestimmt, wie die Kirche sein sollte. Wenn wir diesen Gedanke erfasst haben, brauchen wir nicht so um die richtigen Strukturen besorgt zu sein, da sie sich mit der Zeit ändern müssen. Die Missionsliteratur ist heutzutage ein „Muss" für Leitungspersonen in der Gemeinde. Missionare gehen in neue Kulturen und müssen die tatsächlichen Bedürfnisse der Menschen verstehen und das Evangelium mit diesem neuen Kontext in Verbindung bringen. Kirchenführer müssen das Gleiche tun. Es reicht einfach nicht mehr, anzunehmen, dass die alten Gemeindestrukturen die Sprache der Leute sprechen werden und die gleichen Ergebnisse wie in der Vergangenheit erbringen werden.

---

[1] Die gesamte digitale Kommunikation mit Computer, Internet und all den anderen elektronischen Technologien verdient vermutlich ein eigenes Kapitel, da sich die Kommunikation in den letzten Jahren stark verändert hat. An dieser Stelle ist kein Platz, um das Thema weiter zu entwickeln.

c. Gemeinde in der Welt. Das Volk Gottes wurde mit einem bestimmten Ziel gegründet. Im Alten Testament wollte Gott alle Nationen der Welt segnen und wählte Abraham dazu aus. Dieses Volk sollte ein Licht für die Nationen sein. Gott setzte sich die ganze Zeit mit seinem Volk auseinander und versuchte, sein Ziel durch sie zu erreichen. Schließlich kam Jesus, um uns zu zeigen, wie wir leben sollen, und Gottes Volk setzte sich, statt aus einer ethnischen Gruppe, aus einer Glaubensgemeinschaft zusammen, um den gleichen Zweck zu erfüllen: Ein Licht für die Nationen zu sein. Wenn die Kirche ihre missionarische Dimension verliert, hat sie ihren Zweck verloren und wird somit zu einer Kirche ohne eine Mission und wird letztendlich gar keine Kirche mehr sein. Missionarisch gesinnt zu sein bedeutet, dass wir die gefallene Natur der Welt ansehen und unsere Hauptmission gegenüber diesen Menschen erkennen. Das bedeutet, dass wir zu dieser neuen Kultur gehen müssen, sie verstehen, ihre Sprache sprechen und das Evangelium so vermitteln, dass sie es verstehen und imstande sind, darauf zu antworten. Wenn wir weiter darüber streiten, was wir in unseren Gemeinden vorziehen, verlieren wir unseren Fokus und werden schließlich ein religiöser Klub.

d. Jesus Christ als Modell. Jesus Christus wurde Mensch und war in die menschliche Kultur eingetaucht. Er kam nicht nur, um uns zu sagen, was wir tun sollten, sondern zeigte uns auch, wie wir es tun konnten. In anderen Worten: Wir sollen seinem Beispiel folgen. Er hinterfragte die Strukturen seiner Zeit, weil sie ein anderes Evangelium vermittelten. Er war bereit, zu leben und zu sterben, um alle Dinge mit Gott zu versöhnen. Traurigerweise ist Jesus sehr vom Gemeindeleben losgelöst worden. Wir beten Jesus an, aber wir folgen ihm kaum. Wir konzentrieren uns so sehr auf seine göttliche Natur, dass wir nicht wirklich glauben, dass wir ihm nachfolgen sollen. Wenn Jesus göttlich ist, beten wir ihn an, er hat das letzte Wort; wenn er aber auch Mensch ist, folgen wir ihm; so wie er gelebt hat, sollen auch wir leben, einzeln und zusammen. Seine Prioritäten sollen unsere Prioritäten sein; die Menschen, mit denen er sein Leben verbrachte, sollen die Menschen sein, mit denen wir unser Leben verbringen, und so weiter. Dies ist eine echte Herausforderung, wenn wir das Volk Gottes in der Welt sein wollen.

e. Beziehungen. Während die Moderne den Akzent auf Programme und Methoden setzte, befasst sich die Postmoderne weit mehr mit Beziehungen. In dieser Hinsicht hilft uns die Postmoderne, uns auf Menschen und nicht auf Institutionen zu konzentrieren. Natürlich brauchen wir Gemeindestrukturen, und Gottesdienst ohne Strukturen wird nicht Bestand haben. Jedoch muss der Schwerpunkt unserer Programme darauf ausgerichtet sein, Beziehungen aufzubauen und zu pflegen. Wir wachsen an Reife durch Beziehungen und nicht bloß durch das Hören einer Predigt. Was immer wir planen, ob soziale Aktivitäten, evangelistische Einsätze usw., sie konzentrieren sich nur auf Beziehungen. Dies bedeutet auch, dass wir uns mehr darauf konzentrieren, das Evangelium zu leben, und gemeinsames Lernen und weniger vertikales Predigen zu fördern.

f. Den Kontext überbrücken. Wenn ein Missionar auf ein Missionsfeld geht, hat er eine Vorstellung davon, wie Gemeindeleben zu sein hat. Wenn er beginnt, die neue Kultur zu verstehen, kann sich dieses Konzept jedoch bedeutend verändern, während er versucht, das unveränderliche Evangelium mit einer neuen Kultur in Beziehung zu bringen. So tendieren die eingeführten Gemeindestrukturen dazu, sich im Laufe der Zeit zu verändern, weil er möchte, dass sie der Bibel entsprechen. Wovon er anfangs gedacht hatte, dass es bestimmte Ideen vermitteln würde, kann in die falsche Richtung gehen. Deshalb sind ständig Anpassungen und Veränderungen nötig. Das Gleiche muss in unserem neuen Kontext geschehen. Wir müssen vom Ende her beginnen und nicht vom Anfang. Wenn wir Epheser 4,11-16 lesen, bekommen wir eine kleine Vorstellung davon, wie Kirche aussehen sollte. Es geht darum, das Volk Gottes zur Reife zu führen, damit es wie Christus ist. Wir sollten also prüfen, ob unsere Gemeindestrukturen und -programme usw. uns darin behilflich sind, dieses Ziel zu erreichen. Wenn sie es nicht sind, wollen wir uns ändern. Wenn wir eine bestimmte Gruppe von Menschen zu erreichen versuchen und unsere Strukturen uns darin nicht behilflich sind, wollen wir uns anpassen. Oft ist das „Ideal" nicht so leicht zu erreichen, und wir müssen uns auf Zwischenziele konzentrieren, die uns zu den Zielen führen könnten, zu denen die Bibel uns laut unserem Verständnis bewegt.

Schluss

Die Gemeinde ist in der Welt, wird von der Welt beeinflusst (Kontext) und hat die Tendenz, von der Tradition (Kirchliche Theologie und Strukturen der Vergangenheit) bestimmt zu werden. Doch im Trialog merken wir, dass die Bibel das letzte Wort haben muss. Aber wir sollten nicht zu theologisieren versuchen, ohne die Geschichte (Tradition) und die heutige Welt (Kontext) im Blick zu haben. Einer meiner Freunde nannte eine interessante Statistik über die Kirche in Kanada. Im Grunde existiert eine Gemeinde 80 Jahre lang, die Zeitspanne von zwei Generationen. Die erste Generation ist bekehrt und weiß, warum die Gemeinde existiert. Die zweite Generation weiß nicht, warum die Gemeinde existiert; sie macht im Grunde mit der Tradition weiter. Die dritte Generation fragt, warum die Gemeinde existiert, und die zweite Generation ist außerstande, diese Frage zu beantworten. Also fällt die Gemeinde in sich zusammen. Tradition und Kontext müssen von der Bibel geprüft werden. Reflexion bedeutet, die Dinge aus einem anderen Blickwinkel zu betrachten. Diese Reflexion muss mit Menschen unterschiedlichen Alters durchgeführt werden, damit wir nicht an die Vorlieben unserer eigenen Kultur gebunden sind, sondern lernen, mit den verschiedenen Kulturen, die nebeneinander in der Kirche leben, in den Dialog zu treten. Es scheint, als wären Organisationen (und Gemeinden) wie Einräder: Sobald man drauf sitzt, bewegt man sich oder man fällt. Wandel ist nicht einfach, er erfordert Reflexion und Opfer. Aber die Dinge ohne eine kritische Reflexion einfach nur zu lassen wie sie sind, hat einen noch höheren Preis.

Bibliografie

AVIS, Paul. Tradition. In HASTINGS, Adrian; MASON, Alistair; Pyper, Hugh (Ed.). The Oxford companion to Christian thought. Oxford: Oxford University Press, 2000, S. 711-712.

BERKHOF, Hendrikus. Introduction to the study of dogmatics. Grand Rapids, Mich.: Eerdmans, 1985.

GRENZ, Stanley; OLSON, Roger. Iniciação à teologia. São Paulo; Vida, 2006.

LANE, Tony. O lugar da tradição. In KEELEY, Robin (Ed.). Fundamentos da teologia cristã. São Paulo: Vida, 2000, S. 11.

MCGRATH. Alister E. The genesis of doctrine. A study in the foundation of doctrinal criticism. Grand Rapids, Mich.: Eerdmans. 1990.

_____. Historical theology. An introduction to the history of Christian thought. Malden, Mass.: Blackwell, 1998.

MILLER, M. Rex. The millennium matrix. Reclaiming the past, reframing the future of the church. San Francisco: Jossey-Bass, 2004.

MURRAY, Stuart. Anabaptists. In HART, Trevor A. (Ed.). The dictionary of historical theology. Grand Rapids, Mich.: Eerdmans, 2000, S. 13-16.

_____. The naked Anabaptist. Scottdale, Pen.: Herald, 2010.

OLSON, Roger E. The story of Christian theology. Twenty centuries of tradition & reform. Downers Grove, IL: InterVarsity, 1999.

_____. História das controvérsias da teologia cristã: 2000 anos de unidade e diversidade. São Paulo: Vida, 2004.

PACKER, J. I. O conforto do conservadorismo. In HORTON, Michael S. (Ed.). Religião de poder. A igreja sem fidelidade bíblica e sem credibilidade no mundo. São Paulo: Cultura Cristã, 1998, S. 231-243.

STOTT, John R. W. A cruz de Cristo. Deerfield, Fl: Vida, 1992.

WEBBER, Robert E. The younger Evangelicals. Facing the challenges of the new world. Grand Rapids, Mich.: Baker, 2002.

Herausforderungen im Bereich der postmodernen Jugendarbeit

Michael Friesen

Michael Friesen, Jahrgang 1985, wurde in Kanada geboren, hat aber seine Kind- und Jugendzeit ab dem fünften Lebensjahr in der Kolonie Menno im Chaco verbracht, mit einer dreijährigen „Auszeit", vom 8. - 10. Lebensjahr, in der er mit der Familie in Asunción wohnte. Nach dem Abschluss der Sekundarschule besuchte er das Lehrerbildungsinstitut in Filadelfia, danach unterrichtete er zwei Jahre in einer Grundschule in Nordmenno und stieg dann hauptamtlich in die Jugendarbeit in der Emanuel Mennoniten Gemeinde in Loma Plata ein. Seit 2010 beschäftigt er sich nun eingehend mit der Welt der Jugendlichen. Aus diesem Hintergrund hat er seine Erfahrungen, Beobachtungen und durch verschiedene Kurse oder Lektüre angeeignetes Wissen in diesem Artikel einfließen lassen, mit der Hoffnung, dass es für andere von Nutzen sein kann.

1. Die Jugend im Sog der Postmoderne

Ein mutiger, lebensfroher, vielleicht sechsjähriger Junge nähert sich neugierig dem Flussufer. Wasser hat ihn immer schon fasziniert. Er findet es so interessant, dass die kleinen grünen Pflänzchen auf der Wasseroberfläche wie von selbst an ihm vorüberziehen. Von dem Geist eines Entdeckers getrieben steigt er ins Wasser - und allzu schnell hat er den Halt unter den Füßen verloren. Der Strom reißt ihn flussabwärts. Er hat die Gefahr der Strömung nicht rechtzeitig erkannt. Wird er gut genug schwimmen können? Wird er Halt, Orientierung finden? Wird ihm jemand beistehen? Oder wird er ertrinken?

Ich möchte dieses Bild teilweise benutzen, um den Sog der Postmoderne zu veranschaulichen. Die Postmoderne gründet sich auf eine Lebenseinstellung, auf eine Denkweise, die sich in wesentlichen Punkten von der Moderne unterscheidet. Auf diese Unterschiede gehe ich etwas später ausführlicher ein. Hier nur kurz vorausgeschickt: Während in der Moderne die Vernunft die oberste Instanz beim Treffen von Entscheidungen war und man an das Gute im Menschen glaubte, sodass sich die Welt zum Besseren entwickeln würde, so haben in der Postmoderne das persönliche Erleben, die Erfahrung, die Gefühle einen viel höheren Stellenwert. Daher kann jeder nur für sich selber festlegen, was wahr und gut ist. Der typische Postmodernist ist enttäuscht von dem Menschen selbst, da er so viel Leid verursacht, er ist daher grundsätzlich misstrauisch und für ihn gibt es keine absolute Wahrheit mehr, er lebt nach seinem eigenen Gutdünken.

Dieser Zeitgeist stellt eine eigene Kraft dar, die unsere Jugendlichen auf eine oder andere Weise beeinflusst. Deshalb rede ich von einem Sog. Er bietet viele Gefahren, enthält aber auch spezifische Möglichkeiten, auf jeden Fall viele Herausforderungen. Wer die Gefahren nicht kennt, wird wahrscheinlich von seinem Sog mitgezogen und landet vielleicht an einem Ort, wo er nicht hingelangen wollte. Deshalb will ich im Folgenden versuchen einige der Hauptströmungen unserer Zeit zu identifizieren und aufzuzeigen, wie sich diese auf die Welt der Jugendlichen auswirken. Ich erhebe dabei keinen Anspruch auf Vollständigkeit, da dieses Thema sehr breit und vernetzt mit allen möglichen Lebensbereichen ist, die man in einer Analyse wohl nie alle erfassen kann. Dennoch hoffe ich, dass folgende Betrachtung mehr Klarheit und Verständnis für die Welt der Jugendlichen bewirkt und dadurch dem einen oder anderen hilft, ein Leuchtturm oder ein Anker in dieser Zeit zu sein.

In diesem ersten Teil werde ich versuchen, den Ist-Zustand mit den damit einhergehenden Tendenzen und Gefahren darzustellen. Im zweiten Teil will ich dann auf die Möglichkeiten der Gemeinde eingehen, die sie im Bereich der postmodernen Jugendarbeit hat.

Die Unterschiede zwischen den Generationen, die Spannung des Wandels hat es wohl schon immer gegeben. Allerdings bringt die Postmoderne mehrere grundsätzliche Veränderungen mit sich hinsichtlich der Art und Weise, wie man dem Leben und dem Nächsten gegenüber steht. McDowell behauptet zur Distanz zwischen den heutigen Generationen: *„Die berühmte Kluft zwischen den Generationen, die soziale und emotionale Distanz zwischen Erwachsenen und Kindern, bestand mehr oder weniger schon immer. Es ist ganz natürlich, dass jede neue Generation eine einzigartige Identität etablieren und sich so von ihren Eltern abgrenzen will. Wenn aber massive soziale Veränderungen innerhalb kürzester Zeit auftreten, wird die Kluft immer größer. Und vielleicht hat noch keine Generation der Weltgeschichte so schnelle und weitreichende Veränderungen in einer solch kurzen Zeitspanne erlebt, wie unsere heutigen Jugendlichen."*[1]

a. Die Jugend im Sog des Wohlstands

Der Wandel in unserer Mitte von der Moderne zur Postmoderne hat zum Teil eigene Züge angenommen, was meines Erachtens wohl hauptsächlich damit zu tun hat, dass wir hier im Chaco lange Zeit ziemlich isoliert gelebt haben und unsere ganz spezifischen Herausforderungen zu meistern hatten, wie z. B. die Besiedlung eines unzivilisierten Gebietes, der Kampf mit dem Klima, gegen Krankheiten, um eine gesicherte Existenz usw.

In der Literatur, die aus Westeuropa oder Nordamerika stammt, spricht man von der Generation der „Babyboomers" (geburtenstarke Jahrgänge), darauffolgend von der Generation X und danach von der Generation Y. Jede Generation hat jeweils ihre eigenen spezifischen Herausforderungen. Der spanische Autor Antonio Cruz ordnet die Generation der „Babyboomers" der Gruppe zu, die zwischen 1945 und 1965 geboren wurde, sozusagen die Nachkriegsgeneration. Cruz behauptet, die Hauptproblematik der Babyboomers seien der Krieg und die atomare Bedrohung gewesen, für die Generation X sei die Arbeitslosigkeit und die unsichere Zukunft die größte Angst gewesen, während die Generation Y sich dadurch auszeichnet, dass sich eine ethische Orientierungslosigkeit und

---

[1] Josh McDowell, *Generation ohne Bindung?* (Christliche Verlagsgesellschaft,

steigende Gewalttätigkeit ausbreitet.[1]

Die Babyboomers und zum Teil auch die Generation X wuchsen in der Moderne auf. Das heißt, dass sie im Zeitalter der Industrialisierung und der großen wissenschaftlichen Fortschritte groß wurden. Es boten sich immer mehr Möglichkeiten, dem ersehnten Wohlstand näher zu kommen. Man glaubte an das Gute im Menschen, dass die Welt sich durch die neuen ungeahnten Möglichkeiten zum Besseren entwickeln würde. Man hatte hohe Ziele und Ideale, für die man kämpfte. Über unterschiedliche Ansichten setzte man sich auseinander. Durch Diskussionen oder durch eine Autorität wurde eine allgemein gültige Meinung festgelegt.

Hier sehe ich einige Parallelen zu der Gesellschaft der Kolonie Menno. Die Umstände waren hart, erforderten das verbissene Festhalten an Zielen. Was zählte, waren rationale Leute, die zu den zahlreichen Problemen vernünftige Lösungen fanden, um das Überleben möglich zu machen. Nach langer harter Arbeit winkte vielleicht irgendwann ein gemütlicheres Leben. Gefühle und Emotionen hatten in diesem (Überlebens-)Kampf wenig Raum. Verschiedene Aufgaben, gingen sie auch noch so schlecht (wie z. B. Ackerfelder jäten, Baumwolle mit der Hand pflücken, Produkte trotz großer Strapazen und Gefahren während des Transports zur Vermarktung bringen usw.), wurden erledigt, weil sie erledigt werden mussten. Es gab keine Alternativen. Die überwiegende Bedeutung der Vernunft im Vergleich zu den Gefühlen gekoppelt mit einem starken Glauben an eine bessere Zukunft war möglicherweise DER Motor für die ersten zwei oder drei Generationen hier im Chaco, diesen schweren Kampf unaufhaltsam fortzuführen.

Es ist, wie man oft sagt: *„Die erste Generation hatte den Tod, die zweite die Not und die dritte das Brot."* Was geschieht in der vierten (und fünften) Generation? Das ist unsere heutige Jugend, Personen, die etwa ab dem Jahr 1990 geboren wurden. Viele aus dieser Generation wuchsen schon im Wohlstand auf. Sie mussten nicht lernen, auf gewünschte Sachen zu verzichten, darauf zu warten oder gegebenenfalls lange dafür zu

---

Dillenburg, 2002), 19.
[1] Antonio Cruz, *Postmodernidad* (Editorial CLIE, 1996), 141.

sparen. Sie mussten nicht lernen, dass jeder seinen Teil dazu beitragen muss, wenn es der ganzen Familie gut gehen soll. Manche wuchsen mit zwei berufstätigen Elternteilen auf, die wenig Zeit für sie hatten, die wenige Arbeiten gemeinsam mit ihren Kindern erledigten, die aber dafür gute Maschinen anschaffen und auch eine Haushaltshilfe anstellen konnten. Die ungemütlichen Arbeiten werden durch Maschinen erleichtert, zum Teil auch schon ganz erledigt. In anderen Fällen lässt man die uninteressanten Pflichten für das Dienstmädchen oder den Hofangestellten. Eine Gefahr, die in dieser Situation entsteht, ist, dass sich dabei (vielleicht unbemerkt) in die Grundhaltung eines Menschen die Ansicht einschleicht: „Warum sollte ich etwas tun, was mir nicht Spaß macht?" Eine weitere Folge, die zwar nicht durch den Wohlstand entsteht, wohl aber durch ihn gefördert wird, ist die gefürchtete Langeweile. Wie das Sprichwort sagt „Müßiggang ist aller Laster Anfang", so bringt das Nichtgefordert-sein, der Leerlauf, kombiniert mit dem Einfluss der Massenmedien ein erhebliches Risiko mit sich, worauf später noch weiter eingegangen werden soll.

Was erstrebenswert ist, ist ein Status, der zum großen Teil mit Geld erworben werden kann. Deshalb bietet das Streben nach Reichtum oder Wohlstand einen gewissen Lebenssinn. Status, Ansehen, die Befriedigung einer neuen Anschaffung erzeugen kurzweilige Erfüllung. Das ist jedoch nichts Neues. Was allerdings neu ist, sind die vielen Möglichkeiten, die die jungen Leute heute haben. Der Zugang zu Krediten, Kreditkarten und Online-Shop machen fast jeden Wunsch in kurzer Zeit möglich.

Umstände, die vor einigen Jahren noch zum Luxus gehörten, sind heute zum Standard geworden. In diesem Bereich möchte ich nur zwei Beispiele erwähnen.

- Die Klimaanlage: Wer nicht bei Klimaanlage schläft, gehört wohl schon zur Ausnahme. Lange Zeit hat man es auch ohne Klimaanlage geschafft, aber heute ist das anscheinend fast nicht mehr möglich.

- Das eigene Fahrzeug: Als ich in das „motorradfähige Alter" kam, war es cool, ein Motorrad des Modells Honda CG 125 fahren zu können. Wenige Jahre später wurde der CG von dem hohen Modell Honda Bros 125 abgelöst. Wiederum wenige Jahre später, also heute, sollte es eigentlich schon ein Honda Tornado 250 sein. Und wer das 18. Lebensjahr erreicht hat, greift immer seltener zum Motorrad, da es ja im Auto gemütlicher ist. Immer mehr Jugendliche befinden sich im Bereich dieser Möglichkeiten.

Der Wandel von einer um die eigene Existenz kämpfende Gesellschaft in eine Wohlstandsgesellschaft ist meines Erachtens einer der stärksten Faktoren, der die Verbreitung der postmodernen Denk- und Lebensweise in unserer Mitte vorangetrieben hat.

b. Die Jugend im Sog der Isolation

Josh McDowell ist ein nordamerikanischer Referent und Buchautor, der mittlerweile über 70 ist und seit Jahren für eine Gott hingegebene Jugend kämpft. Er hat sich intensiv mit der Entwicklung der Gesellschaft und der schwierigen Realität der Jugend auseinandergesetzt. In seinem Buch „Generation ohne Bindung?", das im Jahr 2000 (in Englisch) herausgegeben wurde, zeigt er auf, wie der Sog der Isolation die heutige Jugend in die Selbstzerstörung zu treiben droht. Er redet von den „Millenium-Kids" als die Bevölkerungsgruppe, die in den Vereinigten Staaten zwischen 1977 und 1994 geboren wurde. Er selbst nennt diese Gruppe „Generation ohne Bindung". Er erklärt es folgendermaßen:

„Wenn man mich nach dem Hauptgrund fragen würde, warum unsere jungen Leute den Verlockungen einer gottlosen Kultur erliegen und wütend um sich schlagen, so würde ich erklären, dass sie sich alleingelassen, getrennt und isoliert fühlen und nicht sicher wissen, wer sie wirklich sind. Viele jungen Leute, sogar die aus soliden und gläubigen Elternhäusern, fühlen sich abgetrennt und entfremdet, nicht nur von ihren Eltern, sondern von den Erwachsenen im Allgemeinen und von der Gesellschaft. Die neuesten wissenschaftlichen Studien, meine eigenen Untersuchungen und meine Begegnungen mit Tausenden von Jugendlichen bestätigen die Entfremdung, Identitäts- und Ziellosigkeit der heutigen Jugend. Diese Haltlosigkeit und ihr schwammiges Selbstbild sind der Grund, warum sie sich so fühlen, als ob sie in einer feindlichen Welt gestrandet wären.

Darum nenne ich sie die Generation ohne Bindung oder die isolierte Generation."[1]

Was McDowell für die nordamerikanische Generation beschreibt, deren Geburt zwischen 1977 und 1994 fällt, trifft m. E. in erstaunlichem Maße auf unsere heutige Jugend zu, die Personen, die nach 1990 geboren wurden. Manches davon tritt bei uns noch nicht so stark auf, aber die Tendenz geht zweifellos in dieselbe Richtung.

Viele Jugendlichen fühlen sich einsam und von den Erwachsenen total distanziert. Es wird wenig miteinander geredet. Die Beziehung zu den Eltern oder anderen erwachsenen Personen ist oft von Unverständnis geprägt, was die Distanz bestärkt und die Jugendlichen in ihrer Identitätssuche weiter verunsichert. Ein Hinweis darauf, wie unterschiedlich die moderne und die postmoderne Denkweisen sind, soll an der folgenden Tabelle aufgezeigt werden. Die gleichen Begriffe haben für verschiedene Generationen unterschiedliche Bedeutungen. Daher ist es auch verständlicher, dass Erwachsene und Jugendliche sich gegenseitig oft nicht verstehen. Der Unterschied dieser Denkweisen spiegelt sich sogar in der Sprache wieder. (Quelle der Tabelle: ebenfalls Fußnote 4.)[2]

Begriff	Modernes Verständnis (Erwachsenen-Kultur)	Postmodernes Verständnis (Jugend-Kultur)
Toleranz	Den anderen akzeptieren, ohne seinen Glauben oder Lebensstil gutzuheißen oder zu teilen.	Akzeptieren, dass der Glaube und Lebensstil, die Werte und Wahrheitsansprüche eines Individuums gleichberechtigt sind.

---

[1] Josh McDowell, *Generation ohne Bindung?* (Christliche Verlagsgesellschaft, Dillenburg, 2002), 15-16.
[2] Ebd., 25.

Respekt	Andere mit der ihnen zustehenden Rücksichtnahme behandeln.	Dem Glauben und Lebensstil anderer von ganzem Herzen zustimmen.
Akzeptanz	Leute um ihrer selbst willen annehmen, aber nicht notwendigerweise ihres Handelns oder ihrer Einstellungen wegen.	Den Glauben oder Lebensstil anderer bestätigen und sogar loben.
Moralisches Urteil	Gewisse Dinge sind moralisch richtig oder falsch. Dies wird von Gott festgelegt.	Wir haben nicht das Recht, die Ansichten oder Verhaltensweisen eines anderen zu beurteilen.
Persönliche Vorlieben	Präferenzen zu Farbe, Essen, Kleidungsstil, Hobbys usw. werden persönlich festgelegt.	Präferenzen zum Sexualverhalten, Wertesystem und Glauben werden persönlich festgelegt.
Persönliche Rechte	Jeder hat das Recht, vor dem Gesetz gleich behandelt zu werden.	Jeder hat das Recht zu machen, was seiner Meinung nach das Beste für ihn ist.
Freiheit	Man hat die Freiheit, das zu tun, von dem man weiß, dass man es tun sollte.	Alles tun zu können, was man tun möchte.
Wahrheit	Ein absoluter Standard, der zwischen richtig und falsch unterscheidet.	Was immer einem richtig erscheint.

Die Folgen der Distanzierung zwischen Eltern und Kindern sind vielleicht auf den ersten Blick nicht so leicht als solche erkennbar, doch wenn man die Zusammenhänge betrachtet, ist es erschütternd, wie negativ sich diese Distanz auf die junge Generation auswirkt. McDowell sagt dazu: *„Wir sollten uns nicht wundern, dass eine Generation, die unter der Scheidung der Eltern leidet, nach der Schule ein leeres Heim vorfindet, unmäßig viel Zeit allein verbringt und stundenlang vor dem Fernseher oder Computer sitzt, auch eine Generation ist, die keine Bindung zu Erwachsenen hat und ein risikoreiches Verhalten an den Tag legt."*[1]

Wie auch Antonio Cruz behauptet, ist ein markantes Kennzeichen der Generation Y, die erste Generation der Postmoderne, die ethische Orientierungslosigkeit und steigende Gewalttätigkeit. Wenn man in der Moderne an eine absolute Wahrheit glaubte, die entdeckt werden musste, sieht das in der Postmoderne ganz anders aus. McDowell behauptet, die jetzige Generation *„akzeptiert im Allgemeinen jedoch die Existenz einer objektiven Wahrheit nicht. Weil aus der Sicht der postmodernen Welt Wahrheit gemacht und nicht entdeckt wird, bestimmt jede Kultur ihre eigenen Wahrheiten, die nur innerhalb und für diese Kultur gelten. Postmodernisten behaupten, dass jeder, der eine objektive Wahrheit beansprucht und dadurch die Werte, den Glauben und den Lebensstil einer anderen Person offen verurteilt, intolerant und engstirnig ist."*[2] Da man seine eigene Wahrheit nun weitgehend selber festlegt, bastelt man sich diese so zusammen, wie es einem am besten passt. Daher ist es auch verständlich, dass viele das für wahr halten, was sich „richtig anfühlt". Diese Einstellung führt jedoch unweigerlich zu einem Lebensstil, der das eigene Ich und das Gefühl zum höchsten Maßstab der Entscheidungen erhebt. Ethische Orientierung hat dann schon nur wenig oder keinen Raum, und Zurechtweisung wird abgelehnt, da jeder seine eigenen Werte festlegt.

In unserer Mitte sehen und erleben wir, wie manche Werte unserer Vorfahren immer mehr verloren gehen. Es sind Werte, die die Entwicklung unserer Gesellschaft hier im Chaco überhaupt erst möglich gemacht haben. Es gab eine anerkannte Wahrheit, die für alle Personen

---
[1] Ebd., 18.
[2] Ebd., 24.

ben. Es gab eine anerkannte Wahrheit, die für alle Personen Gültigkeit hatte. Der Wandel der letzten Jahrzehnte in unserer Mitte zeigt folgendes Bild: Werte wie Ehrlichkeit, Treue, Verantwortung, Selbstlosigkeit, Hilfsbereitschaft geraten immer stärker in den Hintergrund.

Warum gelingt es nicht, diese Werte, die das Fundament einer gesunden Gesellschaft bilden, an die nächste Generation zu übermitteln? Einer der Hauptgründe liegt wahrscheinlich darin, dass die Generationen voneinander gelöst sind. Durch die Distanz zu Erwachsenen fühlen sich die Jugendlichen von keinem Erwachsenen verstanden und schlagen sich irgendwie alleine durch, oder sie finden Anschluss an eine Gruppe Gleichaltriger. Das können Gruppen wie Cliquen, Sportgruppen, Musikgruppen oder auch Gemeindegruppen sein. Diese Gruppen tragen einen wichtigen Teil zur Identität bei und prägen dementsprechend auch die Lebenseinstellung und Werte.

Ethische Orientierungslosigkeit einerseits und die Eskalierung von Gewalt andererseits sind zwei mögliche Folgen dieser Bindungslosigkeit. *„Wenn auf das schmerzhafte Gefühl der Einsamkeit dieser jungen Leute nicht angemessen reagiert wird, dann kann ihre Wut und Angst auf tragische Art und Weise eskalieren und in Gewalt enden."*[1] Die Verbreitung der Gewalt kann man in Gangs oder Cliquen sehen, was unter uns glücklicherweise noch nicht so stark entwickelt ist. Allerdings sind Mobbing und Gruppendruck auch bei uns nichts Seltenes. Wenn Teenager durch Einsamkeit und andere Schmerzen in die Verzweiflung getrieben werden, kann es zu „Explosionen" führen, die mancherorts die Form eines Amoklaufs angenommen haben. Sicherlich ist die Einsamkeit nicht die einzige Ursache eines solchen Verhaltens, jedoch könnte sie als einer der stärksten Förderer solchen destruktiven Verhaltens zu sehen sein. Diese Art der Gewalt haben wir glücklicherweise in unserer Mitte noch nicht erlebt, allerdings müssen wir aktiv etwas unternehmen, wenn wir sie auch in Zukunft vorbeugen wollen. Was wir dazu tun können, will ich im zweiten Teil erläutern.

An dieser Stelle will ich aber noch auf eine weitere Folge dieser Bin-

---

[1] Ebd., 18.

dungslosigkeit eingehen. Die Distanz zwischen Jugendlichen und Erwachsenen unterbindet persönliche und warmherzige Beziehungen. Dadurch fühlen sich Jugendliche oft ungeliebt und wertlos. Auf der Suche nach Liebe, Anerkennung und Zugehörigkeit landen Jugendliche oft in Beziehungen oder Gruppen, die sich zerstörerisch auf ihr eigenes Leben auswirken. Die Zunahme des vorehelichen Geschlechtsverkehrs ist zum großen Teil auf diese Suche zurückzuführen. So schrieb ein fünfzehnjähriges Mädchen einen Brief an McDowell, in dem sie u. a. Folgendes mitteilte: *„Kürzlich sagten Sie, dass die meisten Teenager gar nicht so versessen auf Sex sind, sondern eher darauf, dass jemand sie liebt. Das ist absolut wahr! Ich wäre fast in die „Sex-Falle" gestolpert, weil ich mir so sehnlich wünschte, von einem Mann geliebt zu werden."*[1]

Folgenden Tagebucheintrag hat ein anderes junges Mädchen mit einem Brief zusammen an McDowell geschickt. Der Schrei nach Zuneigung dieser Generation ist förmlich zu spüren.

„11. August

Liebes Tagebuch,

Heute Abend habe ich mich sehr allein gefühlt. Ich habe über die vielen Male in meinem Leben nachgegrubelt, in denen ich einsam war, furchtbar einsam, so als ob ich allein auf dieser Welt leben würde. Und dann habe ich begriffen, dass das, wonach ich mich sehnte, ein Papa war - nach dem ich rufen könnte, wenn ich verletzt bin und der mir dann sagen würde, dass er mich versteht und von dem ich weiß, dass er mir wirklich zuhört. So war es zwischen mir und meinem Vater nie. Ohne dieses Bindeglied in die Vergangenheit fühle ich mich sehr einsam. Und dann musste ich an das junge Mädchen denken, das genau in dieser Nacht ihre Jungfräulichkeit verlieren wird, weil sie auf der Suche nach Liebe ist, der Liebe ihres Papis. Und ich wünschte, ich könnte sie irgendwie aufhalten und ihr sagen, dass sie diese Liebe nie bei einem anderen Mann finden wird. Mein Herz in meiner Brust droht zu zerspringen, wenn ich an dieses Mädchen denke ... wenn ich an mich selber denke. Denn auch

---

[1] Ebd., 101-102.

mein Leben war eine einzige Suche nach der Liebe meines Papis."[1]

Manche glauben vielleicht, dass diese Sehnsucht nach Nähe, Zuneigung und Liebe bei den meisten unserer Teenager und Jugendlichen nicht vorhanden sei, da sie sich oft widerspenstig und abweisend verhalten. Dazu muss gesagt werden, dass so ein Verhalten oft als eine Maske dient, um von der inneren Unsicherheit abzulenken. Andererseits kann so ein verwirrendes Verhalten auch teilweise durch das Durcheinander der Hormone im Körper verursacht werden. In ihrem Inneren sieht es im Gegensatz dazu oft so aus, wie es der intelligente gläubige Schüler namens Danny ausdrückte: *„Manchmal fühle ich mich schrecklich einsam, so als ob ich allen egal wäre. Meine Familie lebt in ihrer Welt und ich in meiner. Es war, glaube ich, nicht immer so. Ich weiß, es klingt verrückt; einerseits will ich, dass sie mich in Ruhe lassen, andererseits will ich ein Teil ihres Lebens sein. Meistens lassen sie mich wirklich in Ruhe, und deshalb fühle ich mich ganz schön einsam."*[2]

In einer Talkshow, in der über das Buch „Der Schlüssel zum Herzen unseres Kindes" diskutiert wurde, wurde der Sohn des Autors (Gary Smalley), Greg, gefragt, was er Eltern speziell dringend nahe legen würde, um sich mit ihren Kindern zu unterhalten. Ohne zu zögern sagte Greg: *„Glauben Sie es ja nicht, wenn Ihr Sohn oder Ihre Tochter Ihnen erzählt, sie wollten nicht reden. Manchmal sage ich das zu meinem Papa oder meiner Mama, wenn sie mich fragen, wie es mir geht, aber ich meine das eigentlich gar nicht. In Wirklichkeit hoffe ich, dass sie nicht ablassen und mir helfen, darüber zu sprechen."*[3]

In unserer Mitte gibt es viele Jugendlichen, die keine warmherzige Beziehung zu ihren Eltern haben. Das merkt man vor allem, wenn man sich auf Beziehungen mit ihnen einlässt. Das Bedürfnis nach bedingungsloser Annahme, Zuwendung und Bestätigung ist groß. Wenn Jugendliche nicht enge emotionale Beziehungen zu ihren Eltern oder anderen Erwachsenen haben, dann werden sie Werte übernehmen, die sie in ihren Gruppen er-

---

[1] Ebd., 102.
[2] Ebd., 26.
[3] Gary Smalley und John Trent, *Bitte segne mich!* (Verlag der Francke-Buchhandlung GmbH, 2002), 145.

leben oder durch die Medien vermittelt bekommen. Daher ist es verständlich, warum viele Werte unserer Vorfahren in Gefahr stehen, verlorenzugehen.

c. Die Jugend im Sog der Medien

Ein weiteres Phänomen, das eine große Kraft im Einfluss auf die Jugend darstellt, sind die Medien. Die Verbreitung der Computer, der Handys und des Internets brachte jedem Jugendlichen die Welt ins Haus. Durch diese Globalisierung ist es möglich geworden, in Trends und Moden wenige Schritte hinter den Ländern der ersten Welt hinterher zu sein. Konzepte von Schönheit, von dem, was gerade „in" ist und was sonst zu Ansehen verhilft, werden durch Filme, soziale Netzwerke und Werbungen wirkungsstark verbreitet. Auch die postmodernen Konzepte von Toleranz, Wahrheit, Sexualprägung u. a. werden durch die Medien verbreitet, wenn nicht sogar gebildet.

Einer der Bereiche, der durch die Medien rasant gewachsen ist, ist die virtuelle Begegnung, der Bereich der sozialen Netzwerke. Das explosionsartige Wachstum von Kommunikationsportalen wie Skype, Facebook, Twitter, WhatsApp usw. sind für mich ein eindeutiger Hinweis darauf, dass Menschen ausgehungert sind nach Beziehungen und sie versuchen, dieses Bedürfnis durch das virtuelle Angebot zu befriedigen. Natürlich bieten soziale Netzwerke viele Möglichkeiten, die das Leben erleichtern und verschönern, aber es gibt auch Gefahren, die oftmals verkannt werden. Einige möchte ich kurz aufführen.

Virtuelle Beziehungen bergen die Möglichkeit (Gefahr), andere (und sich selbst) zu täuschen. Ich präsentiere mich im Netz so, wie ich will, dass andere mich wahrnehmen sollen. Ich zeige meine guten Seiten und kann meine Gedanken und Gefühle so ausdrücken, dass es immer passt. Wenn man bedenkt, dass nur etwa 7% unserer Kommunikation der Inhalt unserer Worte sind, etwa 38% der Ton unserer Stimme und etwa 55% unsere Körpersprache (nach Untersuchungen und Erkenntnissen von dem USamerikanischen Psychologen Albert Mehrabian)[1], dann leuchtet es ein, dass virtuelle Kommunikation nur einen sehr kleinen Bereich unseres wahren Ichs vermittelt.

Eine weitere Problematik besteht darin, dass das Internet niemals vergisst. Alle Daten, die man irgendwann einmal eingegeben und gespeichert hat, werden sozusagen für immer irgendwo festgehalten. Auch wenn man sie in den Portalen angeblich löschen kann, so bleiben sie doch für die Verwalter dieser Netzwerke zugänglich. Kenner, mit spezifischer Software, und auch Hacker, können Daten über unsere Person im ganzen Netz sammeln und so ein ziemlich komplettes Bild unserer Persönlichkeit nachkonstruieren, welches zu Werbe- und Wirtschaftszwekken genutzt wird. Außerdem können diese Daten in verschiedenster Art und Weise missbraucht werden.[2]

Neben aufdringlicher Werbung, der Möglichkeit ungehindert Klatsch und Tratsch zu verbreiten, der sich leicht zu Mobbing entwickelt, tragen diese Netzwerke ein erhebliches Suchtpotenzial in sich. Durch die Möglichkeit, jederzeit Zugriff auf sein Benutzerkonto zu haben (wie z. B. im Handy), entsteht der Drang, nichts verpassen zu wollen. Man bemerkt nicht, wie viel Zeit man dafür investiert und es kann soweit kommen, dass man beispielsweise keinen Tag ohne Facebook auskommt. So kann sich diese Beschäftigung zu einem Zeiträuber und zu einer Sucht entwickeln.

Wenn Jugendliche hinter der Maske tief einsam sind, dann bieten soziale Netzwerke die anscheinende Lösung des Problems. Allerdings zahlen viele Jugendliche dafür einen hohen Preis und im Endeffekt ist ihrer Einsamkeit damit doch noch nicht geholfen, denn keine virtuelle Beziehung kann eine enge, vertrauliche und persönliche Beziehung ersetzen. Ich will nicht so verstanden werden, dass diese Netzwerke von Grund auf schlecht sind. Wenn man sie vorsichtig benutzt, können sie hilfreich und

---

1 http://de.wikipedia.org/wiki/Albert_Mehrabian (Zugriff am 24. Juli 2014 um 15:30 Uhr).
[2]Siehe: Manfred Dworschak, „Im Netz der Späher",
http://magazin.spiegel.de/EpubDelivery/spiegel/pdf/76229521 (Zugriff am 24. Juli 2014 um 15:50 Uhr).

sinnvoll sein.

Auf die Gefahr der Gewaltverherrlichung in den Medien ist schon wiederholt hingewiesen worden. Deshalb will ich mich zu diesem Punkt nur ganz kurz fassen. Ich bringe dazu ein Zitat von dem Psychologen Grossman, der ehemals psychologische Kriegsführung in West Point unterrichtete. Er meint, dass die heutigen Videospiele sogar noch geeigneter seien, um bei Menschen die Hemmungen vor dem Schießen abzubauen. Er behauptet, dass die charakteristischen Eigenschaften der mittlerweile ziemlich realistischen Videospiele auch in Amokläufen klar erkennbar sind. Er schreibt:

„An Michael Carneal, dem jugendlichen Schützen aus Paducah, Kentucky, werden die Auswirkungen von Videospiel-Lektionen über das Töten deutlich. Ganz gelassen feuerte er seine Waffe neunmal ab. Er traf acht Menschen, fünf davon in Kopf und Nacken. In vielen Videospielen bekommt man für Kopf-Treffer einen Bonus ... Wir müssen uns langsam darüber Gedanken machen, was wir in die Köpfe unserer Jüngsten hineinlassen. Piloten trainieren in Flug-Simulatoren, Fahrer in Auto-Simulatoren und jetzt setzen wir unsere Kinder an Mord-Simulatoren."[1]

Ich kann den Abschnitt über den Einfluss der Medien nicht abschließen, ohne auf das Thema „Pornografie" zu kommen. Als Josh McDowell im Oktober 2013 Paraguay besuchte, machte er folgende bemerkenswerte Aussage: *„Die Pornografie ist die größte Herausforderung in der Geschichte für die Gemeinde."* An dieser Stelle kann ich nicht ausführlich auf diese dringende Problematik eingehen. Mit einigen Zitaten möchte ich jedoch kurz aufzeigen, wie zerstörerisch dieser Sog ist und dass es dringend notwendig ist, dass wir etwas dagegen unternehmen.

Ted Roberts schreibt in seinem Buch „Pure Desire", das von Joachim Sawatzky ins Deutsche in zusammengefasster Version übertragen wurde: *„Sexuelle Gebundenheit in unserer Gemeinde und in der Welt ist eine der meisterhaften Strategien der Hölle, besonders in den letzten Tagen.*

---

[1] John Leo, „When Life Imitates Video", *U.S. News and World Report,* 3. Mai 1999, 14-15 zitiert in Josh McDowell, *Generation ohne Bindung?* (Christliche Verlagsgesellschaft, Dillenburg, 2002), 13-14.

Ein geistlicher Kampf wütet über diesem Thema. In den letzten Jahrzehnten ist das Internet ein heimlicher Bomber der Hölle geworden, geladen mit Pornographie."[1]

Im christlichen Nachrichtenportal „idea.de" erschien vor kurzem folgende Nachricht. Sie bestätigt genau das, was auch schon von McDowell behauptet wurde:

Der Psychologe und Eheberater Prof. Ulrich Giesekus (Freudenstadt) behauptete auf dem Kongress „Sexualethik und Seelsorge", den der evangelische Fachverband Weißes Kreuz vom 22. bis 24. Mai [2014] in Kassel veranstaltete, dass sich die Umbrüche in der Gesellschaft - etwa durch soziale Netzwerke wie Facebook - und die leicht zugängliche Internetpornografie stärker auf Beziehungen auswirkten, als bisher angenommen: *„Der Siegeszug des Instant-Sex zerstört echte Erotik."* Die Folgen dieser Entwicklung seien Bindungslosigkeit, Unverbindlichkeit und Selbstinszenierung. [...] Giesekus: *„Die Sehnsucht der Menschen nach Bindung ist groß, aber sie wissen nicht, wie es geht."* Der Wunsch nach einer *„heilen Familie"* sei ungebrochen.[2]

Der Konsum von Pornografie bereitet unsere Jugendlichen auf den Ehebruch vor, anstatt ihnen in irgendeiner Weise einen langfristigen Nutzen zu bieten. Es geht um egoistische Bedürfnisbefriedigung, und zwar sofort. Das Kreisen um das eigene Ich, das schon weiter oben erwähnt wurde, welches auch unter dem Begriff „Narzissmus" zusammengefasst werden kann, wird durch dieses Verhalten nur noch gestärkt. Pornografie führt schnell zu sexueller Gebundenheit, was ein Leben in der Scham mit sich bringt und normalerweise den Süchtigen zwingt, ein Doppelleben zu führen. Man kann diese Abhängigkeit oft über Jahre hinweg unentdeckt halten. Das ist gerade ein Faktor, der diese Sucht so gefährlich macht. Die Folgen können u. a. ein Doppelleben (Täuschung, Betrug), zerstörte Ehen und Familien und geistliche Gebundenheit wie auch der Verlust der

---

[1] Ted Roberts, *Pure Desire: How One Man's Triumph Can Help Others Break Free from Sexual Temptation* (Gospel Light Publications, 1999). Zusammengefasste deutsche Übertragung von Joachim Sawatzky, (Bibelschule Loma Plata), 1-2.

[2] http://www.idea.de/nachrichten/detail/gesellschaft/detail/die-lebenslange-ehe-bleibt-ein-erfolgsmodell-27873.html (Zugriff am 4. Juli 2014 um 8:40 Uhr)

Lebensfreude sein.

Die Spirale der sexuellen Sucht zwingt den Süchtigen immer härteres Material zu konsumieren und kann ihn dann auch dazu bewegen, das Gesehene selbst auszuüben. So kann es zu Missbrauch der verschiedensten Arten kommen: Kindesmissbrauch, gewalttätiges sexuelles Verhalten (Sadismus), Zoophilie (Verkehr mit Tieren) usw. Ted Bundy, amerikanischer Bürger, entwickelte sich zu einem Serienmörder. Er behauptete selbst, dass seine Abwärtsspirale mit dem Konsumieren von Pornografie begonnen hatte, als er 12 oder 13 Jahre alt war.[1]

Theodore „Ted" Robert Bundy war ein US-amerikanischer Serienmörder, der zwischen 1974 und 1978 mindestens 28 junge Frauen und Mädchen in den Bundesstaaten Washington, Utah, Colorado, Oregon, Idaho und Florida tötete. Bundy wurde am Morgen des 24. Januar 1989 wegen dreifachen Mordes im Florida State Prison auf dem elektrischen Stuhl hingerichtet. Erst am Tag vor seiner Hinrichtung gestand Bundy bei Vernehmungen durch Polizisten der betroffenen Bundesstaaten zahlreiche weitere Morde. Insgesamt dürfte die Zahl seiner Opfer zwischen 35 und 60 gelegen haben; manche schätzen sie gar auf über 60. Lediglich 28 der Opfer konnten identifiziert und mit ihm in Verbindung gebracht werden.[1]

Wir müssen uns der Gefahren bewusst sein, die die Pornografie mit sich bringt. Wir können nicht länger still sitzen und unsere Hände in den Schoß legen.

d. Die Jugend im Sog der Orientierungslosigkeit

Christof war der Bruder von Ulrike, die von ihrem Vater mit Aufmerksamkeit überschüttet wurde. Christof versuchte vieles, um die Aufmerksamkeit seines Vaters zurückzugewinnen. Leider bedeutete dies, dass er sich oft „in Szene setzte" oder sogar irgendetwas im Haus zerschlug. So erhielt er nachhaltig die Aufmerksamkeit des Vaters, allerdings nicht auf freundliche Weise, sondern in Form von heftigem Schelten. Ihre Bezie-

---

[1] Interview von James Dobson mit Ted Bundy am 23. Januar 1989, einen Tag vor seiner Hinrichtung Siehe:http://www.pureintimacy.org/f/fatal-addiction-ted-bundys-final-interview/ (Zugriff am 24. Juli 2014 um 16:20 Uhr)

hung wurde dadurch nicht besser, sondern distanzierter. Weiter nagte in Christof ein Gefühl der Unsicherheit, ob er als Mensch wirklich einen Wert habe und es wert sei, geliebt zu werden. Sein Vater konnte sich doch nicht irren, überlegte Christof, also musste das Problem bei ihm selbst liegen. Dieses Gefühl beeinflusste Christof zutiefst und wirkte sich noch auf Jahre hinaus auf sein Denken aus. Tragischerweise führte das Ausbleiben des Segens seines Vaters Christof dazu, diesen Mangel mit der Tatsache gleichzusetzen, dass er ein Junge war. Ein wachsendes Gefühl sexueller Verwirrung setzte seiner Qual über die Ablehnung durch seinen Vater die Krone auf. Er war so zornig auf seine Schwester, weil sie den Segen erlangte, und auf seine Mutter, weil sie nichts zur Abhilfe unternahm, dass alle Frauen zum Gegenstand seiner Abneigung wurden. Zu jener Zeit war ihm das nicht bewusst, doch seine tiefe Sehnsucht nach dem fehlenden Segen seines Vaters machte ihn zu einer leichten Beute für die Avancen eines älteren homosexuellen Mannes. Sieben Jahre lang versuchte Christof, den durch den vorenthaltenen Segen entstandenen Mangel durch homosexuelle Beziehungen zu ersetzen, doch dies führte letzten Endes nur zu innerer Qual und seelischer Zerstörung anstelle der freien Entscheidung, die er sich erhofft hatte.[2]

Wie wir an diesem Beispiel sehen, gründet die Orientierungslosigkeit der jungen Generation zum größten Teil auf der Isolation zwischen Kindern und Eltern. Wenn Kinder nicht erleben, dass sie von ihren Eltern um ihrer selbst willen geliebt werden, ohne ihren Wert durch Leistungen oder durch das Erfüllen von bestimmten Erwartungen verdienen zu müssen, dann suchen sie die Zuwendung, Annahme und Bestätigung anderer Personen. Oftmals sind dies solche, die auf den ersten Blick wichtige Bedürfnisse befriedigen, sie aber letztendlich ausnutzen oder in die Irre führen.

Orientierungslosigkeit und Sinnlosigkeit liegen sehr nah beieinander. Wenn nicht reife Personen da sind, die den Jugendlichen bedingungslose Wertschätzung entgegenbringen, dann sind auch keine nachahmenswer-

---

[1] http://de.wikipedia.org/wiki/Ted_Bundy (Zugriff am 11. Juli 2014 um 17:15 Uhr)
[2] Entnommen aus Gary Smalley und John Trent, *Bitte segne mich!* (Verlag der Francke-Buchhandlung GmbH, 2002), 163-165.

ten Vorbilder da, die dem Jugendlichen Orientierung bieten. Ansehen bei den Altersgenossen, Spaß, das Glücksgefühl einer neuen Anschaffung oder eines neuartigen Nervenkitzels sind die Maßstäbe, nach denen sich Jugendliche dann richten. Im Grunde drehen sie sich so eigentlich nur um ihr eigenes Ich. Auf ihrer Suche nach Identität und Zugehörigkeit merken sie irgendwann, dass dieses Glück immer nur kurzweilig ist und ihrem Leben keinen tiefen Sinn gibt. Wenn dann noch schwere Zeiten kommen, wie z. B. Stress in der Familie, das Zerbrechen einer (Liebes-)Beziehung, Versagen in der Schule, ausgestoßen werden von Altersgenossen, kann es sie an den Rand der Verzweiflung bringen. Wenn so ein Jugendlicher nicht warmherzige Beziehungen zu reifen Personen hat, die ihm auch in einer finsteren Lage beistehen, ihm Zuwendung, Annahme und Orientierung geben, dann kann die Suche nach dem Weg aus dieser Sinnlosigkeit u. a. schon mal zu Selbstmordgedanken oder zur Ausführung der Gedanken führen.

Die Generation Y steht in der Gefahr, losgelöst von der älteren Generation, im Strudel der unglaublich schnell entwickelnden Technologie, im Überfluss der Informationen und auf der Suche nach Identität und Berufung den Kampf gegen die Orientierungslosigkeit zu verlieren. Deshalb sind wir aufgefordert, Leuchttürme und Anker in dieser Zeit zu sein. Damit kommen wir zum zweiten Teil, zu den Möglichkeiten und Herausforderungen der Gemeinde.

2. Möglichkeiten und Herausforderungen der Jugendarbeit innerhalb der Gemeinde

„Die postmoderne Kultur ist eine Bedrohung für den Glauben und die Moralvorstellungen der jungen Leute", behauptet McDowell.[1] Es stellt sich nun die Frage, wie und wo die Gemeinde am besten dieser Herausforderung begegnet. Klar ist, dass das Evangelium nichts an seiner Kraft eingebüßt hat und dass Gott mit der heutigen jungen Generation genauso einen guten Plan hat, wie in vergangenen Zeiten. Er will jedem Jugendlichen Erkenntnis der Wahrheit, sprich ewiges Heil, geben (1.Tim 2, 4), möchte mit ihm eine persönliche Beziehung haben (1.Kor 1, 9) und durch ihn in der heutigen Welt und Kultur verherrlicht werden (Eph. 1,4-6.12.14). Den Jugendlichen zu helfen diese Berufung für ihr Leben zu finden, diesen großen Auftrag hat Gott der Gemeinde gegeben. Wie wir diesen Auftrag am besten erfüllen können, dazu möchte ich im Folgenden einige Anregungen und Vorschläge geben, in dem Bewusstsein, dass meine Erkenntnis nur Stückwerk ist. Die wichtigsten Aspekte möchte ich folgend in kurz gefasster Form präsentieren.

a. Jugendarbeit ist Beziehungsarbeit

„Unsere Jugendlichen brauchen starke zwischenmenschliche Bindungen, um ihren Weg in dieser Welt zu finden und um der übermächtigen Einsamkeit zu entkommen, die sie in die Selbstzerstörung treibt", so McDowell.[2] Wenn wir erkennen, wie wichtig persönliche Beziehungen sind, dann fällt es leichter eine beziehungsorientierte Jugendarbeit aufzubauen. Im Gegensatz dazu stehen wir in der Gefahr, unsere Jugendarbeit programmorientiert zu gestalten. Das passiert, wenn wir unsere Konzentration und den größten Teil unserer Energie in die Planung und Durchführung von Veranstaltungen investieren. Das ist einerseits verlockend, da interessant und kreativ gestaltete Programme gerne als Aushängeschild einer Jugendarbeit gebraucht (bzw. missbraucht) werden. Die Anzahl der Besucher können gezählt werden und bilden somit leicht einen Maßstab, um die Qualität und den Erfolg der Arbeit zu messen. Allerdings sehen wir am Beispiel Jesu, dass es niemals sein erstes Ziel war, eine möglichst große Anzahl von Nachfolgern zu haben. Es ist nicht falsch, auf die Anzahl der teilnehmenden Jugendlichen zu achten, es ist sogar sehr wichtig, sich immer wieder zu prüfen, wie man immer mehr Jugendliche durch seine Arbeit erreichen kann. Wenn aber die Anzahl der Besucher zum ersten Kriterium des Erfolges wird, dann ist an der Zielsetzung etwas verkehrt.

---

[1] Josh McDowell, *Generation ohne Bindung?* (Christliche Verlagsgesellschaft, Dillenburg, 2002), 27.
[2] Ebd., 27.

Wenn ich nun für eine beziehungsorientierte Jugendarbeit plädiere, will ich damit aber nicht die Bedeutung von Jugendprogrammen oder Jugendevents herunterspielen. Veranstaltungen sind wichtig. Diese sollen inhaltlich gut und kreativ gestaltet werden. Wenn diese Programme mit Liebe und Hingabe vorbereitet werden, ist das eine Art den Jugendlichen Liebe zu vermitteln, indem man beweist, dass sie es wert sind, dass man sich um sie bemüht. Veranstaltungen haben aber nicht die primäre Aufgabe, eine angenehme Unterhaltung zu bieten, die Jugendlichen sozusagen zu locken. Wenn es primär um Unterhaltung ginge, könnte eine Gemeinde eh nicht mit den vielfachen und attraktiven Angeboten der Welt mithalten. Veranstaltungen wie Jugendstunden oder Jugendgottesdienste, sollen den Jugendlichen die Gelegenheit bieten, gemeinsam mit anderen Glaubensgeschwistern Gott zu loben, in seiner Wahrheit unterwiesen zu werden und die Gemeinschaft unter (gläubigen) Jugendlichen zu vertiefen. Weiter sollen diese Programme auch den Jugendlichen selbst die Möglichkeit zur Mitarbeit geben. Wer eine Aufgabe, eine Verantwortung hat, erlebt, dass er oder sie wichtig ist. Wer in der Mitarbeit aktiv ist, identifiziert sich stärker mit der Jugendgruppe. Deshalb ist es unser Anliegen, so viele Jugendliche wie möglich in die Mitarbeit einzubeziehen. Außerdem ist das auch ein guter Weg, Verantwortung zu übertragen, um verantwortungsvolles Handeln zu fördern.

Unserer Erfahrung gemäß ist es sinnvoll, Arbeitsteams für spezifische Bereiche zu bilden. So kann man beispielsweise für folgende Bereiche spezifische Teams bilden: Dekoration, Ordner, Musik, Drama, Dokumentation. Arbeitsbereiche außerhalb der Veranstaltungen können folgende Teams mit einschließen: Mission, Jugendinfo und weitere. So kann man viele Jugendlichen aktiv mit einbeziehen und ihnen größtenteils auch ihren Gaben und Interessen entsprechend einen Platz geben. Die aktive Mitarbeit in einem Team gibt ihnen ein Zugehörigkeitsgefühl und so werden die Jugendaktivitäten zu einer Stelle des aktiven Einsatzes anstatt des passiven Dabeiseins.

Wenn ich behaupte, dass die Jugendaktivitäten nicht in erster Linie Unterhaltung zum Ziel haben, so ist dieser Aspekt aber auch wichtig, da man z. B. durch Spiele eine gesunde Freizeitbeschäftigung bieten kann.

Das kann je nach Jugendgruppe ziemlich unterschiedlich aussehen. Einige sind von Volley- oder Fußball begeistert, andere spiele gerne Karten, manche treffen sich einfach nur zum Terere oder ein guter Film ist auch eine Option.

Wie können wir nun diese „starken zwischenmenschlichen Bindungen" aufbauen, von denen McDowell redet, um Jugendlichen zu helfen ihren Weg in dieser Welt zu finden?

An erster Stelle möchte ich die Kleingruppe erwähnen. Kleingruppen haben m. E. in der postmodernen Jugendarbeit einen besonders wichtigen Stellenwert. Unter Kleingruppe verstehe ich eine Gruppe zwischen drei und zehn Jugendlichen, die von einem Erwachsenen oder von einem reifen Jugendlichen angeleitet wird. Diese Gruppe trifft sich im Normalfall einmal in der Woche an einem vereinbarten Zeitpunkt (Abend, Nachmittag). Die Kleingruppe hat drei Hauptziele: 1. Eine enge Gemeinschaft, in der Vertrauen aufgebaut werden kann, und tiefere Beziehungen entstehen; 2. Gemeinsames Bibelstudium (oder Erarbeitung eines angebrachten Materials); 3. Gemeinsam aktiv werden (z. B. als Gruppe einen Diensteinsatz machen oder eine konkrete Aufgabe in der Gemeinde übernehmen). In Kleingruppen werden Werte vermittelt, Anschauungen geteilt. Hier kann das Vertrauen zu reifen Personen aufgebaut werden, das Jugendliche so notwendig brauchen. Jeder wird persönlich wahrgenommen, man ist nicht nur einer in der Masse. Deshalb ist die Kleingruppe eines der besten Werkzeuge, um der Einsamkeit der heutigen Jugend entgegenzuwirken.

Ein weiteres starkes Werkzeug in der postmodernen Jugendarbeit ist das Einführen vom Mentoring, Beziehungen zwischen Mentor (Berater) und Mentee (zu Beratender). In einer isolierten Generation ist dies womöglich wichtiger denn je. Im Idealfall hätte jede neu bekehrte Person schon gleich zu Beginn ihres geistlichen Lebens eine Begleitperson, einen Mentor, der die Funktion einer geistlichen Mutter oder eines geistlichen Vaters übernimmt. Viele Gemeinden kümmern sich um einen Mentor für die neugetauften Gemeindeglieder, doch oftmals wissen diese nicht richtig, wie sie dem Neugetauften am besten helfen können. Deshalb haben wir in unserer Gemeinde eine einfache Hilfe für Mentoren eingerichtet:

Ein schriftliches Material mit Hinweisen und Hilfen, sowie ein Treffen der Mentoren in gewissen Zeitabständen, um sich gegenseitig im Entwickeln des Mentorings zu unterstützen. Die Vorbereitung von Mentoren gehört für mich unweigerlich zur Aufgabe der Gemeinde, wenn wir Jugendlichen helfen wollen, ihren Weg im Sog dieser Welt zu finden.

Durch Seminare, Schulungen, Kurse oder persönliche Gespräche kann man Mitarbeitern und anderen Jugendlichen helfen, persönlichen Beziehungen mehr Beachtung zu geben oder ihnen auch Werkzeuge zum Aufbau gesunder und heilsamer Beziehungen in die Hand geben.

An dieser Stelle will ich zwei Bücher empfehlen, die in dieser Hinsicht hervorragende Hilfestellungen geben.

Josh McDowell: Generation ohne Bindung? Wie wir unsere Jugend davor bewahren können, sich selbst zu zerstören. (Christliche Verlagsgesellschaft, Dillenburg, 2002.)

McDowell stellt ein Modell dar, wie man anhand von sechs Bausteinen oder Verbindungsgliedern Beziehungen zu Jugendlichen aufbauen kann. Diese sechs Verbindungsglieder sind: 1. Bestätigung - Jugendlichen zeigen, dass sie ernst genommen werden; 2. Annahme - Jugendlichen Sicherheit schenken; 3. Wertschätzung - Jugendlichen zeigen, dass sie wertvoll sind; 4. Zuneigung - Jugendlichen zeigen, dass sie liebenswert sind; 5. Verfügbarkeit - Jugendlichen zeigen, dass sie wichtig sind; 6. Rechenschaft fordern - Jugendlichen helfen, Verantwortungsgefühl zu entwickeln.

Gary Smalley & John Trent: Bitte segne mich! Auf der Suche nach dem verlorenen Segen. (Verlag der Francke-Buchhandlung GmbH, 2002.)

Diese Autoren stellen ein Modell des Segens dar (sie nennen ihn „Familiensegen"), der in persönlichen Beziehungen vermittelt wird. Er besteht aus fünf Bausteinen: 1. Die bedeutsame Berührung; 2. Eine gesprochene Botschaft; 3. Beimessung eines „hohen Wertes" an die zu segnende Person; 4. Darstellung einer besonderen Zukunft für die zu segnende Person;

5. Eine aktive Verpflichtung, den Segen zu erfüllen. Diese kann man verstehen lernen und anwenden, um Segen in Beziehungen zu verbreiten.

Ein Ziel sollte auch die bewusste Beziehungsförderung zwischen den Generationen innerhalb der Gemeinde sein. So lassen sich sehr vorteilhaft erwachsene Personen in die Leitung von Kleingruppen oder ins Mentoring mit einbeziehen. Eine andere Initiative hat sich auch als wertvoll herausgestellt: Jugendliche besuchen ältere Menschen zu ihrem Geburtstag. So entstehen wertvolle Bekanntschaften und man kommt sich in der Gemeinde näher.

Wenn wir eine beziehungsorientierte Jugendarbeit anstreben, dann werden wir mehr Jugendliche erreichen, Jugendlichen in ihrer Welt begegnen und ihnen helfen können. Beziehungsorientierte Gemeindearbeit ist allerdings nichts Neues, es ist das Modell, das Jesus uns selber vorgelebt hat. Er nahm jede Person, die ihn ehrlich suchte, als einzelne Person bewusst wahr, schaute ihr in die Augen und begegnete ihr auf ihrer Ebene. Lasst uns seinem Beispiel folgen.

b. Jugendarbeit beinhaltet Jüngerschaft

Nach Doug Fields finden wir Gottes Ziele für seine Gemeinde in zwei bekannten Abschnitten zusammengefasst: In dem größten Gebot (Mt. 22, 36-39) und in dem Missionsbefehl (Mt. 28, 19-20). Daraus folgert er fünf Hauptziele der Gemeinde: Anbetung, Dienst, Evangelisation, Gemeinschaft und Jüngerschaft.[1]

Der Bereich der Gemeinschaft soll für diese Besprechung im vorigen Abschnitt klar genug geworden sein. Jetzt schauen wir uns kurz den Bereich der Jüngerschaft an. Unter Jüngerschaft verstehe ich das Schülersein beim Meister, welcher ist Jesus Christus. Damit fallen in diesen Bereich besonders die Lehre und Unterweisung.

Wie erreichen wir Jugendliche mit der Botschaft vom Kreuz? Diese Bot-

---

[1] Doug Fields, *Abenteuer Jugendarbeit: Basics für (junge) Leiter* (pulsmedien GmbH, Bergneustadt, 2006), 227-228.

schaft enthält sowohl die Befreiung von aller Schuld durch Jesu Blut, als auch, dass wir unser Kreuz auf uns nehmen, wenn wir Jesus nachfolgen wollen.

An erster Stelle sind hier wohl glaubwürdige Vorbilder gefragt. Das stellt eine große Herausforderung an alle Mitarbeiter und Gemeindeglieder dar. Wenn diese authentisch ihren Glauben leben, dann sind Jugendliche offen, auf diese zu hören. Das bedeutet auch, dass wir lernen müssen über unsere Schwächen, sogar über unser Versagen zu reden. Wenn wir zeigen, dass wir fehlerhafte Menschen sind, ehrlich an uns arbeiten, und auch mitteilen, wie wir mit unseren Schwächen umgehen, dann gewinnen Jugendliche Vertrauen und öffnen sich auch eher. Auf diese Weise kann man gerade auch schwierige Themen behandeln. Wenn wir z. B. an den Kampf der sexuellen Reinheit bei Jugendlichen denken, in einer Welt, die sie mit sexuellen Reizen überflutet, ist es möglich, wenn der Redner oder die Rednerin (in getrennten Mädchen- und Jungengruppen) mit ei- nem Zeugnis einsteigt und die anderen an seinem/ihrem Leben teilhaben lässt, zeigt, wie er/sie mit Versuchungen und Kämpfen umgeht. So ge- winnt diese Person Glaubwürdigkeit. Wenn Jugendliche erkennen, dass andere mit den gleichen Problemen zu kämpfen haben, entsteht schon ei- ne Art von Beziehung zu dieser Person.

Um vor allem Jungs zu helfen, die aus der Schlinge der sexuellen Ge- bundenheit (Pornosucht, zwanghafte Masturbation) frei werden wollen, ist wohl eine Begleitung über einen längeren Zeitraum notwendig. Hier bietet sich eine Art der Gruppenarbeit oder Kleingruppe an. Jungs schließen sich in einer Gruppe zusammen, in der sie lernen Rechenschaft abzulegen und sich selbst und die Versuchungen besser verstehen lernen. Dann können sie Strategien einüben, um den Versuchungen zu entfliehen oder zu widerstehen. Hierfür habe ich eine Anleitung zusammengestellt, die in Form eines Kurses unter dem Namen „Ein Mann nach dem Herzen Gottes" (nach Apg. 13,22) abgefasst ist. Dieses Material steht allen Inter- essierten zur Verfügung. Für die Arbeit mit pornosüchtigen Mädchen kenne ich momentan leider noch kein Angebot zur Anleitung. Vielleicht muss jemand die Initiative ergreifen und etwas dazu erstellen.

In den Bereich von Lehre und Unterweisung gehören ganz sicher nach wie vor Predigten und Vorträge, genau wie auch das Bibelstudium, sei es in Gruppen wie auch in der persönlichen stillen Zeit. Jugendliche brauchen die Erkenntnis, dass Gott kein ferner Gott ist, sondern dass er als ihr liebender Vater eine persönliche Beziehung zu einem jeden haben will. So können Jugendliche z. B. durch Zeugnisse ermutigt werden, die Beziehung zu Gott zu suchen und zu pflegen. Es ist unsere Aufgabe und Herausforderung, den Jugendlichen zu helfen, diesen grundlegenden Aspekt der Gotteskindschaft für sich zu entdecken.

c. Jugendarbeit beinhaltet Lobpreis und Anbetung

Lobpreis und Anbetung ist ein Lebensstil. „Du sollst den Herrn, deinen Gott, lieben mit deinem ganzen Herzen und mit deiner ganzen Seele und mit deinem ganzen Verstand." (Mt. 22,37). Wenn wir nach diesem Gebot leben, dann verherrlichen wir Gott mit unserem ganzen Leben. Es zeugt davon, dass wir sein Eigentum sind „…zum Lob seiner Herrlichkeit." (Eph. 1,14).

Es ist unsere Aufgabe, die Jugendlichen darin anzuleiten, ihr Leben als ein Lobpreis zu führen. Dazu gehört auch, dass wir von Gottes Wirken in unserem Leben erzählen. (Ps. 145,6) Eine großartige Möglichkeit, vereint als Gotteskinder seine Güte und seine herrlichen Taten immer wieder zu erzählen und zu bezeugen, ist durch Lieder. Deshalb nimmt der Gesang auch einen wichtigen Teil im Bereich von Lobpreis und Anbetung ein.

Musik und Gesang sind oftmals heikle Themen in den Gemeinden. Dies kann hier nicht ausführlich behandelt werden, aber einige Gedanken möchte ich dazu ausführen.

„Jede Generation muss ihre eigene Ausdrucksmöglichkeit entwickeln, gleichzeitig aber auch das genießen, was an Reichtum da ist von früheren Generationen", zitiert Helge Stadelmann die Komponistin Marion Warrington in seinem Artikel „Praise & Worship. Christliche Popularmusik im Gottesdienst".[1] Weiter schreibt Stadelmann: *„Neu entstehende geist-*

---

[1] Helge Stadelmann, „Praise & Worship. Christliche Popularmusik im Gottesdienst" in Stefan Schweyer, *Freie Gottesdienste zwischen Liturgie und Event, Studien zu Theologie und Bibel Bd. 7*, (Münster, 2012), 23.

liche Musik einerseits und das reiche kirchenmusikalische Erbe andererseits dürften nicht gegeneinander ausgespielt werden!"[1] Und fast zum Schluss seines Artikels behauptet Stadelmann: *„Eine integrative Gemeinde, die den Reichtum musikalischer Tradition hegt, der im Sieb der Zeit erhalten geblieben und nicht durchgefallen ist, und die zugleich musikalische Zeitgenossenschaft pflegt, ist mit ihrer Gottesdienstkultur für die demografischen Herausforderungen des 21. Jahrhunderts gut gerüstet."*[2]

Ich finde es wichtig, neue und auch alte Lieder auf ihren Inhalt hin zu prüfen und dann zum Einsatz zu bringen. Die Jugendlichen müssen ihre Ausdrucksweise finden, um Gott zu loben. Andererseits sollen sie auch den Schatz an Kirchenliedern unserer Vorfahren kennen und schätzen lernen. Deshalb plädiere ich dafür, nicht nur zeitgenössische Lieder mit der Jugendgruppe zu singen. So kann auch Verständnis und Rücksichtnahme anderen Leuten gegenüber gefördert werden und das Kennen von Liedern bleibt nicht nur auf einen Stil beschränkt.

An dieser Stelle will ich noch kurz auf den Erlebnishunger der Jugendlichen eingehen. Jugendliche sind auf Erfahrungen aus. Wir haben einen lebendigen Gott. Ein lebendiger Gott ist erfahrbar. Allerdings hat Gott uns in seinem Wort schon gezeigt, was er mit uns vorhat und was wir mit ihm erfahren können. Wir dürfen den Jugendlichen nicht den Eindruck vermitteln, dass Nachfolge eine „Wohlfühlwelle" ist, eine Sache, die immer Freude macht. Positive, beeindruckende Erfahrungen, die Jugendliche z. B. auf einer Freizeit oder auf einem Einsatz machen, gehören ganz bestimmt zu einem wichtigen Ziel der Jugendarbeit. Wir müssen aber betonen, dass man seinen Glauben und seine Beziehung zu Gott nicht in erster Linie auf Gefühle gründen darf, sondern auf die Zusagen und Verheißungen, die Gott uns in seinem Wort gegeben hat. Schmerzen, Leiden, Krankheit, schwere Erfahrungen gehören eben auch zum Leben des Gläubigen. Es geht darum, eben durch alle Erfahrungen Gott näher zu kommen, seien es erfreuliche oder auch bedrückende Erfahrungen. (nach Römer 8,28) Es ist daher unsere Aufgabe, den Jugendlichen zu hel-

---

[1] Ebd.
[2] Ebd., 38.

fen, Gottes Wort zu studieren und darauf zu vertrauen. Weiter sollten wir ihnen helfen ihre Erfahrungen zu verarbeiten, sowohl angenehme als auch schwere, damit ihr Glaube tief verwurzelt wird. Es ist ein Prozess, zu lernen, Gott in jeder Situation zu vertrauen, Gott und sein Wort immer besser kennen zu lernen und sich auch in schwierigen Situationen für den Gehorsam zu entscheiden (was sehr oft bedeutet, den Weg des geringsten Widerstandes bewusst zu meiden). Um die Jugendlichen in diesem Prozess zu unterstützen, brauchen sie die Wahrheit des Wortes Gottes und persönliche Beziehungen, in denen sie ihre Erfahrungen verarbeiten können und wo sie ganz sicher Hilfe in Notsituationen bekommen.

In der idea-Dokumentation vom April 1998 wird das Thema „Geistliche Erfahrungen und schriftgebundener Glaube" diskutiert. Helge Stadelmann betont darin die Wichtigkeit davon, dass die Erkenntnis des Wortes Gottes dem Erleben vorangehen muss. Eine Bibelstelle, die sich deutlich in diese Richtung ausdrückt, steht in Kol. 1, 9-12: „Darum lassen wir auch von dem Tag an, an dem wir's gehört haben, nicht ab, für euch zu beten und zu bitten, dass ihr erfüllt werdet mit der Erkenntnis seines Willens in aller geistlichen Weisheit und Einsicht, dass ihr des Herrn würdig lebt, ihm in allen Stücken gefallt und Frucht bringt in jedem guten Werk und wachst in der Erkenntnis Gottes und gestärkt werdet mit aller Kraft durch seine herrliche Macht zu aller Geduld und Langmut. Mit Freuden sagt Dank dem Vater, der euch tüchtig gemacht hat zu dem Erbteil der Heiligen im Licht." Man kann also nicht nach dem Motto handeln: „Lasst uns erstmal Verschiedenes erleben - und dann sehen, wie wir es hinterher irgendwie hinbiegen und theologisch rechtfertigen können!" Vor der Erfahrung steht das Wort. Aber das Wort zeigt uns, was wir mit Gott erfahren können.[1]

Schriftgemäßer Glaube und geistliche Erfahrungen gehören zusammen. Wichtig ist dabei, dass die Bibel die Richtschnur bleibt. Wir sind aufgefordert, die Bibel zu studieren und Gottes Willen zu erkennen suchen. Die Erfahrungen, die daraus resultieren, werden unseren Glauben und den der Jugendlichen stärken.

---

[1] Idea-Dokumentation 5/98: *Ist zwischen Pietisten und Charismatikern Einheit möglich?* 55-56.

Ich schließe diesen Abschnitt mit einem Zitat von Stadelmann: *„Ich bin überzeugt, eine Erlebnisfrömmigkeit, bei der jeder Gedanke gefangengenommen ist unter den Gehorsam Christi und wo das Erleben dem geoffenbarten Wort Gottes folgt, eine solche Erlebnisfrömmigkeit wird nicht einseitig sein. Sie wird Raum für Tiefen und Höhen haben und nicht nur auf das geeicht sein, was unseren irdischen, menschlichen Wünschen entspricht. Diese Dimension des erlebten Glaubens wünsche ich mir gerade in unserer erlebnisorientierten Zeit.*[1]

d. Jugendarbeit beinhaltet Evangelisation

Der weltbekannte Evangelist Billy Graham soll einmal gesagt haben, dass, wenn in den vergangenen Jahrzehnten die Großevangelisation ein starkes Mittel gewesen sei, um viele Menschen mit dem Evangelium zu erreichen, so werde es in nächster Zeit wahrscheinlich eher der Arbeitsplatz sein, wo man Menschen mit der frohen Botschaft werde erreichen können. Diese Aussage gründet darauf, dass Christen ihren Glauben im Alltag authentisch ausleben und bereit sind, mit ihren ungläubigen Kollegen über ihren Glauben zu reden. Dieser Hinweis macht deutlich, dass das Übernehmen von Werten und Ansichten, die Hinführung zum Glauben, sehr stark an Vorbilder geknüpft ist, zu denen man eine persönliche Beziehung hat. Somit kommen wir wieder an den Punkt, warum Jugendarbeit beziehungsorientiert gestaltet werden sollte. Wenn wir Jugendliche mit dem Evangelium erreichen wollen, dann werden immer Predigt, die Verkündigung des Wortes Gottes (Römer 10,17), und auch Beziehungen von Gläubigen zu Ungläubigen wichtig sein. Diese Verbindung ist heutzutage möglicherweise wichtiger denn je, weil postmoderne Menschen erst von einer Botschaft überzeugt werden, wenn sie es im Leben eines Menschen bestätigt sehen. Tobias Faix schreibt dazu: *„Kaum etwas beeindruckt heutzutage jemanden so wie ein authentisch gelebtes Christsein, kaum etwas ist aber auch schwerer zu leben.“*[2] Damit wird einerseits deutlich, wie dringend unser authentisches Zeugnis gefragt ist

---

[1] Ebd., 55.
[2] Tobias Faix, *Mentoring: Chancen für geistliches Leben und Persönlichkeitsprägung*, (Aussaat Verlag, 2000), 93.

und andererseits, dass dieses Ausleben keine einfache Sache ist. Darin sind in erster Linie wir Jugendarbeiter gefragt, aber darüber hinaus ist es auch unser Auftrag, den gläubigen Jugendlichen zu helfen, einen evangelistischen Lebensstil zu entwickeln.

Um ungläubige Jugendliche zu Christus zu führen wird die Durchführung von evangelistischen Veranstaltungen auch in Zukunft von Bedeutung sein. Sie wird besonders wirksam sein, wenn gläubige Personen Beziehungen zu Ungläubigen aufbauen und diese dann zu solchen Programmen einladen und mitbringen. Durch die Verkündigung von Gottes Wahrheit, unterstützt durch ausgelebten Glauben und erfahrene Liebe von gläubigen Vorbildern, kann der Heilige Geist Erkenntnis bewirken und so zum neuen Leben hinführen.

Ein weiterer wichtiger Aspekt im Bereich der Evangelisation ist der praktische evangelistische Einsatz mit Jugendlichen. Das können evtl. Kinderstunden sein, Haus zu Haus Mission, Gefängnisarbeit usw. Es gibt verschiedene Möglichkeiten auf diesem Gebiet. Wichtig ist halt, dass man mit Jugendlichen zusammen bewusst im Bereich von Mission bzw. Evangelisation aktiv wird, damit sie auch in diesen Auftrag der Gemeinde hineinwachsen können. Interessant dabei ist auch, dass manche jungen Leute ihren Ruf in die Mission besonders durch Erfahrungen in diesem Bereich der Jugendarbeit vernommen haben. Lasst uns bewusst in diesen Arbeitsbereich investieren, damit unsere Jugendlichen lernen können, diesen wichtigen Auftrag der Gemeinde für sich zu entdecken und ihn auszuleben.

e. Jugendarbeit beinhaltet praktische Arbeit

Oben unter Punkt 3.b. habe ich auch „Dienst" als eines der fünf Hauptziele der Gemeinde erwähnt. Dieser Bereich ist schon an verschiedenen Stellen zum Vorschein gekommen. Es ist uns wahrscheinlich allen klar, dass Gemeindebau die Gläubigen zum Dienst befähigen und einsetzen will und soll. Deshalb will ich hier zum Schluss nur noch kurz auf einen Aspekt eingehen, der m. E. in der Jugendarbeit einen wichtigen Platz haben sollte. Ich beziehe mich auf das gemeinsame Anwenden des Gelehrten, oder anders ausgedrückt, auf den konkreten (auch handwerklichen) Dienst, die praktische Arbeit.

Wie oben beschrieben, treffen in der Postmoderne u. a. zwei Tendenzen zusammen: Einerseits die vom Wohlstand geförderte Gemütlichkeit, aber andererseits der Erlebnishunger der Jugendlichen. Wenn wir nun mit Jugendlichen gemeinsam praktische Arbeiten anpacken, dann kann dadurch die Hilfs- und Einsatzbereitschaft gefördert werden und der Glaube wird zur Tat, und somit auch zur Erfahrung. Unter praktischer Arbeit beziehe ich mich auf eine Vielfalt an Möglichkeiten, wie Hofsäuberung bei alten Leuten, Hausputz bei einer kranken Frau, Kekse backen für eine Kinderherberge, ein Diensteinsatz bei einer Tagesstätte, Brennholz besorgen für Witwen, und so könnte man die Liste fortführen. Auch die oben erwähnten Missionseinsätze und die verschiedenen Aufgaben in der Jugendarbeit gehören zu diesen Dienstmöglichkeiten. Viele dieser praktischen Dienste lassen sich sehr gut mit einer Kleingruppe durchführen. Oftmals ist das eher durchführbar wegen der vielen Termine der Jugendlichen und vielleicht auch effektiver, wenn eine kleinere Gruppe auf einmal aktiv ist, als wenn man versucht solche Einsätze für die gesamte Jugendgruppe zu organisieren.

Wenn man beachtet, dass Jungen in diesem Alter generell abenteuerlustig sind, kann man diese Veranlagung nutzen und herausfordernde Aufgaben anpacken, die mit einem Abenteuer zu verbinden gehen oder es schon miteinschließen. Man könnte einen Einsatz in einer abgelegenen Ortschaft machen und diesen als Motorradtour veranstalten. Brennholz besorgen kann auch in diese Kategorie fallen. Auf diese Weise kann man zu gleicher Zeit der praktischen Veranlagung vieler Jungen entgegenkommen, die in der Schule oftmals überwiegend theoretisch gefordert werden. (In den Bereich des Abenteuers gehört bestimmt auch der Ausflug, der für jede Jugendgruppe von großer Bedeutung ist und wohl auch bleiben wird. Allerdings wird dort eher die Gemeinschaft im Vordergrund stehen, und nicht so sehr der Dienst.)

Dienst ist die Sprache, die jeder versteht. Wenn wir dem Beispiel Jesu folgen und Jugendlichen Dienstmöglichkeiten bieten und uns mit ihnen zusammen in den Dienst an andere stellen, dann können auch sie die wichtige Erfahrung machen, wie es in einem älteren Lied ausgedrückt wird: „Der Dienst für den Heiland befriedigt das Herz."

Schlussfolgerung

Wenn wir persönliche tiefgehende Beziehungen zu Jugendlichen aufbauen und unter ihnen und auch zu anderen Erwachsenen fördern, dann werden wir die Welt der Jugendlichen kennen lernen und auch erkennen, wie wir ihnen begegnen können, wie wir ihnen am besten Beistand leisten können, damit sie ihre Identität (in der Gotteskindschaft), ihren Platz in der Gemeinde und ihren Weg in dieser Welt finden. Wenn wir innerhalb von Beziehungen die fünf Hauptziele der Gemeinde im Auge behalten und diese mit den Jugendlichen zusammen anstreben, dann wird die Jugendarbeit auch in der Postmoderne Jugendliche ansprechen und ihnen helfen, Gottes Plan für ihr Leben zu entdecken und darin zu leben. Das wird die beste Belohnung für die investierte Mühe sein.

Bibliografie

- McDowell, Josh: Generation ohne Bindung? (Christliche Verlagsgesellschaft, Dillenburg, 2002).
- Cruz, Antonio: Postmodernidad (Editorial CLIE, 1996).
- Smalley, Gary und Trent, John: Bitte segne mich! (Verlag der Francke-Buchhandlung GmbH, 2002).
- Roberts,Ted: Pure Desire: How One Man's Triumph Can Help Others Break Free from Sexual Temptation (Gospel Light Publications, 1999). Zusammengefasste deutsche Übertragung von Joachim Sawatzky (Bibelschule Loma Plata).
- Fields, Doug: Abenteuer Jugendarbeit: Basics für (junge) Leiter (pulsmedien GmbH, Bergneustadt, 2006).
- Stadelmann, Helge: „Praise & Worship. Christliche Popularmusik im Gottesdienst" in Stefan Schweyer, Freie Gottesdienste zwischen Liturgie und Event, Studien zu Theologie und Bibel Bd. 7 (Münster, 2012).

- Idea-Dokumentation 5/98: Ist zwischen Pietisten und Charismatikern Einheit möglich?
- Faix, Tobias: Mentoring: Chancen für geistliches Leben und Persönlichkeitsprägung (Aussaat Verlag, 2000).

Internetquellen

- http://de.wikipedia.org/wiki/Albert_Mehrabian (Zugriff am 24. Juli 2014 um 15:30 Uhr)

- Manfred Dworschak, „Im Netz der Späher", http://magazin.spiegel.de/EpubDelivery/spiegel/pdf/76229521 (Zugriff am 24. Juli 2014 um 15:50 Uhr)

- http://www.idea.de/nachrichten/detail/gesellschaft/detail/die-lebenslange-ehe-bleibt-ein-erfolgsmodell-27873.html (Zugriff am 4. Juli 2014 um 8:40 Uhr)

- Interview von James Dobson mit Ted Bundy am 23. Januar 1989, einen Tag vor seiner Hinrichtung, http://www.pureintimacy.org/f/fatal-addiction-ted-bundys-final-interview/ (Zugriff am 24. Juli 2014 um 16:20 Uhr)

- http://de.wikipedia.org/wiki/Ted_Bundy (Zugriff am 11. Juli 2014 um 17:15 Uhr)

Kulturelle Beiträge

Oh wenn der Hunger plagt ...!

Burt Klassen

Herr Cornelius F. Giesbrecht (1952- 2012†) war in Lolita, Südmenno, bekannt für seinen jahrelangen Dienst als Ordnungsmann. Er spendete unserem Bezirksmuseum verschiedene Gegenstände, unter welchen mir die Geschichte eines rostfreien Tellers und Kessels (Stainless Steel) kanadischer Herkunft am meisten beeindruckte. Diese Gegenstände habe er von seinem damals zukünftigen Schwiegersohn Raúl Acosta erhalten. Der habe sie ihm geschenkt, da er gemeint habe, dass sie an mennonitische Leute zurückgegeben werden sollten, da sie von solchen stammen.

Aus den Daten und Erzählungen von Herrn Giesbrecht und Herrn Acosta habe ich meiner Phantasie freien Lauf gelassen und so entstand diese Geschichte, die ich mit euch teilen will. Die Daten und Namen sind wahrheitsgetreu - außer die Namen der Mennoniten sind fiktiv, da sie unbekannt sind).

Man schreibt das Jahr 1927. In Puerto Casado ist an diesem 15. Mai wieder reges Treiben im Hafen, denn erneut ist hier eine Gruppe von Mennoniten aus Kanada angekommen. Es ist schon die fünfte Einwanderergruppe, die in dem bereits überfüllten Siedlerlager untergebracht werden soll. Viele der Mennoniten hier aus dem Lager von Casado, welche die Ankömmlinge begrüßen gehen, sehen nicht sehr mutig aus; schließlich wollen sie doch schon lange auf ihrem Land sein und diese Leute da begrüßen. Und sie haben schon manchen Toten aus ihren Familien zu beklagen.

Frau Trinidad Romero de Coronel ist eine junge Paraguayerin, die als Putzfrau im Hospital von Casado arbeitet. Ihr Mann, Miguel Coronel, ist Chauffeur bei der Casadogesellschaft. Sie sind schon im Jahr 1926 hergezogen und es geht ihnen hier relativ gut. Sie beobachtet das Treiben vom Fenster des Hospitals aus, in dem sie gerade putzt. Während sie den

Staub wischt, schüttelt sie den Kopf, seufzt und denkt bei sich: *"Wie lange noch sollen diese Leute hier armselig verharren, ohne Geld und Arbeitsmöglichkeiten? Gott stehe ihnen bei!"* Das Jahr neigt sich dem Winter zu und sie weiß genau wie bitter der sich hier in Casado auf die Gärten auswirken kann. Noch haben die Mennoniten Essen - doch, wie lange noch? Wie gut werden sie die Typhusepidemie überstehen? Viele ihrer Erwachsenen und Kinder fanden schon den Tod wegen dieser Krankheit! Von den Angestellten aus Casados näheren Kreisen weiß sie, dass mindestens noch zwei große Gruppen von Mennoniten ankommen sollen.

Sie muss an die zwei Geschwisterchen denken, die oft vor ihrem Haus spielen und mit denen sie spricht. Es ist zwar ein Kauderwelsch, da sie kein Spanisch sprechen, aber sie kann ihre Namen wenigstens schon aussprechen. Sie heißen Elisabeth und Peter, jedoch rufen ihre Eltern sie immer mit „Liese" und „Peut", das hat sie schon verstanden. Sie hat den beiden schon oft ein Glas Wasser oder eine Tortilla angeboten, die diese meistens mit Heißhunger verschlingen. Dann schauen sie immer ganz freundlich zu ihr auf und sagen laut: *„Dankscheun!"* Daran merkt sie immer wieder, dass die Kleinen zu Hause im Überfluss nicht Essen haben. Der Vater der Kinder sieht immer matt und müde aus, wenn er die Kleinen suchen kommt. Es tut ihr so leid um ihn, denn sie weiß, dass er krank ist und sich trotzdem um das Brot für seine Familie kümmern muss. Doch sie weiß nicht wie sie es dem Mann mitteilen soll, dass die Kinder gerne bei ihr spielen dürfen. Jedoch hofft sie, dass die Kleinen ihr irgendwann so viel Deutsch lehren können, damit sie es dem Mann eines Tages verständlich machen kann.

Doch die Krallen der bösartigen Typhusepidemie sollen sie daran hindern. Sie hat es in den letzten zwei Wochen schon bemerkt, dass der Vater der Kinder immer schwächer aussieht. Eines Tages geht sie wieder zur Arbeit und sieht wie so oft, dass die Mennoniten schon wieder jemand die letzte Ehre erweisen und zum Friedhof bringen. Was sie jedoch zum Stutzen bringt, sind die zwei bekannten Gesichter. Peter und Elisabeth stehen ganz vorne am Leichenzug mit tränenüberströmten Gesichtern! An ihrer Seite eine Frau, die sie kennt: Es ist die Mutter der Kinder!

In dem Moment bleibt sie stehen, ihr Herz rast und sie spricht ein hastiges Gebet zu Gott. Sie möchte umkehren und bei der Bestattung des Mannes dabei sein, die kleinen Geschwister in ihre Arme nehmen; doch ihr Pflichtgefühl ist stärker. Sie geht und widmet sich dann doch ihrer Arbeit. Jedoch lässt das Bild der zwei schmerzverzerrten Gesichter ihr keine Ruhe. Sie muss ständig daran denken und überlegt, wie sie der Familie helfen könnte. Dabei muss sie bedenken, dass ein Besuch von ihr, auch wenn sie mit Miguel zusammen gehen würde, wahrscheinlich für die Frau und die Kinder wegen der Kommunikationsprobleme nicht sehr angenehm wäre. Sie entschließt erst mal mit Miguel darüber zu sprechen. Der gibt ihr die Idee, der Familie doch einen Korb mit etwas Gebäck vor die Tür zu stellen. Das macht sie dann auch.

Für eine lange Zeit wartet sie vergeblich jeden Tag am gegen Abend auf die Kinder. Doch eines Tages, nach mehreren Wochen, sind sie wieder da. Sie begrüßen sie freundlich und es ertönt wieder ein lautes *„Dankscheun!"*, bevor sie den Korb zurückgeben. Doch von den aufgeschlossenen, lebensfreudigen Kindern ist nicht mehr viel übrig. Außerdem sehen sie mittlerweile auch matt und mager aus und aus dem Gespräch geht hervor, dass ihre Mutter es sehr schwer hat. Ab diesem Moment kommen sie wieder pünktlich jeden Tag vor dem Hause der Coronels spielen. Dabei bemerkt Trinidad, dass sie immer weniger zu essen haben und langsam abmagern.

Eines Tages bringen Peter und Elisabeth ihre Mutter, Maria, mit. Sie stellen sie vor und Trinidad versucht ein Gespräch zu beginnen, was jedoch misslingt und stattdessen machen sie einen Austausch von Gesten und Wortbrocken und verständigen sich so. Nach einer Weile holt Maria einen wunderschönen rostfreien Teller und einen Kessel aus einem Sack hervor. Aus den Gesten und kurzen Sätzen geht hervor, dass sie diese Gegenstände für Mehl umtauschen möchte. Trinidad kann sich nicht vorstellen diese Wertsachen für Mehl umzutauschen. Außerdem haben sie das Mehl auch nicht so im Überfluss, dass es leicht für sie wäre. Das wäre doch Diebstahl! *„Es sind wahrscheinlich einige der wenigen Sachen, welche die Familie von Kanada mitgebracht hat"*, denkt sie. Doch Maria lässt nicht locker und inzwischen bohren sie und die zwei Kinder mit ihren hungrigen Augen in ihre Seele. Sie betrachtet die Sachen eine Weile und denkt sich: *„Mann, das wären doch schöne Sachen, um unser bescheidenes Heim ein wenig gastfreundlicher zu gestalten!"* Doch sie gibt ihnen zu verstehen, dass sie erst einmal mit ihren Mann sprechen muss, woraufhin sie sich beruhigen.

Inzwischen erfährt sie, dass ihr Mann erst am nächsten Tag zurückkommen wird, da es unterwegs Schwierigkeiten gab. Sie teilt Maria und den Kindern mit, dass sie mit den Sachen nach Hause zurückkehren sollen. Doch als Maria endlich versteht was sie meint, fängt sie an bitterlich zu schluchzen. Trinidad versucht zu verstehen wieso und nach langem Gestikulieren und Raten merkt sie, dass sie kein Mehl mehr hat. Die ganze Familie hat schon seit geraumer Zeit keine Mehlkost mehr zu sich genommen, da die übrigen Mennonitenfamilien ja auch ihr Mehl rationieren müssen und sie kein Geld mehr haben. Es bricht ihr das Herz, diese drei Personen vor Hunger weinen zu sehen. Sie geht kurzerhand ins Haus und holt einen vollen Sack Mehl, während sie denkt: *„Wenn ich noch länger zweifle, gehen diese Kinder heute hungrig zu Bett!"* Einen halbvollen hat sie noch und sie weiß, dass der noch für eine gute Woche reicht und dann kann sie sich wieder einen neuen besorgen. Sie gibt der Frau den Sack Mehl, worauf diese sie umarmt und sich mittlerweile in Freudentränen ergibt. Die Kinder umarmen Trinidad auch. Maria nimmt den Sack Mehl und bedankt sich für das wundervolle Geschenk. Trinidad schaut die drei hinterher, und als diese sich winkend davon machen, bleibt sie mit verwirrten Gedanken stehen und denkt eine Weile über das Ereignis nach.

Am folgenden Tag, als Miguel zu Hause angekommen ist, zeigt sie ihm die erhaltenen Gegenstände und erzählt ihm ausführlich, was am vorigen Tag geschehen war. Er betrachtet staunend die erhaltenen Gegenstände und sagt: *„Mann, sind das Prachtstücke!"*

Doch bei diesen beiden Gegenständen sollte es nicht bleiben. Maria ist später noch mehrere Male gekommen und hat verschiedene kostbare Sachen für Essen eingetauscht.

Nach langem Überlegen und weil dieses Ereignis für sie so einschneidend war, beschlossen die Coronels Folgendes: *„Diese Gegenstände sol-*

len an die Kindern unserer zukünftigen Nachkommenschaft vererbt werden." Die Coronels lebten noch lange in Puerto Casado (bis in die 1950er Jahre). So kam es, dass Cornelio Benítez die älteste Tochter der Coronels heiratete, Agustina Coronel. Diese erbte den Kessel und den Teller von ihrer Mutter und lebte in Puerto Casado bis sie in den 1970er Jahren in Rente ging.

Die älteste Tochter der Familie Benítez, Frau María Estela Benítez, heiratete Herrn Eladio Acosta. Dessen Sohn Raúl Acosta erhielt die erwähnten zwei Gegenstände und heiratete im Jahr 2012 Debora Giesbrecht. Dieser fühlte sich verpflichtet diese Gegenstände im Jahre 2012 an Herrn Cornelius F. Giesbrecht zu geben.

Damit sind diese zwei unter den vielen für Essen eingetauschten Wertsachen der kanadischen Mennoniten in Puerto Casado nach vier Generationen wieder zurück in die Hände der Mennoniten gekehrt. (Laut Raúl, haben seine Vettern und Kusinen noch viele der Gegenstände von ihren Eltern geerbt.)

De Frü seatje

Eine Satire von Waldy Hoffmann

Fritz Rampel en siene Frü Liesbeth wiere ohne Twiewel en jletjeljet Poa. He wea en langa Schlacks met lange Been en langen Hauls, den he, wann he siene Frü socht noch lenja rajd.

Etj haud daut Jletj en poamol bi an enjelot to senne. Fritz nutzt jieda Jeleajenheit ut, siene Liesbeth fe jieda Tjlienichtjeit to lowe. En wann he mol waut nicht jenau wisst, dann fruag he siene Frü, en de wisst mieschtens. Siene Frü socht Fritz ejentlich emma, wann wua ne Veaunstaultinj wea, opp Tjaste, Utroops en waut emma.

Fritz haud vel Bekaunde en Frind. De weare am seeja wichtich en he nutzt jieda Jeleajenheit eenen to bejreese en sich kort to unjahoole. Wiels he nieschierich wea en aulles weete mucht stalld he veschiedenste Froage. Wann siene Liesbeth daut to lang vea kaum stolzied se aul mol veropp. Bold duanoh säd dann uck Langhauls: „Najo etj mott miene Frü seatje", rajd sienen langen Hauls en schlentad hinjaraun.

Daut wea fe am nicht eenfach siene tjliene aufjedreide mank vel Mensche to finje, wiels he sienen Hauls emma vel to lang rajd en bowe ewatjid. Boold dreid he om en fruach bold disem, bold janem: „Hast dü miene Frü jeseehne?"

Jeseehne haude se de meist aulla, wiels Liesbeth bildstraum wea en de mieschte jesunde Manna sich nochmol omtjijte no ea, oba tjeena von de befriede Manna kunne sich meeja dentje wuaneeja en wua.

Auss etj opp Rodeo Trebol aun eenem Donnadachowend toofallich Fritz met siene Frü ver mi gone sach, see fein eajehoackt bi am so aus sich daut jehiet, docht etj de Fritz haft waut jeliet. Wann he dea hia mank düsende Mensche eenmol loslat hafta dea jeseehne. En aul trock Langhauls siene Haundbrams, om en gooden oolen Frind to bejreese. Uck etj bleew stone om to seehne waut nü passeare wurd. Liesbeth leet Fritz sienen Oarm loos en horcht entressiet to, waut ea Maun en Bruno Reima sich to vetale haude. Se muak noch en poa Bemoatjunge doato während se sich vestohle romtjijd. Langsaum fong se aun trijaun to schlendre auss wann se wem seatje wull. Dann bleef se stohne, tjijd trij no earem Langhauls, de sich emma noch met Reima de latzte Nieichtjeite ütüscht. Platzlich duckt se sich en veschwung mange Menschenmenje.

Etj, ohne to ewalaje, bead en dee hinjaraun, wull weete waut hia jespält wort. Aus Liesbeth Frü Niesse en Frü Eitz bejeajend ohne de to seehne, wiels se emma noch jeduckt jintj, bleewe de stohne, tjijde sich aun en etj hied Frü Eitz saje: „De mott oba furchtboare Trietzweehdaug habe, weet aus de daut aul lang haft?"

„Daut kaun noch nicht aul to lang senne", säd Frü Niesse, „sonst haud etj dea aul mol bi Dr. Richert enne Sprechstund aunjetroffe."

De Frües haude noch aundre interessaunte Bemoatjunge, oba etj kunn mi nicht lenja opphoole, etj wull Liesbeth nicht veliere. De jintj nü gaunz steil en bosich, tjijd sich oba dann en wann om oss ea Langhauls to seene wea.

Auss se en ditjet Wesch Indiaunamejales en Frües ver sich haud, jintj se kortahaund Kopp veropp en met de Alboages Rüm schaufe meddenderch. Ne ole Oma waut jrods noch met earem Jesecht nom Oste jedreit jintj, stunt nü en tjijd jlitj Siede. Seeja oppjeburschad säd se: „Na wuarom so bossich jam Lenco señora?"

Etj entschloot mi rundom to gone, haud oba uck miene Schwierichtjeite vearewaich to kome. Aus etj trij en Liesbeth eare Bohn wea, kunn etj dee nicht finje. „Nü woa etj dem Fritz bewiese, daut etj beta Spure lese kaun oss he", säd etj to mi. Doch Liesbeth wea en bleef veschwunge. Etj fong aun han en hea to ranne, vel schlemma aus Langhauls, stalld mi opp Teejs, dreid mienen Kopp enne rund aus ne Nachtül om to seene auss Liesbeth noch irjendwua existied. Meist haud etj eenem jefroacht, hast due miene Frue jeseehne? Tom easchtenmol en mienem Lewe haud etj en tjlienet bet Mettleed met befriede Manna. Etj jintj schließlich nom Tlientieastaund, seene aus se sich doa opphillt. Tüs, daut wisst etj, haud see Zwergheenaklucke von de se seeja bejeistat wea.

Em Tjlientiastaund haude vele Hohns aul den Hauls enjetrocke, de Uage tojemoakt en schleepe. Oba eenzelne Zwerghohns tjreide noch so vejniecht, oba aulla ohne Liesbeth.

„Gaunz seacha ess de bi de Brahmanbolles", säd etj to mi. Etj kunn mi erinnre daut se mol met earem Brahmanboll aunjejeft haud. De Brahmanbolles lage, vele lang ütjestraijt en schnoajte fer sich han, noch so tofred daut an tjeene Liesbeth stied.

„Tom dree dobbelden", säd etj to mi, „waut rannst dü hia den Owent ewa hinja wem aundren siene Frü, en wea betolt di dofea? Saul de Langhauls doch mol eene Nacht auleen schlope!"

Etj wea darschtich en jintj no de ieschte baste Kantine mi en Mineralwota to tjeepe. En wea steit doa? Liesbeth schlaubat noch so vejnäjt earen Eiscreme, bejreest mi frindlich en fraicht waut etj noch emma do. Etj säd nicht daut etj mi jrods meist scheiwlich jerannt haud hinja ea en fruach waut se so schauft. „Na nü krajt seatj etj mienen Maun."

Etj säd: „De ess bestemmt nicht so schwierich to finje auss dü, saul etj di seatje halpe?" Oba daut wea aul nicht needich, Fritz wea uk darschtich jeworde en kaum no dee selfsje Kantine, gaunz aufjewetjelt om waut nautet to seatje daut he sienen langen driejen Hauls raufschele lote kunn.

„Wua bleewst dü?" fruch Liesbeth, „etj ha di ne gaunze Stund jesocht!"

„Etj di uck, aul ewa ne Stund", säd Langhauls, „komm, welle foahre!"

Liesbeth schmeet daut latzte vom Eiscreme enne Mellton, hoakt sich bi earem Langhauls enn en waich weare se.

Etj den hinjaraun, om to seene aus de Liesbeth nochmol utkleiwe wurd. Oba daut jintj jlitj no dem Pickup, det latzte Enj aul enj omjefot. He muak ea de Dea op, knauld de hinja ea to, sad sich hinjrem Stiea en start opp. Meist wiera bim rütbetje jeajen en aundret Auto jeprallt. „Paus opp!" schreach Liesbeth en Langhauls flucht de Brams nenn daut Liesbeth met Schwung jeajen de Settlehn pralld. De Parkplautzaunwiesa musst tosiedsprinje om daut Fritz am nicht ewa de Teeje fuah. De ola F-Düsend krautsd de Atj utem Parkplautz rut daut ne ditje Stoffwoltj hinjaraun rolld.

De Parkplautzaunwiesa en etj tjijde ons vejrinst aun oba tjeena säd waut. Dentje deed wi woahrschienlich dautselwsje: „Langhauls haft wada siene

Frü jefunge en nu jeitet jlitj nohus enne honeymoon, luna de miel, Fleeddaweatj!"

Kurzgeschichten von Schülern der Sekundaria

Das Verbot mit links zu schreiben!

Es war ein warmer Sommertag. Die Schule begann wieder. Heute wollte Klaus zur Schule. Da es die Vorschule nicht gab, kam er in die erste Klasse. Ein paar Tage vergingen. Klaus ging es gut in der Schule. Doch eines Tages mussten die Schüler schreiben lernen. Und als Klaus ganz vertieft beim Schreiben war, kam der Lehrer auf ihn zu. Klaus bekam Angst. Aber ohne ein Wort zu sagen, verließ der Lehrer den Raum.

Nach wenigen Minuten kam der Lehrer wieder mit einem Seil in der Hand. Klaus merkte es nicht, dass der Lehrer geradewegs auf ihn losmarschierte. Erst als Klaus merkte, dass jemand ihn am Arm packte, erschrak er sehr. Schnell nahm der Lehrer Klaus seine linke Hand und band sie mit dem Seil am Stuhl fest. Inzwischen hatten sich alle Schüler zu ihm gedreht und schauten ihn verwundert an. Klaus war den Tränen nahe. Aber er wollte nicht weinen, obwohl ihm die Hand schmerzte. So sagte der Lehrer zu ihm: „Von nun an wirst du mit rechts schreiben." Klaus wusste natürlich nicht, was hier vor sich ging.

Plötzlich fragte Klaus den Lehrer, was er denn Falsches getan habe. Als Antwort bekam er nur, dass er mit Links geschrieben hatte. „Aber warum?", fragte Klaus. „Weil es streng verboten ist mit links zu schreiben", sagte der Lehrer. „Aber das wusste ich doch noch gar nicht", sagte Klaus. Ohne ein Wort zu sagen, ging der Lehrer zu seinem Pult.

Als Schulschluss war, lief Klaus so schnell er konnte nach Hause und weinte bitterlich. Als er es seiner Mutter erzählt hatte, war sie böse darüber. „Na ja", sagte sie, „wenn es so ist, kann ich dir leider nicht helfen." Sie sah auf seine schmerzende Hand. „Komm", sagte sie „ich versorg die Wunden mal."

Doch das alles half nichts. Klaus wollte am nächsten Morgen nicht zur Schule, weil er sehr Angst hatte. Nach einigen Tagen war die erste Probe. Er musste wie gesagt mit rechts schreiben. Als er die Probe abgab, war der Lehrer sehr unzufrieden und sagte zu Klaus: „Das geht ja nicht mal zu lesen. Und außerdem hast du dich nicht bemüht. Komm mit ins Lehrerzimmer." Also gingen sie los. Im Lehrerzimmer angekommen musste er sich auf den Stuhl legen, wo er sehr Prügel bekam. Er schrie so sehr, dass die ganze Klasse es hören konnte. Als der Lehrer fertig war, ging Klaus mit Tränen in den Augen zurück ins Klassenzimmer. Alles war still und ruhig in der Klasse.

So vergingen viele Tage. Bald tat Klaus alles in der Schule mit rechts, zuhause aber mit links, weil da natürlich keine Lehrer waren. In der Schule war er jedes Jahr der Klassenbeste und auch in Deutsch. Klaus hatte auch viele Freunde gefunden. Von nun an ging es Klaus immer gut in der Schule. Als er in der vierten Klasse war, wurde es wieder erlaubt mit links zu schreiben. Aber Klaus schrieb immer noch mit rechts, weil die Lehrer sagten, es sei eine Sünde, mit der linken Hand zu schreiben. Es war schon fast am Schulschluss, noch ein paar Tage davor, da war Klaus so glücklich, dass er endlich mal eine schöne Schrift mit rechts hatte.

Klaus freute sich schon auf die Sommerferien. In der Deutschstunde mussten alle erzählen, was sie vorhatten in den Sommerferien. Und Klaus hatte das meiste vor!

Jennifer Kehler
7C Colegio Loma Plata

Der Nordsturm

Ein Blick auf die Uhr weckt mich aus meiner Duselei. Ich höre auf, mit dem Finger auf der staubigen Tischplatte zu malen und versuche, mich noch die letzten fünf Minuten auf den Unterricht zu konzentrieren. Draußen heult der Wind in den jungen Lapachobäumen. Trockene Blätter rollen raschelnd über den harten Erdboden. In der Klasse herrscht eine deprimierte Stimmung. Endlich läutet der Pausengong. Durch die geöffnete Tür bläst der Nordsturm mit voller Kraft ins Klassenzimmer und weht mir die losen Blätter vom Tisch. Ich bin müde, missmutig und nervös. Da schlägt plötzlich die Tür mit wuchtigem Knall zu, dass der Kalkbelag am Türgerüst herabrieselt. „Verflixt nochmal, könnt ihr denn nicht aufpassen?" Draußen erfasst der Wind unser Haar und zaust es wild durcheinander. Die jungen Lapachobäumchen krümmen sich nach Süden und drohen abzubrechen. Der große Quebracho vor der Aula wiegt seine alte Krone hin und her. Wir Schüler flüchten uns unter das Schattendach des Speisesaals, um so dem ärgsten Sturm zu entrinnen. Nachdem der Gong ertönt, strömt alles an die Tische, obwohl ich sicher bin, dass die meisten genau so wenig Appetit haben wie ich. Obgleich wir den Staub aus den Tellern wischen, knirscht es beim Essen dennoch zwischen den Zähnen. Ich trinke viel Wasser und greife nur zum Gemüse. Schnell sind wir heute mit dem Essen fertig.

Ich nehme meine Schultasche unter den Arm und mache mich auf den Heimweg. Alle Gebäude, Pflanzen und Bäume sind in ein schmutziges Graugrün gehüllt. Sand weht mir in die Sandalen und macht die schwitzenden Füße dreckig. Ich muss zwei Straßen nach Norden und zwei Straßen nach Osten gehen. Nach vorne gebeugt kämpfe ich gegen den Sturm an. Staubwolken vernebeln mir immer wieder die Sicht, der Sand dringt schmerzhaft in die Augen, klebt an den Lippen und weht hinter die feuchte Kleidung. Ein kleines altes Honda-Moped versucht, gegen den Sturm anzukämpfen. Jeder vernünftige Mensch hält zu dieser Zeit eine „Siesta". Die meisten Fensterläden an den Straßenseiten sind geschlossen. Nur ich habe vergessen, am Morgen die Fensterläden zu schließen, der Nordsturm hat in meinem Zimmer das Nötige getan. Ich suche den Staublappen, reinige Fenster und Möbel, ziehe dann die verdreckten Kleider aus, dusche und lege mich ins Bett. Das Rauschen der Bäume, das Rascheln der trockenen Blätter, das Knarren der Pfähle an der alten Laube wird leiser und leiser.

Nathalie Hiebert
7A, Colegio Loma Plata

Der Schulweg

Es war fünf Uhr morgens. Der Hahn krähte, und es wurde langsam heller. Maria, die Mutter von drei Jungen, die Isaak, Peter und Fritz hießen, weckte sie, um ihr beim Melken zu helfen. Der Vater war auch schon früh aufgestanden, um die Schafe einzufangen.

Die Jungen mussten die Kühe einfangen zum Melken. Die Mutter bereitete den Korral vor und währenddessen waren die Jungs schon mit den Kühen angekommen. Bald waren sie fertig und hatten alles erfolgreich abgeschlossen.

Isaak hatte die Kühe wieder mit den Kälbern zusammen gelassen, und sie alle auf die Koppel geführt. Peter und Fritz hatten sich schnell gewaschen und sich für die Schule fertig gemacht. Irgendwann kam Isaak auch noch und dann hatten sie alle zusammen gefrühstückt und sich auf den Weg gemacht.

Die drei Brüder gingen immer alle zusammen zu Fuß zur Schule, es war ein langer Weg, aber sie schafften es schon. Die Brüder trafen sich wie gewöhnlich mit den Nachbarsjungen, die etwas weiter ab von ihrem Haus wohnten, um zusammen mit ihnen zur Schule zu gehen. Die Nachbarsjungen waren Jakob und Johann. Peter erzählte den Jungen, wie sie vor kurzem mit ihrem Vater fischen gegangen sind: „Ich und Papa haben vier ‚Scheupa' gefischt und Isaak und Fritz haben nur zwei ‚Tilapia'."

Fritz sagte: „Es ging aber trotzdem gut!"

Jakob und Johann haben auch viel erzählt, besonders viel von dem einen Tag, an dem sie eine Kuh geschlachtet und mit ihrem Verwandten zusammen „Asado" gegrillt haben.

Die fünf Jungen haben dann alle immer abwechselnd erzählt. Es war ungefähr schon eine halbe Stunde verlaufen. Aber von der Schule hatten sie ganz vergessen. Sie waren so in ihre Geschichten versunken, dass sie gar nicht mehr an die Schule dachten, und sie haben sich gar nicht so beeilt wie sonst. Und irgendwann hatte Johann gefragt, ob sie endlich mal bald bei der Schule wären...

Ganz schnell sind alle losgelaufen, um vielleicht doch nicht die Unterrichtsstunde zu verpassen, aber, zu spät, sie haben die Unterrichtsstunde verpasst, und mussten zu fünf, alle auf der Faul-Bank sitzen...

Als sie zusammen da saßen, lachten sie einfach und haben alle zusammen gesagt: „Was für 'n Erlebnis!"... Denn an die Faul-Bank hatten sie gar nicht gedacht! ...

Julianna Neufeld
7C Colegio Loma Plata

Die Fächer aus den früheren Zeiten!

Früher gab's nicht ganz so viele Fächer wie heutzutage, zum Beispiel gab's noch kein Spanisch oder Guaraní, oder auch nicht mal Sport. Ja, sie hatten keinen Sportunterricht und nicht einmal einen Ball, um während den Pausen zu spielen, aber trotzdem haben sie immer viel Spaß gehabt. Die Fächer, die sie zur damaligen Zeit hatten, bestehen oder werden zum Teil noch in unseren Schulen gelehrt: Rechnen, Ein mal Eins, Religion,

Schönschrift, Rechtschreibung, Lesen aus der Fibel, Katechismus, Bibel, Malen, Mennonitengeschichte und Erdkunde.

Die Mädchen durften damals nur bis zu 12 Jahren die Dorfschule besuchen. Die Jungen hingegen durften oder mussten die Schule besuchen, bis sie 14 Jahre alt waren. Die Schüler waren jeweils in einem Raum und sie benutzten noch nur die Schiefertafeln und die Griffel.

Was zu der Zeit sehr wichtig war, war, dass sie morgens die Schulregeln aufsagten; danach wurden Lieder gesungen und gebetet. Auch gab´s noch keine Schülerfeste, Heimabende oder gar Ausflüge. Manchmal schrieben sie auch kleine Tests, die ihnen aber keine Noten, sondern nur Punkte einbrachten. Es war zu der Zeit etwas ganz Besonderes, wenn man schon in der Bibel lesen durfte.

Tja; die Menschen könnten heutzutage die Bibel auch mal wieder etwas mehr lesen und die Älteren als Vorbild nehmen.

Elissa Käthler
7C Colegio Loma Plata

Die perfekte Liebe

Als Daniel an einem Abend beim Fußball war, da sah er ein schönes, hübsches, elegantes, blondes Mädchen. Dieses hübsche Mädchen saß neben seinen Freunden. Nach seinem Spiel ging er zu seinen Freunden und begrüßte sie und auch das Mädchen. Da zeigte er seine elegante Seite und fragte sie, wie sie hieß und woher sie kam. Da sagte sie, ihr Name sei Michaela und sie komme aus Waldhof. Sie erzählten den ganzen Abend noch gemeinsam weiter in der Freundesgruppe. Da sagte Daniel zu Michaela am Ende des letzten Spiels, dass er morgen auch wieder spielen müsse, und fragte, ob sie auch käme. Sie schmunzelte ein bisschen und sagte: „Mal sehen."

Am nächsten Abend als Daniel zum Fußball kam, sah er Michaela mit einem anderen Jungen zusammen sitzen. Das störte ihn und er ging nur ohne einen Blick auf sie zu werfen an ihr vorbei zu seiner Freundesgruppe. Nach seinem Spiel trafen sie sich alleine auf dem Parkplatz und sie begrüßten sich. Daniel fragte Michaela wer der Junge sei, der neben ihr saß. Da lachte sie los und sagte, dass es ihr Bruder sei. Da fiel Daniel ein Stein vom Herzen. „Wieso meinst?", fragte sie. Da sagte er: „Ich war nur neugierig." Der Abend ging seinem Ende zu und er fragte sie, ob er ihre Telefonnummer haben dürfe.

Am nächsten Wochenende fragte er sie, was sie Sonntag vorhabe. Sie antwortete: „Nichts!" „Wow, was für ein Zufall, ich habe auch nichts vor. Kann ich zum Tereré vorbeikommen? Ich meine nur so...." Sie antwortete: „Mmmmmmh ... ja kein Problem." Und sie lächelte. Als es dann sonntagabends war, kam er nach Waldhof und hatte vor Aufregung vergessen, wo sie wohnte, und fuhr aus Versehen auf den Hof ihrer Großeltern. Er fragte, ob sie wüssten wo Michaela wohne, da lachte der alte Mann und sagte er sei ihr Großvater. Daniel wurde rot vor Scham. Der Großvater erklärte darauf, wo sie wohnte. Daniel bedankte sich bei ihm. Er fuhr zu Michaela und sie verbrachten gemeinsam einen wunderschönen Abend.

Mit der Zeit kamen sie sich immer näher, und eines Tages als er wieder hinkam, sagte er zu ihr, dass er sie lieb habe.

Kevin Braun, Christpoh Braun, Dorian Reimer
3. Kurs Colegio Neuhof

Wieso eigentlich auf der Faulbank sitzen

Peter war immer ein bisschen ein fauler Junge. Wenn der Lehrer was aufgab, um zu lernen, machte er die Aufgaben fast nie. Am Nachmittag trieb er immer nur Unfug und deshalb machte er auch fast nie seine

Hausaufgaben. Der Lehrer war schon etwas böse auf ihn. Und einmal bekamen sie den Katechismus auf, um ihn auswendig zu lernen. Peter dachte sich so: Wie sonst auch würde er den Katechismus nicht lernen. Am nächsten Tag in der ersten Stunde mussten die Schüler den Katechismus aufsagen. Als erstes musste Katarina und dann kam Cornelius dran; nach Cornelius war Peter an der Reihe. Er war schon ein bisschen aufgeregt, weil er nicht gelernt hatte.

Und als Peter dann an der Reihe war, wusste er nicht was er sagen sollte. Der Lehrer schaute ihn böse an und sagte: „Dort ist die Faulbank." Peter ging zur Faulbank und war traurig. Als er nach Hause kam und seine Eltern das bemerkten, waren auch sie sehr böse. Und er musste am Nachmittag Baumwolle pflücken helfen. Dabei dachte er sich so, beim nächsten Mal, wenn der Lehrer was aufgeben würde, um zu lernen, dann würde er auch lernen. Denn das Baumwolle-Pflücken ging noch viel schlechter als das Lernen.

Alejandro Reimer
7C Colegio Loma Plata

Hallo Tagebuch!

Da bin ich wieder mit den neusten Meldungen des Tages. Wie du weißt, ist mein Leben ziemlich aufregend, denn ich bin unglaublich kreativ darin, mich bis auf die Haut zu blamieren und andere Menschen in Lebensgefahr zu bringen. Heute hab ich den totalen Rekord gebrochen. Willst du wissen wie?

Also, ich fuhr mit meinem Krypton unglaubliche 30 km/h schnell und träumte natürlich wieder einmal vor mich hin. Ich war gerade bis zu der Stelle, an der der Prinz die Prinzessin rettete, als ich von quietschenden Reifen gestört wurde. Als natürlich begabte Fahrerin landete ich in demselben Augenblick im Graben. Schnell war ich dabei, jeden einzelnen Knochen wieder zusammenzuraffen. In meinem Kopf schwirrten die Ausreden und Fluchtgedanken.

„Hallo, bist du verletzt?", fragte plötzlich eine Stimme.

„Nein, danke…" War alles was mir in dem Moment einfiel.

Angesichts der freundlichen Stimme, wagte ich es aufzuschauen. Ich hatte einen alten Rentner erwartet, doch stattdessen stand er vor mir! Ab dem Augenblick passierte alles im Zeitlupentempo. Er war sehr freundlich und irgendwie brachte er mich nach Hause. Meine Eltern waren nicht besonders aufgeregt wegen des Vorfalls, denn es war ja nicht der einzige Unfall in den letzten Jahren. Man sagt, Übung macht den Meister, doch der Zug ist bei mir abgefahren, wenn's ums Motorrad fahren geht. Meine Eltern bedankten sich bei dem jungen Mann und damit war's erledigt. Ich hoffe nur, ich sehe ihn nie wieder…

Zwei Wochen später

Rate mal wen ich auf der allgemeinen Jugendstunde begegnet bin. Genau, ihm! Und jetzt hat er auch einen Namen, Jack. Wir kamen ins Gespräch, natürlich ganz zufällig. Er ist gar nicht so übel. Ehrlich gesagt, ist er sogar ziemlich nett. Jack kann unheimlich gut erzählen. Er ist humorvoll und besonders mag ich seine lebendigen blauen Augen. Ob du's glaubst oder nicht, der Abend war viel zu schnell vorbei. Ich hoffe ich sehe ihn wieder…

Drei Wochen später

Ich habe Jack getroffen! Er spielt doch tatsächlich Fußball für den MSV! Das hat er wohl vergessen zu erwähnen… er schoss zwei Tore für sein Team. Später trafen wir uns und erzählten. Nach einigen Blamagen wusste auch er, dass es in meiner Gegenwart nie langweilig wird. Zu meinem endlosen Erstaunen fragte er, ob ich Lust hätte mit ihm essen zu gehen. Mir wurde ganz schwindlig und ich stammelte, oder vielmehr ich würgte, ein verlegenes „Jjjaaa" hervor.

Ganz ehrlich, ich fühlte mich als hätte ich persönlich die Olympia-Meisterschaft im Flirten gewonnen.

Wir gingen also aus. Ich fiel auf den Stufen zum Restaurant beinahe hin, da meine Schuhe zu hohe Absätze hatten, und Jack musste mich auffangen. Ich stieß den Blumenstrauß auf dem Tisch beinahe um und Jack rettete ihn in letzter Sekunde. Später beim Tanzen trat ich den ärmsten Jack ständig auf die Zehen, aber er verlor kein Wort darüber. Mir war klar, dies war wahrscheinlich, oder mit großer Sicherheit, das erste und letzte Mal gewesen, dass er mit mir ausgehen würde. Als wir das Restaurant verließen und alle Kellner erleichtert aufatmeten und am Tresen zusammensanken, verlor ich endgültig den Mut. Während der Fahrt nach Hause sprachen wir nicht viel. Jack hielt seinen Wagen vor unserem Haus und ich war im Begriff mich zu verabschieden, da nahm er meine Hand und sagte: „Ich habe noch nie ein Mädchen wie dich getroffen. Du würdest mich echt glücklich machen, wenn ich dich besser kennen lernen dürfte."

Wie bitte?! Er hatte eben ein Restaurant vor dem Untergang bewahrt und er war immer noch interessiert? Ich konnte es nicht fassen! Natürlich war ich einverstanden und wir verabredeten uns fürs nächste Wochenende.

PS: Ich habe aufgehört vom Prinz und der Prinzessin zu träumen, denn ich lebe jetzt den Traum.

Yoneko Bergen und Graciela Peters
Colegio Neuhof

Hänschens versauerter Tag

Es war ein kühler Morgen. Die Vögel zwitscherten in den Baumkronen. Die Sonne ließ es warm werden. Keine Wolken waren am Himmel zu sehen. „Hänschen, du musst aufstehen!!" Das war immer das erste, was Hans hörte. Es war Mutters Stimme. „Hänschen, die Schule fängt bald an! Geh dich anziehen und waschen." „Ja, ja ich werde schon", sagte Hans. Er ging sein Gesicht waschen, sich anziehen und seine Schultasche packen. Er nahm ein Brot und eine Apfelsine, aß es auf, dann gab seine Mutter ihm einen Kuss und Hans ging los.

Sein Vater arbeitete schon auf dem Feld. Er winkte ihm zu, Hans winkte zurück und fing an zu pfeifen. Der Tag würde heiß werden, das wusste Hans schon, weil es immer wärmer wurde. Nach ungefähr zwanzig Minuten kam er in der Schule an. Er ging in die Klasse und setzte sich auf seinen Platz. Nach wenigen Minuten kam der Lehrer herein. Sie begrüßten ihn und sagten die Schulregeln auf.

Der Vormittag verging sehr schnell. Um 11.30 Uhr gingen sie nach Hause. Die Sonne hatte den sandigen Boden sehr aufgewärmt. Zu Hause angekommen, aßen sie zu Mittag. Hans ging etwas vor 13 Uhr wieder in dem heißen Sand zur Schule. Nachmittags, in einer Pause, holte der Lehrer Wasser. Es war ungefähr vierzig Grad. Hans hatte großen Durst und trank all das Wasser aus, sodass die Mädchen nichts bekamen.

Gleich gingen die Mädchen sich beim Lehrer beklagen. Etwas später kam der Lehrer mit seinem Riemen zu Hans. Er bekam sehr Prügel. Er musste sich entschuldigen und Wasser für die Mädchen holen. Jetzt hatte der Lehrer ihm den ganzen Tag versaut. Als er gegen Abend zu Hause ankam, erzählte er den Eltern, was für einen Blödsinn er angestellt hatte. Sein Vater meinte, er solle mal anständiger sein. Hans ging seinem Vater schnell noch etwas helfen. Nachdem ging Hans sich reinigen und die Hausaufgaben machen.

Der Tag hatte ihn fertig gemacht. Hans ging total müde ins Bett.

Carlos Sawatzky
7C Colegio Loma Plata

Keine Liebe auf den ersten Blick

Er war schon im zweiten Jahr in der Bibelschule, als sie mit der ersten Klasse begann. Sie kannten einander nicht. Seine Heimatstadt war hier, aber sie kam aus einer ganz anderen Gegend. Von der anderen Seite der schwarzen Straße, sagt man so schön. Der erste Blick - bedeutungslos.

In Paraguay gibt es den traditionellen „Bonsch". Da werden Spiele gespielt und es wird getanzt (eigentlich alles als Pärchen). An einem Samstagabend gab es dieses Fest auch einmal wieder, in Lolita. Natürlich fuhr er hin. Und sie bekam von ihren Eltern schlussendlich auch noch die Erlaubnis, hinzufahren. Sie hatten beide viel Spaß. Irgendwie kam es dazu, dass die beiden zusammen tanzten. „Was für ein Mädel!", dachte er. Auch sie konnte ihre Gefühle nicht bremsen. Sie fand ihn einfach toll! Wieso nur war er ihr in der Schule bisher nicht aufgefallen?

Aber nun waren sie Verliebte geworden. Was für ein pures Glück, dass sie sich jeden Tag in der Schule sehen konnten. Es dauerte nur einen Monat, dann war es klar: Sie gehörten zusammen. Ab dann nannten sie ihre Beziehung „schmarren". Sie trafen sich pünktlich; und so glücklich wie Verliebte halt sind, waren auch sie es. Und sie sind bis heute noch glücklich miteinander. Er und sie.

Liane Klassen
7C Colegio Loma Plata

Liebe durch Schweinejagd

Es ist ein typischer, heißer Sommertag im Chaco im Jahr 1938. Der Schweiß läuft über Johanns Gesicht, während er die letzten Reihen Baumwolle jätet. Er und seine Eltern und seine 13 Geschwister sind erst seit kurzem Bewohner des Dorfes Friedensheim. Schon sehr schnell haben sie mit den anderen Dorfbewohnern Freundschaft geschlossen. Besonders guten Kontakt haben sie mit ihren hilfsbereiten Nachbarn, die Pennersfamilie mit ihren 18 Kindern. Am letzten Samstag waren sie auf einer Dorfshochzeit, wo er Penners Agatha näher kennen gelernt hat. Den ganzen Abend haben sie über verschiedenste Themen gesprochen, jedoch hat er Konzentrationsprobleme gehabt, da Agathas Lächeln ihn diese ständig zu nehmen drohte. Von diesem Tag an ist Johann mit seinen Gedanken ständig bei ihr, wie es auch jetzt beim Jäten der Fall ist.

Da heute Samstag ist, hat er vor, den ersten Besuch alleine bei seiner bildhübschen Nachbarin zu machen. Mit jeder Reihe, die er beendet, wird sein Lächeln ein wenig größer. Als es Gegenabend wird, hilft er noch schnell beim Melken. Danach macht er sich bereit und zieht sein bestes, gestreiftes Sonntagshemd an und macht sich auf den Weg. Als er mit großem Herzklopfen auf den Hof kommt, sieht er wie Agatha ihm schon entgegenkommt. Sie hat ein wunderschönes, rotgeblümtes Kleid mit puffigen Ärmeln an. Ihr Haar hat sie zu zwei langen, schönen, festen Zöpfen geflochten. Während sie auf dem Hof sitzen und erzählen, passiert jedoch plötzlich etwas, dass sein Leben für immer verändern soll.

Man hört ein Krachen und gleich darauf ein quietschendes Geschrei vom Stall. Und schon sieht man ein großes, fettes, schmutziges Etwas vorbeilaufen, gefolgt von der unwiderstehlich hübschen, jungen, blonden Tina, die jüngere Schwester von Agatha. Mit schnellen Schritten, so schnell es ihr langes, dunkelblaues Kleid erlaubt, versucht sie das Schwein einzuholen. Johann springt auf, ganz wie ein „Caballero" und läuft ihr zu Hilfe. Nach zehn Minuten wilder Verfolgungsjagd geben sie schließlich auf. Johann weiß in seinem Herzen, er hat die Frau seines Lebens gefunden. Sechs Monate später feiert das Dorf die Doppelhochzeit von Johann und Tina und Agatha mit Johanns Bruder Peter. Serviert wird Schweinebraten.

Tatiana Harder, Joely Sawatzky und Natalie Gerbrand

3. Kurs Neuhof

Liebe in früheren Zeiten

Es war an einem Sonntag im Jahre 1968. Endlich gab es wieder einen Bonsch. Viele Jugendliche fuhren zu diesem Treffen. Die Mädchen kamen alle aus Hochfeld, die Jungs... naja, da es nicht so viele in Hochfeld gab, kamen sie auch aus verschiedenen anderen Dörfern. So ein Bonsch war für die Jugendlichen immer was ganz Besonderes, deshalb machten sich die Mädchen schon von nachmittags an hübsch, die Jungs dagegen kämmten sich nur und schon waren sie bereit. Auf so einem Treffen lernten sich viele Jungen und Mädchen kennen, darunter auch Neta und Peter. Bei ihnen war es aber nicht Liebe auf den ersten Blick, nein, die Gefühle kamen später. Jedes Mal, wenn sie Bonsch hatten, konnten sie sich sehen, miteinander erzählen und sich besser kennen lernen. Eins gab Peter zu... er hatte Neta immer im Visier, er konnte sie lange anschauen, so hübsch war sie gewesen. Und Neta hatte jedes Mal ein Kribbeln im Bauch, wenn sie ihn sah.

Eines Sonntags nahm Peter sich allen Mut zusammen und fragte seine Neta, ob sie „schmarren" wollten. Sie war gleich damit einverstanden. Sie trafen sich jedes Mal auf dem Bonsch oder auf anderen Jugendtreffen. Als es wirklich schon sehr ernst war, fingen sie an, sich auch am Sonntag zu treffen. Sie hörten auch auf zum Bonsch zu fahren und blieben lieber zu Hause und trafen sich da. Peter hatte jetzt ein einziges Ziel vor Augen. Er wollte seiner Neta einen Heiratsantrag machen. Und so machte er es auch, sie sagte natürlich gleich ja. Am 6. Oktober 1973 haben sie dann geheiratet. Jetzt haben sie vier Kinder und sechs Großkinder. Sie lieben sich immer noch so sehr wie damals in den Jugendjahren.

Shannea Giesbrecht
1A Colegio Loma Plata

Oma Adina aufm Ausflug

Einmal im Jahr macht auch Oma Adina einen Schulausflug, indem sie die Schüler ihrer Dorfschule begleitet!

Auf zwei Buggys oder auf einem Wagen fahren wir nach Curucau. Gerade angekommen, sind wir auch schon im Wasser. Wenn wir genug gebadet haben, holen wir uns die Pferde ins Wasser, damit sie trinken können. Wir dürfen erst auf den Pferden reiten, wenn sie fertig getrunken haben. Dann kriegen wir nicht genug vom Reiten.

Nach dem Reiten spielen wir noch „Bonbons schneiden". Das Spiel geht so: Der Lehrer bindet ein Band am Ast fest und am Band bindet er noch Bonbons fest. Dem Schüler werden die Augen zugebunden und er muss versuchen das Band durchzuschneiden, um zu sehen, ob er einen Bonbon bekommt.

Nach dem Spiel wird gegessen. Zu Essen gibt's Hamburger. Wenn wir fertig gegessen haben, spielen wir „Taschentuch", „Verstecken" und „Herr Fischer ruft die Farben aus". Danach wird aufgeräumt und dann fahren wir wieder zurück.

Julian Dueck
7C Colegio Loma Plata

Schule früher - Schule heute

Die Schule sah früher ganz anders aus als heute. Damals fing die Schule erst im März an und schloss schon Anfang Oktober ab. Dagegen fängt der Unterricht heute Mitte Februar an und endet in den letzten Tagen im

November. Die Mädchen mussten früher bis zwölf Jahre zur Schule gehen und die Jungens bis vierzehn. Heute ist es Pflicht, bis zur 9. Klasse (16 Jahre) die Schule zu besuchen. Früher unterrichtete man nur fünf Fächer mit drei Büchern: Katechismus, Fibel und Bibel. Und heute gibt es etwa fünfzehn Fächer und sechzehn Schulbücher. Früher schrieben die Schüler mit einem Griffel auf Schiefertafeln und der Lehrer schrieb mit Kreide an einer Wandtafel aus Holz. Heute schreiben wir mit Kugelschreiber, Bleistift, Buntstiften, Filz und mit Kreide. Ausgebildete Lehrer gab es kaum. Heute muss jeder Lehrer drei bis fünf Jahre beim IFL oder in Asunción studieren, um sich ausbilden zu lassen.

Prügeln, Faulbank, auf Körnern knien und auf die Hand schlagen, wurden damals als Strafen eingesetzt. Heute sind Eintragungen ins Klassenregister und Informationen an die Eltern die üblichen Strafen.

Die Einrichtungen bestanden früher aus einem Lehrerpult, einfachen Tischen und Bänken. Heute sind Einrichtungen wie Lehrerzimmer, Bibliothek, Labor, Sportzimmer, Abstellraum, Volleyball- und Fußballfeld, Wasser- und Stromeinrichtungen, „Tinglado" und Toiletten für die Schule unbedingt nötig. Früher gab es kaum Schulmaterial. Heute haben wir Bücher, Computer, Mikroskop, Teleskop, Sportsachen, ein Skelett, Karten, Bänke, einen Garten und vieles mehr.

Gabriel Harder
7. Klasse Neuhof

Verliebt, Verlobt, Verheiratet

An einem wunderschönen Abend saßen Lena und Abrahm unter dem mit Sternen übersäten Himmelszelt und schwelgten in Erinnerungen. Sie hatten an dem Tag grad mit allen Kindern und Großkindern ein wunderbares Familienfest gefeiert. Auf einmal begann Lena zu lachen. Ihr Mann fragte sich verwundert, was das sollte. Und so begann sie laut zu erzählen.

„Weißt du noch...? Schon als kleine Kinder kannten wir uns. Wir waren ja immer Nachbarn, aber als du dann an dem einen Sonntag zum ersten Mal alleine hinkamst, da hab ich dir nicht einmal Tereré angeboten. Du hast auf deinem Fahrrad gesessen. Ich stand da ein Stückchen weiter weg und so haben wir erzählt. Bis du schließlich angefangen hast zu forschen, ob es hier auch Tereré gibt."

Abrahm lächelte verschmitzt bei dem Gedanken an diesen ersten Sonntag allein mit ihr. Lena fuhr fort: „Endlich bin ich hinein gegangen, hab Tereré vorbereitet und zwei Stühle hingestellt. So haben wir da dann 'ne Weile gesessen und erzählt. Plötzlich bist du mit deinem Stuhl näher zu mir gerückt. Weißt du noch was für eine Ausrede du dafür hattest?" Abrahm lachte los und antwortet dann: „Ja klar, ich hab gesagt, der Boden sei an der Stelle, wo ich saß, sehr weich und ich würde eindrücken!"

Sie lachte auch auf und rückte ihren Stuhl näher zu ihm. „Richtig! Ich kapierte dann zwar nicht ganz was du meintest, aber es ging weiter. Am nächsten Sonntag kamst du dann wieder, dann nahm ich dich aber schon anständig auf. Am dritten Sonntag dann hast du mich gefragt, ob wir „schmarren" wollten. Ich sagte, wenn du mich gut genug für dich findest, dann gern. Dasselbe hast du dann zu mir gesagt und damit war's beschlossen. Damals durften wir nur am Sonntag schmarren, aber wenn du dann mal zu meinen Brüdern zu Besuch kamst, versuchte ich mich dazu zu gesellen. Dies klappte auch fast immer, nur wenn ich mich an einem Tag mal nicht mit meinen Brüdern verstand, dann hieß es fern bleiben."

„Aber bald darauf wurde es dann schon erlaubt, auch am Samstag zusammen zu sein", antwortete Abrahm darauf. Er nahm Lenas Hand in die seine. Sie sahen sich eine ganze Weile schweigend an.

Dann begann Lena wieder. „Ja, und so ging es dann weiter. Wir haben uns verlobt und später dann bei uns auf dem Hof geheiratet. Meine Mutter und ich haben viele verschiedene Kekse gebacken für das Fest." Abrahm unterbrach sie hier: „Du hast damals schon wahnsinnig lecker bakken können, und du kannst es immer noch." Lena schmunzelte und fuhr fort: „Danke Schatz, und nach unserer Hochzeit irgendwann kam unsre erste, die zweite, die dritte und dann noch die vierte Tochter. Wenn ich an die ganzen guten Dinge denke, muss ich Gott einfach danken, dass er dich in mein Leben gestellt hat! Ich liebe dich!" Er antwortete ihr mit einem langen, innigen Kuss. Die beiden liebten sich immer noch so sehr wie am ersten Tag, auch wenn es Höhen und Tiefen in ihrer Beziehung gegeben hatte, wie in jeder anderen Beziehung auch!

Janette Sawatzky
1A Colegio Loma Plata

Zuscha en Tjnals

Auss eenen scheenen Dach, de 31-joasche Zuscha de Holändatjrese waich jaicht, entdaijt see hinja de eene Silotjrebb, den emma straum jetjamt en jepfleajden 20-joaschen Tjnals Ens von oppem Nobaschhof. Dua hinja de twee Silodam fong aulles aun. Tjnals bleef uk wiedahans sienen Deenst hinja de twee fekumne Tjrebe trü.

Auss Mame Lies sitj dann mol aunfong to wundre waut daut emma so lang died, de Tjrese waichjoage, fong see aun, mol nieschierich to woare. En so jeat see dan eenes Doages eare fleißje Zuscha ferop, en festaijt sitj hinja eene Tjreb em Struck. Op eenmol fangt daut hinja ea em Pehinstruck aun to ruschle. En fuats duarop hiet see gonz fleiw wo eune growe Stemm (deu vom klienen 20-joaschen Tjnals tjemt) roopt: „Spotzje, dü brukst di goach de vesteaje! Spotzje?!!" En nich lang lota speat Mame Lies uk aul, wo ea wot aune Feet kreiwelt. See schricht op en auss see dann loosrane well, sit see woo de kliena Tjnals op Tjnees em Graus licht en sitj fuats duarop gaunz herzhaft bi ea entschulcht.

En doa hinja dem Pehinstruck enne medden em huagen Graus, tjriech de kliene Tjnals de Erlaubnis, sien Spautz, Zuscha, frie to derwe.

Larisa Inés Gerbrand, Amalie Giesbrecht
3° Kurs Colegio Neuhof

100 Guarani

Wir schreiben das Jahr 1956 in der Kolonie Friesland. Ein junger Mann steht, die Hände in seinen Hosentaschen vergraben, an einem einfach gebauten Holzzaun. Sein Blick richtet sich auf die sinkende Sonne, seine Gedanken kreisen um ein heikles Thema. Auch die Wärme der Abendsonne kann ihn diesmal nicht beruhigen. Nur noch 100 Guarani sind ihm an Geld übrig geblieben. „Zu wenig, um eine dreiköpfige Familie auf lange Zeit zu ernähren. Ob es reichen wird, bis ich endlich den gelagerten Mais an die Kooperative verkaufen kann?", denkt er bei sich. Langsam hebt er seine Hand und fährt sich über sein ernstes Gesicht. Er fühlt die Schweißperlen an seiner Handfläche. „Zigaretten. Die würden mir jetzt helfen", ist sein nächster Gedanke. In seiner Hosentasche fühlt er den 100 Guarani Schein, gerade genug für eine Stange Zigaretten. Die Sonne verschwindet schließlich gänzlich und lässt den jungen Mann in einer bedrängenden Düsterheit zurück. Schnell wendet er sich ab und eilt auf sein Haus zu.

„Johann?", ertönt eine Frauenstimme vom Hausinneren. „Bist du es?" Der junge Mann streift seine Schuhe ab und betritt sein Haus. „Ja, ich bin's", murmelt er. Es herrscht Schweigen. Johann setzt sich an den Tisch, kärglich mit Essen gedeckt. Die Säcke mit dem Mais, der so dringend verkauft werden muss, sind am anderen Ende des Raumes nicht zu übersehen. Er stützt seinen Kopf in die Hände und will sich gerade wieder seinen trüben Gedanken widmen, als plötzlich etwas an seiner Hose zupft. Sein Blick fällt auf ein Kleinkind, seine Tochter. Lächelnd nimmt er sie in den Arm: „Na meine Große?" Klein-Lena antwortet mit einem glucksenden Lachen. Seine Frau Hanna taucht auf und der Anblick von Johann und Lena entlockt ihr ein Lächeln. Die Mahlzeit verläuft still, nur in Johanns Kopf geht es wieder laut her. Es verlangt ihm nach einer Zigarette, aber dann fällt sein Blick auf Lena. „Wie kann ich von den letzten 100 Guarani Zigaretten kaufen und mein Kind hungern lassen?", bedenkt Johann. Beschämt senkt er seinen Kopf und die Entscheidung ist gefallen. Von dem letzten Geld wird er gleich morgen etwas mehr zu essen kaufen, die Zigaretten werden warten müssen.

Schnellen Schrittes eilt Johann am nächsten Tag den staubigen Weg entlang. Auf seiner Schulter trägt er eine doppelte Last. Nicht nur, dass der Spaten schwer ist, die Last des Todes macht das Tragen noch beschwerlicher. Ein Mann aus seinen Kreisen ist gestern überraschend verstorben. Nun treffen sich sechs kräftige Männer am Friedhof und machen sich daran, ein Grab in die harte Erde zu schaufeln. Der Widerstand des Bodens macht die Umstände nicht gerade besser. Die Zeit drängt, das Begräbnis soll immerhin schon am Nachmittag sein, doch die Männer sind geschafft und legen eine Pause ein. Einige von ihnen zücken sofort ihre Zigaretten, vermeintlich, um sich zu stärken. Johann versucht sich auf etwas anderes zu konzentrieren und stützt sich auf seinen Spaten, bei der Frage seines Freundes horcht er jedoch auf. „Ich habe gehört, du rauchst nicht mehr?!" Es ist eher eine Feststellung, als eine Frage. Johann nickt nachdenklich. „Ja, ich habe nicht genug Geld, um Zigaretten zu kaufen", lautet seine ernüchternde Antwort. „Hier, nimm!", sein Mitarbeiter reicht ihm eine seiner Zigaretten. Johann greift danach, wie ein Ertrinkender nach dem Rettungsring. Seine geübten Hände führen die gezündete Zigarette sofort zielsicher an die Lippen.

Nach einer Weile überkommen ihn stechende Kopfschmerzen. Auch der nächste Zug von der Zigarette macht es nicht besser. Erstaunt fasst sich der junge Mann an den Kopf. „Diese Schmerzen sind nicht normal, die habe ich sonst nicht", stellt er für sich fest. Die halb verrauchte Zigarette in seiner Hand fühlt sich auf einmal fremd und falsch an. Mit einem schnippenden Geräusch wirft er sie von sich. Die Arbeit am Grab geht weiter. Nur ein erschöpftes Seufzen ist hin und wieder zu hören. Doch Johanns Glieder scheinen von neuen Kräften erfasst zu sein, und er weiß, dass diese nicht von ihm, sondern von Gott kommen. Die Tatsache, dass er sich auf einem Friedhof befindet, ein Grab für einen Bekannten schaufelnd, macht ihm bewusst, dass sein Leben und seine Gesundheit zu wertvoll sind, um sie mit Rauchen zu vergeuden.

Erst Jahre später wird dieser junge, einst vom Rauchen geplagte, Ehemann und Vater wirklich zu schätzen wissen, dass die letzten 100 Guarani ihm damals zu einer wichtigen Lebensentscheidung verholfen haben.

Manchmal ist weniger halt auch mehr.

Nicole D. Letkemann / Friesland
Studentin in Grafisches Design

Buchvorstellungen

Paulhans Klassen: Und vergib uns ... Filadelfia, 2014, 240 SS.

Der paraguayische Chaco hat in mancherlei Hinsicht ein zwiespältiges Erscheinungsbild. Er besitzt eine einzigartige Vielfalt von Fauna und Flora. Besonders aber ist die Vegetation gleichzeitig ein schier undurchdringbares Gestrüpp von Dornen und Stacheln. Und dies ist die Heimat einer großen Vielfalt von Insekten und sonstigen Tieren: Von den schönsten Schmetterlingen bis zu den Skorpionen, von den eleganten Rehen bis zu den Giftschlangen. Auch das Klima schwankt zwischen angenehmen Temperaturen und extremer Hitze, oder manchmal auch Kälte. Und fast will es so scheinen, dass sich diese Zwiespältigkeit auf die Bewohner abgefärbt hat.

In dem Buch von Paulhans Klassen geht es nicht um Pflanzen und Tiere des Chacos, sondern um dessen Bewohner und deren Geschichten. Und der Autor sieht sich selbst als ein von der Härte geprägtes Kind des Chacos.

Beim Erzählen einer Vielfalt von persönlichen Erlebnissen, sowie auch Geschichten aus Russland, aus den schweren Ansiedlungsjahren in Paraguay, bis hin zur sogenannten „Völkischen Zeit", flechtet der Autor auch immer wieder die Frage nach der Schuld bzw. Schuldzuweisung ein.

Dem aufmerksamen Leser wird auffallen, dass die Schuldfrage viel komplexer ist als sie oftmals in der Geschichte und bis auf den heutigen Tag gesehen wurde bzw. wird. Nicht selten waren die Strafvollzieher genauso schuldig wie die Straftäter. Daher auch die Bitte: „Und vergib uns ..." als Titel des Buches.

Das Buch ist sehr interessant zu lesen und gleichzeitig fordert es uns heraus, die Frage nach der Schuld vorsichtig und von allen Seiten zu beleuchten, ehe wir uns ein Urteil bilden.

Peter Ratzlaff, Filadelfia

Hrsg.: Geschichtskomitee Menno, Menno – Colonia Pionera en el Chaco Paraguayo, Loma Plata 2014.

Wir befinden uns zunehmend in einer multikulturellen Situation des Zusammenlebens in unserer Mitte. Es wird von uns auf allen Ebenen Integration gefordert, sowohl im wirtschaftlichen, sozialen wie auch im gemeindlichen Bereich. Vor diesem historischen Hintergrund befindet sich die Kolonie Menno mit ihren Einrichtungen in einer einzigartigen Situation. Eine Gruppe Personen nordischer Herkunft, die in Paraguay wohnt, praktisch einen Staat im Staat gegründet hat, zum großen Teil die kanadische Staatsbürgerschaft besitzt, jedoch Deutsch spricht, dazu noch ein Plattdeutsch? Da kommen die verschiedensten Fragen auf.

Diese Publikation, vom Betrieb Kommunikation & Kultur der Asociación Civil Chortitzer Komitee herausgegeben, beabsichtigt, in einfacher Sprache Auskunft über die Geschichte der ersten Mennonitenkolonie Paraguays, Menno, zu geben. In erster Linie geht es darum, den Leser über die Kolonie Menno, ihre Geschichte, ihren Wandel, ihre Institutionen und ihre Menschen zu informieren. Auch geht es darum, darzustellen, aus welchem Hintergrund heraus sich das gebildet hat, was heute als Kolonie Menno verstanden wird, welchen Herausforderungen man gegenüber steht.

Das farbig und illustriert gestaltete Buch steigt mit einem allgemeinen Überblick zum Thema „Mennoniten, Migrationen, Überzeugung und Glaube" ein, um den Leser in das Thema einzuführen und ein Grundkonzept zum Thema anzureißen.

Anschließend wird näher darauf eingegangen, wie es zu einer Zusammenarbeit zwischen dem Land Paraguay als Gastgeber einerseits, und kanadischen mennonitischen Auswanderern andererseits gekommen ist. Dazu wird kurz auf den gesetzlichen und historischen Rahmen des Einwanderungs- und Siedlungsprojektes eingegangen.

Weiter werden die Grundlagen der gemeinschaftlichen Zusammenarbeit vorgestellt.

Die Gemeinde, die ja eigentlich Grund und Grundlage für die Auswanderung war und über die Jahrhunderte hindurch bestehen geblieben ist, trotz politisch und ökonomisch motivierter Migrationen. Später kommt im Chaco auf diesem Gebiet noch die missionarische Tätigkeit der Gemeinden hinzu.

Die Asociación Civil Chortitzer Komitee, die die staatlichen Funktionen der Siedlung im Bereich der sozialen Dienstleistungen übernehmen musste, und die bis heute die Grundlage der kooperativen Zusammenarbeit der Bewohner Mennos geblieben ist.

Die Cooperativa Chortitzer Ltda. hat seit ihrer Entstehung die wichtigste Rolle in der wirtschaftlichen Entwicklung der Kolonie Menno gespielt.

Das abschließende Kapitel setzt sich mit der Zukunft auseinander, die auf uns zukommt. Welchen Herausforderungen sieht man sich gegenüber gestellt? Hier setzt man sich mit Fragen auseinander, die Integration, Bildung, Gemeinde sowie auch die Schnittstelle zwischen Armut und Reichtum thematisieren.

Patrick Friesen

Ignacio Telesca: Ligas Agrarias Cristianas (LAC) ABC-color, 2014[1]

Die Tageszeitung ABC-color gibt in diesem Jahr eine Reihe historischer Sonderbeilagen zum Thema „60 años del Stronismo" heraus. Vor 60 Jahren kam Stroessner an die Macht und es begann eine der längsten Diktaturen in Lateinamerika. Dass seine Regierung unterschiedlich erfahren wurde, und entsprechend auch verschieden bewertet wird, ist uns nichts Neues. Mennoniten im Chaco haben keine Repressalien mitgemacht, wie es in Ostparaguay bei vielen Campesinos der Fall war, aber man wusste, dass es ein diktatorisches Regime war, man musste sich damit arrangieren, man konnte manches nur hinter vorgehaltener Hand sagen. Unsere eigene politische Haltung während dieser Zeit harrt noch der Aufarbeitung – eine Aufgabe für junge Historiker aus unserer Mitte.

Im Juni erschien in der erwähnten Serie ein Büchlein von 124 Seiten, zum Thema der „Ligas Agrarias Cristianas". Der Autor, Ignacio Telesca, stammt aus Argentinien, kam aber schon als junger Mann und als Novize des Jesuitenordens nach Paraguay. Er stieg später aus dem Orden aus, heiratete und lebt seitdem als Historiker in Paraguay. Da er schon länger zum Thema der Landwirte in Paraguay geforscht hatte, wurde er gebeten den vorliegenden Beitrag zu schreiben. Dazu benutzte er vor allem publizierte Quellen der Campesinos selbst, neben kirchlichen Dokumenten und Interviews mit Schlüsselpersonen aus der Bewegung zwischen 1960-1980.

Es ist eine Geschichte der sozialen Benachteiligung der Landbevölkerung Paraguays, die nicht erst mit Stroessner begann, sondern zurück reicht bis in die Zeit nach dem Dreibundkrieg. Um das ausgeblutete Land wieder zu aktivieren, wurden Staatsländereien großzügig an Ausländer verkauft, nicht nur im Chaco. Auf diesen Ländereien lebte eine Bevölkerung, die sich, zwar ärmlich aber doch redlich, mit ihrer traditionellen Subsistenzwirtschaft ernährte. In vielen Fällen mussten sie Land verlassen, das sie im Krieg verteidigt hatten, um einer kapitalistischeren Großgrundwirtschaft Platz zu machen. Als der Chacokrieg ausbrach, mussten die Soldaten ihr Leben einsetzen um Land zu verteidigen, das schon an Ausländer (Casadofirma und andere) verkauft war. Jahrzehnte solcher Erfahrungen führten zu tiefsitzenden Ressentiments, die erstmals während des Bürgerkrieges 1947 zum Vorschein kamen, als Landwirte sich in gewerkschaftsähnlichen Verbänden organisierten, um ihre Situation zu verbessern. Es waren zaghafte Anfänge, die jedoch hier und da eine Verbesserung ihrer Rechtslage ermöglichten.

Eine eigentliche Vision und starken Auftrieb erhielten diese Initiativen,

---

[1] Aus Mennoblatt Nr. 15, 2014. Mit Erlaubnis nachgedruckt.

als Mitte der 1960er Jahre das zweite Vatikanische Konzil die soziale Rolle der Kirche in der modernen Welt ganz neu definiert hatte. In Südamerika, das in eben dieser Zeit weitgehend von rechten Militärdiktaturen regiert wurde, meldeten sich die ersten Befreiungstheologen zu Wort. Die Bibel fand, in den Landessprachen übersetzt, zum ersten Mal eine Verbreitung unter dem Volk und wurde viel gelesen. Predigt und pastorale Arbeit erhielten zunehmend einen diesseitigen Ton, d. h. das Evangelium wurde in seiner ganzheitlichen Dimension gesehen, die Befreiung für den ganzen Menschen verhieß, auch von seiner wirtschaftlichen und politischen Knechtschaft. Für Menschen, die durch Jahrhunderte mit einer spärlichen Volksreligiosität gelebt hatten, war dies eine revolutionäre Botschaft. Immer mehr Gruppen bildeten sich (und Telesca betont, dass dies ganz auf eigener Initiative geschah), wo man sich mit der Bibel und mit der Analyse der eigenen Realität befasste, um dann Schritte zur Verbesserung der eigenen Existenz einzuleiten. Alphabetisierung für alle, landwirtschaftliche Befähigung, Vorschulen für die Kleinkinder, Produktions- und Konsumkooperativen, um das wenige Land produktiv zu machen und um die Ausbeutung durch die sog. Macateros vorzubeugen.

Die Unterdrückung dieser Initiativen war zunächst mehr lokal bedingt. Lokale Polizei- und Parteichefs, die mit der ungerechten Lage gute Geschäfte machten, Ladenbesitzer und ambulante Händler, die verärgert waren über die günstigeren Preise, welche die „almacenes comunitarios" boten, fingen an mit dem Etikett „comunistas" um sich zu werfen, was zur Stroessnerzeit das rote Tuch repräsentierte. Aber wie gesagt, in den 60er Jahren waren es mehr nur solche lokalen Schikanen und Repressalien, welche diese Organisationen hinnehmen mussten. Erst als die Sache im nationalen Rahmen populär wurde, griff die Diktatur zentral durch. Im Februar 1975 wurde die Siedlung San Isidro de Jejui durch Polizei und Militär angegriffen und zerstört. Kurz darauf war es die Siedlung Acaray im Alto Paraná. Durch diese Erfahrungen wurde klar, dass es zu einer Großkonfrontation zwischen Regierung und Campesinos kam. Daraufhin bildete sich der Flügel der OPM (Organización Primero de Marzo), der sich für bewaffnete Konfrontation vorbereitete. Als diese im Jahr darauf aufgedeckt wurde, gab es im April 1976 eine massive Aktion der Regierung, die als „Pascua dolorosa" in die Geschichte einging. Auf der Höhe dieser Aktion waren etwa 3.000 Landwirte in Gefängnissen, viele wurden gefoltert und erschossen, andere konnten ins Ausland fliehen. Schulen wurden niedergebrannt, Gemeinschaftsläden zerstört, Familien zwangsumgesiedelt - alles mit der Absicht, die Infrastruktur zu zerstören, den Willen der Leute zu brechen. Zurück blieben bittere Gefühle, Desillusion auch der Kirche gegenüber, die im entscheidenden Moment nicht, oder nur sehr zögernd, reagierte. Vorläufig wurde mit dieser brutalen Repression den Organisationen der Landwirte ein Ende gesetzt.

Die Frage, bzw. das Misstrauen, das man in unseren Kreisen immer wieder vernimmt, ist: Waren diese Bewegungen von außen geschürt? Waren sie kommunistisch geprägt? Auch dem Autor dieses Buches sind diese Fragen bekannt und er betont, dass der Einfluss von außen sehr gering war. Das meiste erwuchs von innen heraus. Die meisten Projekte waren völlig Eigeninitiative und auch selbst finanziert.

Bezüglich des pädagogischen Materials, welches in den Reflexionsgruppen viel benutzt wurde, kann man getrost bemerken, dass es in gewissem Sinne marxistisch inspiriert war, insofern als der Grundgedanke des Klassenkampfes durch die Geschichte oft einen Leitfaden für die „análisis de la realidad" bot. Dasselbe beobachtet man in den Schriften der Befreiungstheologie übrigens auch, weshalb sie in Rom immer mit Vorbehalten gesehen wurde. Mir scheint jedoch, dass wir den springenden Punkt nicht so sehr in dieser Tatsache sehen sollten, sondern vielmehr in der Beobachtung, dass die Bewegung ideologisch *wurde*. Da wo völlig legitime Bestrebungen einer Gruppe von Menschen auf Dauer ignoriert werden, oder offen unterdrückt, da entstehen radikalisierte Ideologien, die sich irgendwann gewalttätig Luft machen. Das neue Wirtschaftsmodell des Neoliberalismus, scheint die einzige Alternative der Gegenwart zu sein. Die Wirtschaftsprozesse zentralisieren und globalisieren sich zunehmend in den großen Unternehmen. Soziale Verantwortung, für welche die Politik zuständig war, wird zunehmend an die Großunternehmen delegiert, die ihren Angestellten dann je nach Neigung, soziale- und selbst religiöse Dienste zukommen lassen. Dieser Trend zu mehr sozialer Verantwortung der Unternehmen hat ohne Zweifel vielerorts zu Verbesserungen geführt, die latenten Abhängigkeiten, die damit entstehen, wollen aber nicht übersehen werden. Das System der „capellanía empresarial" in unserem Land ist mit guten Absichten gegründet worden. Aber ob man genügend darüber nachdenkt, was es langfristig bedeutet, wenn der Arbeitgeber selbst die geistliche Verantwortung für seine Arbeiter übernimmt? Ob solche Maßnahmen auf dem anderen Ende als gerechte soziale Strukturen oder als totale Bevormundung aufgefasst werden, bleibt dahingestellt. Viele Fragen bleiben nach der Betrachtung dieses Kapitels unserer paraguayischen Geschichte noch offen. Die Suche nach der „tierra sin mal", nach einer gerechteren Gesellschaft, ist noch keineswegs an ein Ziel gelangt.

Gundolf Niebuhr

Penner, Beate: Auf der Suche nach einem neuen Zuhause, Friesland 2012, 195 S.S.

Viele Sachbücher und Biografien gibt es über die Mennoniten, ihre Flucht und Ansiedlung. Doch einen Roman? In gelungener Weise hat die Autorin viele Erlebnisse zusammengetragen, die verschiedene Personen während ihrer Flucht und Ansiedlung erlebten und sie dem fiktiven Paar, Jelena und Jury, widerfahren lassen. Das Buch beschreibt in groben Schritten die Jahre 1921 bis 1954.

Die Hauptpersonen sind Jelena und Juri, ein junges Ehepaar die bei Jelenas Mutter Olga in Russland wohnten. Jelenas Vater, Nicolai, war von den Banditen wegen seiner zwei Pferde ermordet worden. Nun war Olga für ihre Familie allein verantwortlich. Viele Gegenstände und Möbel hat- te Olga schon hergeben müssen, um ihre Familie durchzubringen. Der Kommunismus und die akute Hungersnot machten es ihr oft schwer. Doch trotz all der Schwierigkeiten blieb sie fest im Glauben und nutzte jede Gelegenheit ihn an ihre Kinder weiterzugeben

Aber die Zeiten wurden immer schlimmer, die Verhältnisse immer schwerer und gefährlicher. Nicht nur der Kommunismus, sondern auch die Banditen machten es den Mennoniten unmöglich zu überleben. So beschlossen auch Jelena und Juri auszuwandern. Olgas ganze Familie, außer ihre älteste Tochter, Anuschka, trafen die schwere Entscheidung, ihre Heimat und all ihr Hab und Gut zurück zu lassen, um ein neues Zuhause zu suchen. Mit diesem Vorhaben waren sie keineswegs allein; viele aus dem Dorf würden die Flucht antreten.

Nach furchtbaren Erlebnissen auf der Flucht, vielen Strapazen und schier nicht enden wollender Angst und Bange, kamen sie in den paraguayischen Chaco. Doch hier war es sehr schwer und nicht so, wie sie es sich vorgestellt hatten. Zudem hatte Juri und Jelenas Familie im Chaco nochmal Zuwachs bekommen, sodass sie auch hier nicht die Zukunft für sich sahen. Vielen anderen erging es nicht anders und bald brachte eine Gruppe noch einmal wieder den Mut auf, einen Neuanfang zu wagen. Dieses Mal brauchten sie nicht fluchtartig aufbrechen und konnten alles, was zu transportieren ging, mitnehmen. Dies erleichterte ihnen den Anfang in ihrer neuen Kolonie, die sie Friesland nannten, doch musste auch hier Pionierarbeit geleistet werden.

Das Buch endet mit dem Abschied ihrer ältesten Tochter Olga, die sich mit ihrem Mann, Abram, nach Kanada, auf der Suche nach ihrem Zuhause begibt. Auch heute noch verlassen Mennoniten ihre Heimat auf der Suche nach einem neuen Zuhause. Dieses Buch beruht auf Tatsachen und ist eine angenehme Lektüre für Jung und Alt. Vor allem für solche, die sich noch nicht oft mit Büchern und Biografien über die Mennoniten beschäftigt haben, ist dies ein wunderbarer Anfang, der einen leichten, interessanten Einstieg in die Geschichte der Mennoniten gibt und Interesse auf mehr weckt.

Beatriz Ens de Federau, Friesland

Nachrufe

Cornelius J. Dyck zum Gedenken (1921 - 2014)

Uwe Friesen

Cornelius J. Dyck starb am 10. Januar 2014 im Alter von 92 Jahren in Normal, im Bundesstaat Illinois, USA.

Dyck wurde im Jahre 1921, als die kanadisch-mennonitische Expedition auf Landsuche unterwegs in den Süden war, in der Siedlung Lysanderhöh, Am Trakt, in Südrussland, geboren. Diese Siedlung an der Wolga entstand ab 1853 durch Westpreußenmennoniten.

CJ Dyck zog mit seiner Familie als kleines Kind in die USA und wohnte dort in Kansas (1927, als die Kolonie Menno gegründet wurde). Er wurde bekannt als Historiker, Gemeindeleiter und MCC Mitarbeiter.

Von 1945 bis 1951 diente Dyck im MCC. Nach dem Ende des 2. Weltkrieges war er Beauftragter für die mennonitischen Flüchtlinge in Europa. Er organisierte die Ausreise der Volendamer und Neuländer nach Paraguay, zusammen mit seinem Bruder Peter J. Dyck, und begleitete selber den ersten Transport mit der Volendam.

Über die Situation der Flüchtlinge hat er 1948 eine Serie von Beiträgen in „Der Bote" veröffentlicht. Er schildert da u. a. die harte Situation, die viele von diesen Leuten, die zwischen Zukunft und Vergangenheit eingeklemmt zu sein scheinen: *„Etwa 90 km südwestlich von Hamburg am Rande der Lüneburger Heide, umgeben von großen Nadelwäldern, die in dem leicht sandigen Boden gut gedeihen, liegt das Lager Fallingbostel. Früher ein Ort der Macht, Gewalt und Souveränität, heute ein Zuflucht-*

ort der Heimatlosen, wozu die mächtigen, zahllosen ex-Wehrmachtsblocks sich vortrefflich eignen. Hier werden alle „Canadafahrer" bearbeitet, ärztlich untersucht, von der canadischen Kommission geprüft und mit allen nötigen Papieren für die Reise, falls sie gemacht werden darf, versehen. Hier entscheidet sich das Schicksal...

Hat man ein wenig Zeit mitgebracht zum Erzählen und Zuhören, so findet man innerhalb der Wände eines einzigen Zimmers genug an Erfahrungen, Hoffnungen und Enttäuschungen, um ein ganzes Buch damit zu füllen. Hier ist der Alte Onkel X ... Auf der anderen Seite sitzt Familie O ... Weiter ist dort die siebenköpfige Familie R ... Und als letzte in jener stillen Ecke Vater Z mit Frau und Tochter. Heute kam die Nachricht, dass es für ihn keine Möglichkeit gebe, nach Canada auszuwandern. In lebenslanger harter Arbeit für seine Familie und das Wohl der Gemeinde hatte er seine Gesundheit verloren. Eine öde, erwerbslose, undenkbar traurige Zukunft liegt jetzt vor ihm. Für eine Auswanderung nach Paraguay fühlt er sich zu alt, er will nicht anderen zur Last fallen..."

Dyck war von 1949 - 1951 Vertreter des MCC für Paraguay. In dieser Zeit setzte er sich für die in Paraguay angesiedelten Flüchtlinge ein, aber er bemühte sich auch vor allem um ein Landstück, auf dem ein Hospital für Leprakranke gebaut werden sollte. Es entstand durch seinen unermüdlichen Einsatz das Hospital Mennonita Km 81 bei Itacurubí de la Cordillera im Jahre 1951.

1952 heiratete Cornelius seine Braut Wilma L. Regier. Gemeinsam hatten sie drei Kinder.

Er studierte am Bethel College und an der Chicagoer Universität Geschichte (Abschluss 1962). Ab 1959 war er Professor am Bibelseminar „Associated Mennonite Biblical Seminary" (AMBS), Elkhart, Indiana, wo er mit kurzen Unterbrechungen über 30 Jahre tätig blieb. Er wurde bekannt durch Bücher und Artikel zur Geschichte, Spiritualität und Theologie der Mennoniten. Besonders bekannt wurde das Buch "An Introduction to Mennonite History", in Englisch und Spanisch veröffentlicht.

Später dann, von 1961 - 1973 war er Generalsekretär der Mennonitischen Weltkonferenz. Seine Sprachkenntnisse (er sprach Deutsch, Englisch, Französisch, Holländisch, Spanisch und Plattdeutsch) halfen ihm, sich in dieser Funktion dafür einzusetzen, dass die MWK einen Missionsauftrag in der ganzen Welt habe, nicht nur für die weißen Mennoniten der westlichen Welt. Er meinte, dass das MCC nur bestehen könne, wenn es Teil von dem werde, was die Mennoniten sein und tun möchten in der Welt. Der gegenwärtige Generalsekretär der Mennonitischen Weltkonferenz, der Kolumbianer César García, ehrte Dyck mit den Worten: *„Dyck hat unsere Weltgemeinschaft in einer entscheidenden Phase angeleitet, in der das MCC von einer euro-amerikanischen Orientierung zu einer weltorientierten Gemeinschaft wurde."*

Cornelius J. Dyck war jahrelang Mitglied im Mennonitischen Geschichtsverein in Paraguay und hat uns einen guten Teil seiner Bücher geschenkt, als er anfing, seine Privatbibliothek aufzulösen. Diese Bücher befassen sich größtenteils mit der Täufergeschichte und -theologie.

CJ Dyck forschte und unterrichtete nicht nur Mennonitengeschichte, er lebte sie, und er wird seinen Bekannten als weiser Mann in Erinnerung bleiben, der seine Aufgaben mit Hingabe erledigte.

Biographie von Michael Rudolph

Hans Fast, Loma Plata

Michael Rudolph wurde am 30. Januar 1952 als erster Sohn von Gertraud und Horst Rudolph in Marburg, Deutschland geboren. Ihm folgten noch vier Jungen und drei Mädchen, wovon einer der Jungen als Säugling verstarb.

Religion stand schon immer im Mittelpunkt der Familie Rudolph, vor allem auch, weil sich sein Vater nach dem Krieg entschied, zum katholischen Glauben zu konvertieren. Inspiriert durch ein Kruzifix in der 1958 erbauten neuen katholischen Kirche in Marburg, hat der 6-jährige Michael ein Kruzifix gebastelt, das während der Trauerfeier als Bild die Kirche schmückte.

In jener Kirche in Marburg war er nachfolgend viele Jahre Messdiener. Es erwuchs in ihm der Wunsch, Priester zu werden. Dies hatte einen maßgeblichen Einfluss auf seinen schulischen Werdegang. Nach der Grundschule besuchte er das altsprachliche Gymnasium Philippinum in Marburg, wechselte 1966 auf eine von Franziskanern geführte Internatsschule in den Niederlanden und erlangte 1971 das Abitur an der Franziskanerschule in Hadamar. Ihn haben sein Glaube und die Beschäftigung mit allen Fragen der Theologie sein Leben lang begleitet.

Sein 1971 in Marburg aufgenommenes Studium für das Lehramt an Gymnasien in den Fächern Romanistik und Geschichte musste er nach einem Jahr unterbrechen, weil er zum Wehrdienst einberufen wurde. Als Kriegsdienstverweigerer leistete er stattdessen ein Jahr Zivildienst in einem Seniorenheim.

Während dieser Zeit lernte er bei seinem Freund Willy Hiebert (er war aus dem Chaco nach Deutschland gezogen) Maria Günther aus der Kolonie Menno kennen und verliebte sich in sie. Er entschied bald aufgrund der schwierigen Anstellungsbedingungen für Lehrer zu jener Zeit, nach dem Studium mit Maria in den Chaco zu ziehen und dort seine Zukunft aufzubauen. Darum änderte er nach Beendigung des Zivildienstes seine Studienfächer zu Deutsch, Sozialkunde und Spanisch und studierte ab 1973 in Würzburg weiter, später in Gießen. Am 15. August 1975 haben Michael und Maria in Gladenbach geheiratet. Sie waren bei Michaels Tod fast 39 Jahre verheiratet.

Sein Referendariat hat Michael in Speyer absolviert. Dort wurde 1980 ihre erste Tochter Judith geboren.

Nach seinem zweiten Staatsexamen wanderten Michael und Maria Anfang 1981 nach Loma Plata, Paraguay, aus, wo er seine berufliche Laufbahn als Lehrer begann. Hier wurde 1983 ihre zweite Tochter Miriam geboren.

Im Rahmen des Austauschprogramms des Pädagogischen Austauschdienstes (PAD) für Lehrer aus Südamerika ging Michael mit seiner Familie

Ende 1987 für ein Jahr nach Deutschland.

Michael war ein sehr engagierter Lehrer, der einen großen Aufwand betrieb, um immer einen interessanten und didaktisch wertvollen Unterricht zu gestalten. Er war über Jahre - besser gesagt Jahrzehnte - der Motor des Deutschunterrichts am Colegio Loma Plata. Er bereitete ganze Generationen aus der Kolonie Menno auf die Prüfungen zum Deutschen Sprachdiplom I und II vor.

Ebenso war er langjähriger Leiter der Schulbibliothek und hat sich um die Beschaffung neuer Bücher gekümmert. Er war maßgeblich an der Gründung des Elternbeirats am Colegio Loma Plata beteiligt. Die Projektwochen, die heute in vielen Sekundarschulen und auch immer mehr in den Primarschulen durchgeführt werden, hat er ins Leben gerufen.

Außerdem hat er unter anderem viele Jahre an der Schule Theaterstücke aufgeführt und auf Deutschlehrertagungen Vorträge und Workshops gehalten. Zusätzlich hat er 19 Jahre lang am Institut für Lehrerbildung in Filadelfia unterrichtet und in diesem Rahmen auch die Junglehrerbetreuung entwickelt und durchgeführt.

Dort am Lehrerseminar bildete er den Nachwuchs für die Chacoschulen in Didaktik und Pädagogik aus. Er war der engagierte Historiker, der die Geschichte Paraguays und besonders die der mennonitischen Kolonien bestens kannte und deswegen viel erklären konnte. Er war der kompetente Fremdenführer durch Loma Plata und die Chacokolonien, der Augen öffnete und Verständnis für Fremdes vermittelte.

Neben seiner Lehrtätigkeit hat er viel zur Entwicklung der Kolonie beigetragen. Als Denker hat er bei der Gestaltung von Statuten, die das Gemeinwesen regeln, und der Gründung der Autoversicherung der Kolonie Menno entscheidend mitgewirkt, und trug die Versicherungsnummer 1. Er war 1988 einer der Mitbegründer des monatlich erscheinenden Koloniesinformationsblattes „Menno Informiert". Damit hat er sich lange Zeit stark in der Lokalpolitik engagiert. Mit viel Bereitschaft und höchstem persönlichen Zeitaufwand korrigierte und redigierte er sprachlich viele Texte der im Chaco so zahlreichen Publikationen. Dazu gehörten schließlich auch die Erstellung des „Handbuch für Verkehrserziehung", „Miteinander - Umgangsformen und gutes Benehmen - Handreichungen für Erzieher und für Erzieher und Eltern", „Wie sag ich's richtig? - Kleiner plattdeutsch-hochdeutscher Sprachkurs" (zs. mit Ernst Schnitzspahn) und „Lehrerhandbuch – Erdkunde".

Von 2004 bis 2010 arbeitete Michael als Lehrer in Asunción. Zunächst unterrichtete er ein Jahr an der Goethe-Schule, danach sechs Jahre an der Concordia-Schule. Außerdem übernahm er die Junglehrerbetreuung an den deutschsprachigen Schulen in Ostparaguay.

Nach der Rückkehr in den Chaco nahm er nach 30 Jahren Schule ein Sabbatjahr, um neue Kraft zu tanken, neue Ideen und Inspiration für seine Zukunft zu sammeln und auch, um sich beruflich neu zu orientieren.

Ab 2011 übernahm er umfassendere Aufgaben bei der Nichtregierungsorganisation „Pro Comunidades Indígenas" (PCI), bei der er bereits seit 1996 als „Coordinador General" fungiert hatte. Er setzte sich hier mit ganzer Hingabe für die benachteiligte indigene Bevölkerung ein. Ihm lag die Verbesserung ihrer Lebensbedingungen sehr am Herzen.

Daneben arbeitete er an einer Vielzahl anderer Projekte: Er hat Werbespots für Verkehrssicherheit konzipiert und produziert, er hat viele Bücher, Artikel und wissenschaftliche Arbeiten lektoriert und er hat Schüler auf das deutsche Sprachdiplom vorbereitet.

Seit seiner Gründung war Michael Mitglied im Mennonitischen Geschichtsverein von Paraguay. Auch hier hat er seine Stärken eingebracht, indem er in der Jahrbuchkommission mitarbeitete und vor allem die Jahrbücher sprachlich korrigierte. Diese Korrekturen machte er sehr gewissenhaft und gründlich.

Michael war sehr sprachbegabt. Neben den alten Sprachen Latein, Altgriechisch und Hebräisch konnte er Französisch, Englisch und Spanisch. Im Chaco erkannte er schnell die Notwendigkeit, Plattdeutsch zu sprechen. Er war auch an den Sprachen der Indigenen interessiert und hat Sprachkurse in Enhlet und Guaraní belegt.

Michael liebte die Musik. Er spielte Blockflöte (Sopran, Alt, Tenor und Bass) und zu seiner Schulzeit Fagott. Später kam auch noch die Oboe dazu, mit der er lange im Jugendorchester von Loma Plata mitgespielt hat.

Außerdem hat er jahrzehntelang im Kirchenchor den Bass unterstützt.

Michael war ein Mensch, der durch Lesen Wissen aufgesaugt hat. Seine Neugierde und Wissbegierde waren ohne Grenze. Er hat dieses Wissen gerne mit anderen geteilt und ihnen damit geholfen.

Die Eigenschaften, die Michael am meisten auszeichneten waren Geduld und Gelassenheit, Mitgefühl und Nächstenliebe, Sanftmut und Großzügigkeit. Diese Eigenschaften lebte er mit seiner Familie, seinen Mitmenschen, in der Schule mit den Schülern oder auch in seiner Arbeit bei Pro Comunidades Indígenas. Er war stets rücksichtsvoll und freundlich zu allen, geduldig im Zuhören, bescheiden im Auftreten, grundehrlich und gütig zu allen Mitmenschen, immer bereit mitzuhelfen und diszipliniert zu arbeiten, seinen Beitrag zu leisten. Das war für ihn eine Selbstverständlichkeit.

Michael stand zu seinen Überzeugungen und setzte sich für Werte ein wie Gerechtigkeit, Solidarität, Mitmenschlichkeit und Demokratie.

Michael hat das Wort der Nächstenliebe nicht im Mund geführt, er hat sie jeden Tag gelebt. Michael hat vorgelebt, wie man allen Menschen in Liebe begegnet, und auch in schwierigen und konfliktreichen Situationen immer dazu bereit sein muss, das Gute zu suchen.

Das war Michaels Stärke und gleichzeitig Verletzlichkeit.

Am frühen Morgen des 27. Juli 2014 wurde seinem Leben durch einen betrunkenen Autofahrer ein Ende gesetzt.

EHRE SEINEM ANDENKEN!

Jahresversammlung 2013

Protokoll der ordentlichen Jahresversammlung 2013 vom „Verein für Geschichte und Kultur der Mennoniten in Paraguay" am 31. Januar 2014

Zeit: 19:30

Ort: Aula Loma Plata

Anwesend: 22 Mitglieder

1. Uwe Friesen eröffnet die Sitzung und stellt die Tagesordnung vor. Die Programmpunkte werden mit Power Point projiziert.

2. Besinnung von Levi Hiebert

Verantwortung, nach 1. Petrus. Verantwortung und Rechenschaft gehen Hand in Hand. Auch Geschichtsschreibung ist eine Art Rechenschaft über das, was in unserer Mitte gelaufen ist. Sie sollte in Verantwortung und mit gutem Gewissen geschehen.

3. Jahresbericht

Einige Personen lassen den Verein grüßen und haben sich von der Sitzung abgemeldet. Peter P. Klassen übermittelt einen besonderen Gruß. Der Bericht nennt die Arbeit des Vorstandes, des Aufsichtsrates, das Symposium, das im Mai/Juni in Loma Plata stattfand, Vorträge die auf Reisen des Vorsitzenden gehalten wurden, Buchvorstellungsabend in Filadelfia, die Rechte für die Bücher von Peter P. Klassen, sowie Begegnungen mit dem Geschichtsverein in Deutschland. Es wird aus der Versammlung erwähnt, dass besonders die Vorträge, die Uwe Friesen in Rio Verde gehalten hat, sehr geschätzt werden. Der Bericht wird angenommen.

4. Kassenbericht

Jacob Harder liest den Kassenbericht. Zu Beginn des Jahres war der Kontostand Gs.144.880.017.- Zum 31. Dezember 2013 waren es Gs.132.050.504.-

Der Buchverkauf mit unserer RUC wird kurz erklärt und es melden sich Fragen zur Rechtmäßigkeit dieser Vorgehensweise aus der Versammlung. Andere Stimmen verweisen auf die Steuerfreiheit für intellektuelle Werke in unserem Land und empfehlen es, diesen Dienst weiter anzubieten, um Autoren unserer Gemeinschaft zu unterstützen.

5. Gutachten des Aufsichtsrates

Jakob Wiebe verliest das Gutachten. Mit der Empfehlung aus der Versammlung wird der Kassenbericht angenommen.

6. Jahrbuch 2014

Die Themen für das kommende Jahrbuch werden kurz vorgestellt. Neue Schreiber für den kulturellen Teil werden vorgeschlagen. Schreiber exponieren sich nicht gerne in unserer Gesellschaft. Es wird bemerkt, dass die Freiheit der Meinungen bei uns immer noch zu wünschen lässt. Diese Frage wird ziemlich lebhaft diskutiert. U. a. werden die neuen Medien erwähnt, die der Jugend zur Verfügung stehen.

7. Bücher

Das Jahrbuch und die Biographie von Ältester Jakob Isaak wurden vom Verein publiziert. Die anstehenden englischen Übersetzungen werden vorgestellt. Die Empfehlung kommt, gezielter nach Sponsoren zu suchen, um die Ausgaben hierfür zu decken.

8. Neue Mitglieder

Angemeldet: Burt Klassen, Bernhard Goerzen, Willi Goerzen, Hans Fast,

Alwin Toews, Heinrich Bergen, Ewald Penner. Sie werden alle aufgenommen.

9. Jahresbeiträge

Für die festen Beiträge der Mitglieder sollten ordnungshalber legale Belege ausgestellt werden, lautet der Vorschlag der Versammlung.

10. Verschiedenes

Hans Theodor Regier ist unser Vertreter im Mennonitischen Geschichtsverein in Deutschland. Er nimmt auch an deren Sitzungen teil.

11. Die Sitzung schließt um 21:15 Uhr.

Leiter: Uwe Friesen   Schreiber: Gundolf Niebuhr

Jahresbericht des Vorsitzenden des „Vereins für Geschichte und Kultur der Mennoniten in Paraguay" auf der Jahresversammlung 2013 am 31. Januar 2014 in Loma Plata

Wer vor der Vergangenheit die Augen verschließt wird blind für die Gegenwart.

Richard von Weizsäcker

1. Einleitend

Jeder Mensch hat die Möglichkeit, sich mit Geschichte zu befassen. Und jeder tut's ja auch, wenn er sich erinnert.

Wenn Mahatma Gandhi sagt: *„Die Geschichte lehrt die Menschen, dass die Geschichte die Menschen nichts lehrt",* ist es dann so zu verstehen, dass wir aus der Geschichte nichts lernen, oder dass die Geschichte zu lehren keinen Sinn hat? Oder meint er vielleicht, dass jedes historische Ereignis einzigartig, neu ist? Einerseits wiederholt sich die Geschichte, andererseits sind ja alle Situationen, Ereignisse neu. Auch wenn an jedem Tag nach Dunkel die Helligkeit kommt, ist nicht jeder Tag gleich, wir erleben ihn immer wieder neu(artig).

Wir können aus historischen Ereignissen schon Lehren ableiten, das denke ich; und sie zeigen uns, wie wir uns verhalten und wie wir reagieren sollten, was wir beachten müssten, wenn bestimmte Dinge auftreten. Aber geschieht das auch? Sehen wir nicht tatsächlich, dass der Mensch immer wieder dieselben Fehler wiederholt und scheinbar unbelehrbar ist und bleibt?

Oftmals wird das Beispiel aus Russland gebraucht, um zu sagen, dass wir hier in Paraguay z. B. nicht so agieren sollen, dass unser eigenes Handeln zu unserem Verhängnis wird. Aber wie lässt sich das erledigen?

Welche Rolle können bzw. sollten wir da als Geschichtsverein durch unsere Aktivitäten spielen? Können wir denn in der Gegenwart sagen, dass wir in bestimmten Situationen Fehler machen, aus der Geschichte Beispiele nennen und diese heute direkt anwenden, um diese Fehler zu meiden bzw. zu korrigieren?

Jede Situation ist doch zwangsläufig anders. Aber trotzdem: Ist der Mensch fähig, von sich aus so zu handeln, dass sich die Geschichte nicht wiederholt?

2. Ein Blick auf die Aktivitäten 2013

2.1. Die Arbeit des Vorstandes

Zur Erinnerung: Der Vorstand des GV setzt sich aus folgenden Mitgliedern zusammen: Gundolf Niebuhr, Heinrich Ratzlaff, Jakob Harder, Heinz Dieter Giesbrecht und Uwe Friesen.

Wir haben uns im Laufe des Jahres zu fünf Sitzungen getroffen, um die anfallenden Angelegenheiten zu diskutieren, Aufgaben zu verteilen und Beschlüsse umzusetzen. Außerdem haben wir oftmals in kleineren Gruppen oder auch per Telefon und Email unsere Aufgaben besprochen und organisiert. Also der Kontakt beschränkt sich nicht auf diese wenigen Sitzungen im Jahr.

Ein wichtiger Bereich, der im Vorstand Beachtung findet, ist die Erstellung des Jahrbuches. Das Jahrbuch 2013 - es ist bereits das 14. - war schon im September fertig, da die Schreiber sehr pünktlich ihre „Aufgaben" abgegeben hatten und die Korrektur und der Druck danach fließend erledigt werden konnte. Es wurden die Aufsätze vom Symposium im Mai, sowie einige literarische Beiträge veröffentlicht. Die Reaktionen der Leser waren sehr positiv.

Neu war, dass wir eine Mitgliederliste und das Protokoll der Jahresversammlung mit aufgenommen haben. So haben auch die Mitglieder bzw. Leser, die nicht zu den Versammlungen kommen, die Möglichkeit, einen kurzen Einblick in die Aktivitäten des Vereins zu bekommen.

Da die Versandkosten ins Ausland sehr hoch sind, haben wir den Vorschlag, den Preis für das Jahrbuch auf G.45.000.- anzuheben (Ausland: U$20.-).

2.2. Archiv

Die Bücher des Geschichtsvereins sind im gemieteten Raum untergebracht und nach Themen aufgeteilt worden. Sie werden nun in ein Register im Computer eingetragen.

Um diese Arbeit und auch weitere Aktivitäten besser durchführen zu können, haben wir für den Geschichtsverein einen Laptop mit Drucker gekauft. Die Emailadresse des Geschichtsvereins lautet: menoniti- ca@gmail.com.

2.3. Aufsichtsrat

In diesem Jahr haben wir jeweils auch einen Vertreter des Aufsichtsrates zu unseren Vorstandssitzungen eingeladen. So erhält dieser im Laufe des Jahres Einblicke in die Aktivitäten des Vorstandes und muss nicht ganz unwissend am Jahresende das Gutachten bezüglich der Finanzen abgeben.

2.4. Symposium

Das fünfte Geschichtssymposium am 3. und 4. Mai 2013 in der Bethel-Kirche in Loma Plata war unseres Erachtens ein Erfolg. Das haben wir weniger an der Anzahl der Beteiligten gemessen, als an den Inhalten der Vorträge und Diskussionen - und an den Reaktionen, die anschließend folgten, wodurch wir vor allem auch festgestellt haben, dass wir ein Thema angeschnitten hatten, das sehr aktuell ist und unter vielen Fingernägeln brennt.

Das Thema *„Erschließung und Begegnung im Siedlungsmennonitentum Paraguays"* hat ganz sicher dazu angeregt, dass man sich über das Zusammenleben unter verschiedenen Ethnien mehr Gedanken macht, vielleicht auch mehr Wege zur positiven Begegnung sucht und Impulse gefunden hat, die Vielvölkerkulturlandschaft im Chaco und in ganz Paraguay anders zu sehen und zu interpretieren. Peter Strack aus Lunneville, Frankreich schrieb zu Vorträgen, die er in Frankreich brachte: *„In meinen Vorträgen will ich nicht nur Geschichtsfakten aneinander reihen, ich möchte auch immer die Relevanz der Botschaft von Jesus Christus aufzeigen. Ich will auch nicht das Mennonitentum verherrlichen, sondern möchte, wenn möglich, Fehler aufzeigen und wie man daraus etwas gelernt hat. Verschiedene Religionen und Ideologien unterscheiden sich nämlich ganz massiv wie sie mit Fehlern umgehen und wie die Lernprozesse aussehen. Diktatoren lernen zum Beispiel nur ganz schlecht, weil immer nur die anderen an allem Schuld sind. Im Islam ist der Lernprozess fast immer gewalttätig, etc."*

Müssen auch wir hier bei uns mehr lernen, Fehler und Positives aus der Perspektive anderer Kulturen und Glaubensrichtungen zu sehen?

2.5. Vorträge und Kulturabend

Auf der Reise nach Deutschland und Polen im Oktober 2012 hatte ich viel Material gesammelt, aus dem ich Vorträge bzw. Präsentationen zur Geschichte der Wiedertäufer in Norddeutschland und Preußen vorbereiten konnte. Ich habe daraufhin manche Möglichkeit gehabt, anschauliche Vorträge zu unserer Geschichte in Primar- und Sekundarschulklassen, in Gemeinden und Dorfgemeinschaften u. a. zu bringen, um etwas von dem weiterzugeben, was ich selber gesehen und erlebt hatte.

Außerdem organisierten wir für den 25. November einen Literaturabend, an dem wir drei Bücher vorstellten, kommentierten und zum Kauf angeboten haben. Eine Gruppe von 40 Teilnehmern war dazu erschienen und beteiligte sich aktiv an der Veranstaltung.

Ich stelle immer wieder fest, dass Geschichte verbunden mit dem eigenen Leben, mit der eigenen Erfahrung, vielseitiger ist, viel mehr Begeisterung bei den Zielgruppen hervorruft, überzeugter wirkt. Ich denke, da können wir mehr geben, und wir sollten den Austausch zwischen den Kolonien auch auf geschichtlichem Gebiet mehr fördern; eine Form, das zu beleben ist m. E. die Wiederbelebung der Regionalleiter, was wir vor fast 10 Jahren schon einmal initiiert haben.

2.6. Peter P. Klassens Bücher

Im Laufe des Jahres wurde uns ein Angebot überbracht, die Autorenrechte für die Bücher von Peter P. Klassen zu übernehmen. Gundolf Niebuhr und ich haben in Zusammenarbeit mit der Familie Klassen einen Vertrag aufgestellt und unterschrieben, wodurch uns das ganze Material übergeben wurde, sodass wir von nun an verantwortlich sind, sowohl für die Neuauflagen der Bücher wie auch für den Verkauf derselben.

2.7. Mitglieder

Unsere Mitgliederzahl ist in den letzten Jahren langsam, aber stetig gestiegen. Wir haben heute 106 Mitglieder, davon leben 16 im Ausland und 90 in Paraguay. Ich denke, vor allem durch persönliche Gespräche und Kontakte kann man Geschichtsinteressenten motivieren, Mitglied im Geschichtsverein zu werden.

3. Persönliche Überlegungen - Ausblick

Für mich ist die Unterstützung der Geschichtsarbeit durch den Vorstand sehr wichtig, vor allem auch der Austausch, den wir immer wieder pflegen. Aber von großer Bedeutung ist auch die Mitarbeit unserer Mitglieder. Damit meine ich: Dass sie irgendwann einmal nachfragen, was denn im Vorstand läuft, welche Aktivitäten geplant werden; dass sie zu den Sitzungen bzw. Veranstaltungen kommen und mitdenken, mitplanen; dass sie auch Beiträge liefern, sei es zur Erstellung des Jahrbuches oder in anderer Form.

Von Bedeutung war mir im vergangenen Jahr auch besonders, dass ich mich im Januar einmal mit Peter und Anne-Marie Strack in Freiburg treffen konnte, um uns persönlich kennen zu lernen, nach längerem Briefverkehr, sowie die Begegnung mit Hans-Jürgen Goertz in Hamburg. Dadurch konnten wir z. B. auch mitwirken bei der Beschreibung von Stichwörtern für das Mennonitische Lexikon (MennLex), das von Goertz herausgegeben wurde, im Internet abrufbar ist und Aufschluss gibt über viele Einzelheiten der Mennonitengeschichte.

Nur wenn wir von uns hören lassen, wenn wir auf die Leute zugehen, wird der Geschichtsverein bekannter, und dann können wir auch mehr Geschichte unter die Leute bringen. Wir würden gerne mehr bestimmte Themen der Mennonitengeschichte vortragen und dadurch zur Diskussion um eigene Themen anregen. Dadurch lassen sich immer wieder Wege zueinander finden und Hindernisse aus dem Weg räumen.

Ich stelle fest, dass die Weitergabe, das spontane Erzählen der eigenen Geschichte oftmals der Auslöser breiter und tiefgehender Gespräche wird. Das sollten wir mehr nutzen, vor allem in der Begegnung mit Leuten anderer Kulturen und Sprachen.

Wenn wir hier immer wieder diskutieren, wie das Verhältnis zwischen Vorstand und Mitglieder des Vereins belebt werden kann, denke ich, dass es durch Regionalleiter noch im breiteren Rahmen getan werden könnte. Genauso bewegt uns auch immer die Frage, wie wir mehr Geschichtsinteresse unter den Leuten wecken können. Ich denke, dass wir auf diesem Gebiet auch vor allem bei jungen Leuten ansetzen müssen.

Uwe Friesen

Vorsitzender